古典文獻研究輯刊

二十編

潘美月・杜潔祥 主編

第 17 冊

《水經注》與晉宋地理文學文獻研究(下)

鮑遠航 著

國家圖書館出版品預行編目資料

《水經注》與晉宋地理文學文獻研究（下）／鮑遠航 著 -- 初
版 -- 新北市：花木蘭文化出版社，2015〔民 104〕
目 4+178 面；19×26 公分
（古典文獻研究輯刊 二十編；第 17 冊）
ISBN 978-986-404-098-8（精裝）
1. 水經注 2. 研究考訂
011.08   103027408

古典文獻研究輯刊
二十編　第十七冊　　　　　　　ISBN：978-986-404-098-8

《水經注》與晉宋地理文學文獻研究（下）

作　　者　鮑遠航
主　　編　潘美月　杜潔祥
總 編 輯　杜潔祥
副總編輯　楊嘉樂
編　　輯　許郁翎
企劃出版　北京大學文化資源研究中心
出　　版　花木蘭文化出版社
社　　長　高小娟
聯絡地址　235 新北市中和區中安街七二號十三樓
　　　　　電話：02-2923-1455／傳真：02-2923-1452
網　　址　http://www.huamulan.tw 信箱 hml 810518@gmail.com
印　　刷　普羅文化出版廣告事業
初　　版　2015 年 3 月
定　　價　二十編 24 冊（精裝）台幣 42,000 元

《水經注》與晉宋地理文學文獻研究（下）

鮑遠航　著

目

次

第三章 《水經注》以前古代地記的景物描寫及其對山水散文的貢獻

　　唐劉知幾《史通・內篇・雜述第三十四》:「九州土宇,萬國山川,物產殊宜,風化異俗,如各志其本國,足以明此一方,若盛弘之《荊州記》、常璩《華陽國志》、辛氏《三秦》、羅含《湘中》。此之謂地理書者也。」劉知幾所說的「地理書」,指的就是古代地記作品。此四種古代地記作品〔註1〕正是《水經注》所引用的地記文獻中最具有代表性的作品。其中辛氏《三秦記》是漢末之作,常璩《華陽國志》、羅含《湘中記》是晉代之作,盛弘之《荊州記》是劉宋初的作品。與史書中的《地理志》、《郡國志》、《河渠書》等專述地理形勢、郡縣沿革、水道分佈等內容有很大不同的是,這些作品鋪陳地理形勢,記述山川物產,描寫宮殿臺閣,敘述鄉國靈怪,記錄人物故事,採引歌謠諺語,往往具有相當程度的文學色彩。

　　《水經注》以前的這些早期地記,是中國山水散文發生階段的作品。本章以辛氏《三秦》、羅含《湘中》、盛弘之《荊州記》及晉末袁山松《宜都記》作為考察對象,考察其中的山水景物描寫對於中國山水散文的產生作出的貢獻,說明中國古代早期地記在《水經注》山水描寫中的重要地位。

一、漢末辛氏《三秦記》

　　諸地記中,辛氏《三秦記》時代較早。《三輔黃圖》、梁劉昭《後漢書・郡國志》注、梁宗懍《荊楚歲時記》、後魏酈道元《水經注》、賈思勰《齊民

〔註1〕辛氏《三秦》、羅含《湘中》及盛弘之《荊州記》今並亡佚。

要術》等書，已相乘採用，而且所記山川、都邑、宮室，都是秦漢時事，並不及魏晉，是知此書必漢代人所著。

《三秦記》中已經有一些對山水景物的初步描摹。如寫華山：

> 華山在長安東三百里，不知幾千仞，如半天之雲。〔註2〕

以「半天之雲」喻山之高峻，顯得十分新奇。晉羅含《湘中記》「遙望衡山如陣雲」〔註3〕的寫法，顯然係受《三秦記》啟發。

《三秦記》寫仇池山的險要：

> 仇池山上有百頃池，平如砥。其南北有山路，東西絕壁百仞，
> 上有數萬家，一人守道，萬夫莫向。山勢自然有樓櫓卻敵之狀，東
> 西二門盤道可七百里，上有岡阜泉源。《史記》謂秦得百二之固也。
>
> 〔註4〕

寥寥數語，就把山險上平，易守難攻，「一人守道，萬夫莫向」的特點刻畫出來。

再如寫河西沙角山：

> 峰岩危峻，逾於石山。其沙粒粗，有如乾糒。〔註5〕

以乾糒喻沙，不但十分形象，而且淺顯易曉。劉宋段國《沙州記》：「洮河西南一百七十里有黃沙，南北一百二十里，東西七十里，西極大楊川。望黃沙猶若人委乾糒於地，都不生草木，蕩然黃沙，周回數百里，沙州於是取號焉。」〔註6〕是繼承了《三秦記》的寫法。

寫龍門水，《三秦記》亦狀物生動：

> 龍門水懸船而行，兩旁有山，水陸不通，龜魚集龍門下數千，
> 不得上，上則為龍，故云暴鰓點額龍門下。〔註7〕

〔註2〕 《太平御覽》卷三十九《地部四》引辛氏《三秦記》。

〔註3〕 《藝文類聚》卷七，《初學記》卷五《地理上》及《太平御覽》卷三十九《地部四》引羅含《湘中記》。

〔註4〕 《藝文類聚》卷七，《初學記》卷五《地理上》及《太平御覽》卷三十九《地部四》引辛氏《三秦記》。

〔註5〕 《太平御覽》卷五十《地部十五》引辛氏《三秦記》。

〔註6〕 《水經·河水注》、《太平御覽》卷七十四《地部三十九》、《資治通鑑》晉義熙元年注並引段國《沙州記》。

〔註7〕 《史記》卷二《夏本紀第二》張守節《正義》引《三秦記》。《藝文類聚》卷九十六、《初學記》、《文選》卷三十、《通典》卷一百七十九《州郡九》、《後漢書》注、《括地志》、《太平御覽》卷九百三十、《太平寰宇記》、《草堂詩箋》都曾引，略同。

《韓愈集》卷九律詩《義魚招張功曹》:「濡沫情雖密,登門事已遼。」登門,即謂此也。《柳宗元集》卷十四《設漁者對智伯》:「垂涎流沫,後者得食焉。然其饑也,亦返吞其後。愈肆其力,逆流而上,慕爲螭龍。」也是化用《三秦記》此條之意。這已成爲後世習用的典故。

在《三秦記》中還用一些錄歌謠諺語刻畫山水形象,如:

> 武功太白,去天三百。孤雲兩角,去天一握。山川險阻,黃金子午。蛇盤鳥櫳,執與天通。〔註8〕

這些歌謠諺語表情達意通俗生動,三言兩語便繪形傳神,便於打動讀者,因而具有很強的藝術感染力,也使後世文人努力效法,如范成大詩「側足二分垂壞礎,舉頭一握到孤雲」就是由《三秦記》:「孤雲兩角,去天一握」點化而來。

辛氏《三秦記》已透露出山水描寫的端倪,是山水散文的萌芽階段的代表性作品。

二、東晉羅含《湘中記》

羅含字君章,《晉書》卷九十二有傳。羅含與謝尚、庾亮、桓溫同時,曾先後爲庾亮、桓溫的僚屬〔註9〕。考庾亮生於太康十年(289),卒於咸康六年(340)〔註10〕;桓溫生於永嘉六年(312),卒於寧康元年(373),可知羅含生活於東晉前期。

羅含文采卓異,謝尚稱之曰「羅君章可謂湘中之琳瑯」,桓溫贊之道「此自江左之秀,豈惟荊楚而已」〔註11〕。在唐代,他可能還是一個很知名的前代作家。杜甫《舍弟觀赴藍田取妻子到江陵,喜寄三首》詩云:「庾信羅含俱有宅,春來秋去作誰家。短牆若在從殘草,喬木如存可假花。」劉禹錫《韓十八侍御見示岳陽樓別竇司直詩⋯⋯自述故足成六十二韻》:「茅嶺潛相應,橘洲傍可指。郭璞驗幽經,羅含著前紀。」李商隱《菊》詩:「陶令籬邊色,羅含宅裏香。」詩人們把羅含與郭璞、陶淵明、庾信相提並論,可見羅含在

〔註8〕　《太平御覽》卷四十、《太平寰宇記》、《長安志》引辛氏《三秦記》。
〔註9〕　《晉書》卷九十二《羅含傳》:「刺史庾亮以爲部江夏從事。⋯⋯後桓溫臨州,又補征西參軍。」中華書局,1974年版,第2403頁。
〔註10〕　《晉書》卷七十三《庾亮傳》:「咸康六年薨,時年五十二。」中華書局,1974年版,第1923頁。
〔註11〕　《晉書》卷九十二《羅含傳》。中華書局,1974年版,第2403頁。

唐人心目中的地位是比較高的。唐徐鉉《成氏詩集序》言「若夫嘉言麗句，音韻在成，非徒積學所能，蓋有神助者也。羅君章、謝康樂、江文通、邱希範，皆有影響發於夢寐」〔註12〕，也把羅含和以山水詩文名家的謝靈運、江淹、邱遲諸人並提，可見唐人最爲看重的是其山水文筆。羅含作品今多不傳，惟《湘中記》散見於古籍文獻。

羅含《湘中記》繼承了辛氏《三秦記》的創作筆法，繼續增加山水描寫內容，提高山水表現技巧，在晉宋山水文學的發展歷史上功不可沒。

《湘中記》有時通過釋名來揭示山水的特點或位置，加強描寫的情趣內容：

> 九疑山在營道縣，與北山相似，行者疑惑，故名之〔註13〕。

有時用生動的比喻，突出山水的主要特徵，有引人入勝之致：

> 衡山近望如陣雲，沿湘千里，九向九背〔註14〕。

有時利用色彩和聲響加強描繪的力度：

> 湘水至清，雖深五六丈，見底了然，石子如樗蒲矣，五色鮮明，白沙如雪，赤岸如朝霞，綠竹生焉，上葉甚密，下疏寥，常如有風氣〔註15〕。

> （衡山）山有錦石，斐然成文。衡山有懸泉滴瀝，聲泠泠如弦；有鶴迴翔其上，如舞〔註16〕。

有時化靜爲動，凸現景物的動感：

> 石燕在零陵縣，雷風則群飛翩翩然〔註17〕。

〔註12〕 見《全唐文》卷八百八十二。上海古籍出版社1990年12月版，第4085頁。

〔註13〕 《藝文類聚》卷七引羅含《湘中記》。《太平御覽》卷四十一《地部六》引《湘中記》同。

〔註14〕 《初學記》卷五《地理上》引羅含《湘中記》。《藝文類聚》卷七及《太平御覽》卷三十九《地部四》引《湘中記》：「衡山、九疑皆有舜廟，遙望衡山如陣劍沿湘千里，九向九背，乃不復見，有玉牒焉。（禹按其文，以治水也。）」又，《續漢·郡國志》注補引《湘中記》：「衡山有玉牒，禹案其文以治水，遙望衡山如陣雲。」

〔註15〕 《太平御覽》卷六十五《地部三十》引羅含《湘中記》。《藝文類聚》卷八引略同。《太平御覽》卷七十四引稍略。又《太平御覽》卷四十三《地部八》：「《南兗州記》曰：瓜步山東五里，江有赤岸山，南臨江中。羅君章云，赤岸若朝霞，即此是也。」

〔註16〕 《初學記》卷五《地理上》引羅含《湘中記》。

〔註17〕 《藝文類聚》卷九十二、《太平御覽》卷四十九《地部十四》引羅含《湘中記》。《太平御覽》卷九百二十二引稍異。

還有下面一則：

> 湘水之出於陽朔，則觴爲之舟；至洞庭，日月若出入於其中也〔註18〕。

用誇張性比喻構成懸殊的對比，顯現湘水上下游狹闊變化極大的特點，可見作者對山水景物的描寫已經有較高的造詣。

與辛氏《三秦記》比較，羅含《湘中記》有以下幾個值得注意的特點：

一、《湘中記》中的山水景物描寫，是作者有意爲之，不再像《三秦記》多爲臨時性的比喻。

二、《湘中記》中的山水景物，以清麗空靈爲特徵，很能體現南方地理的幽美特點；而《三秦記》則往往表現西北地理的險壯特點。

三、《湘中記》模山範水，注意從視覺、聽覺等方面加強表現效果，藝術表現力較《三秦記》有所提高。

四、《湘中記》出現了一些對偶和詩句化的描寫語句。明楊愼《升菴詩話》指出，出自於羅含《湘中記》的「青崖若點黛，素湍如委練」，「白沙如霜雪，赤岩若朝霞」，「沿庭對岳陽，修眉鑒明鏡」諸句與詩句非常類似〔註19〕。從這也可以看出當時文字漸趨整飭化對於地記著作的影響。

總之，羅含《湘中記》的山水景物描寫，已經爲此後以山水描寫見長的晉宋地記如袁山松《宜都記》、盛弘之《荊州記》等的創作，導夫先路。

三、東晉袁山松《宜都記》

袁山松，名崧，以字行〔註20〕。按《晉書》卷八十三《袁瓌傳附喬孫山松傳》，「山松歷顯位，爲吳郡太守。孫恩作亂，山松守滬瀆，城陷被害。」復按宋司馬光《資治通鑒》卷一百十二《晉紀》，山松被害事在晉安帝隆安五年（401）。又按《晉書・袁喬傳》，山松祖袁喬嘗爲桓溫司馬，當與羅含爲同時人。則袁山松當爲東晉後期人，其所作《宜都記》必晚於羅含《湘中記》。

眞正標誌著中國山水散文創立的作品，應該是東晉袁山松《宜都記》。

〔註18〕　《水經注》卷三十八引羅含《湘中記》。
〔註19〕　見《升菴詩話・子書傳記語似詩者》。丁福保《歷代詩話續編》，中華書局，1983年版第645～646頁。
〔註20〕　王謨《漢唐地理書鈔・宜都山川記敘錄》：「考《晉書》目錄於袁瓌下列瓌子喬，孫崧；而於瓌本傳則云喬子方平，方平子山松，明崧與山松只一人，山松則離而爲字也。」

這首先表現爲山水審美觀念的更新上。正如錢鍾書所說：「詩文之及山水者，始則陳其形勢產品，如京都之賦，或喻諸心性德行，如山川之頌，未嘗玩物審美。繼乃山川依傍田園，若蔦蘿之施松柏，其趣明而未融，謝靈運《山居賦》所謂『仲長願言』，『應璩作書』，『銅陵卓氏』，『金穀石子』，皆『徒形域之薈蔚，惜事異於棲盤』，即指此也。終則附庸而蔚成大國，殆在東晉乎？袁崧《宜都記》一節足供標識：『其疊峨秀峰，奇構異形，固難以詞敘。林木蕭蕭，離離蔚蔚，乃在霞氣之表，仰矚俯映，彌習彌佳。』遊目賞心之致，前人抒寫未曾。六法中山水一門於晉宋間應運突起，正亦斯情之流露，操術異而發興同者〔註21〕。」錢先生說「詩文之及山水者」「蔚成大國，殆在東晉乎」，即是指出山水散文形成於東晉。錢先生說「袁崧《宜都記》一節足供標識」則實際指出山水散文之於東晉形成，以袁山松《宜都記》爲標誌。

錢先生的看法是不錯的。錢先生所引《宜都記》一節見於《水經注》卷三十四《江水注》，其後尚有數句：「流連信宿，不覺忘返，目所履歷，未嘗有也。既自欣得此奇觀，山水有靈，亦當驚知己於千古矣。」這幾句也極可注意，它是袁山松對自己山水審美自覺的直接表現。自覺，是自覺爲「山水之美」的「千古」第一「知己」。這表示，袁山松肯定自己是山水自然審美自覺的第一人。

這種「知己觀」，不但與先秦兩漢以來儒家的山水比德觀畛域分明，而且與當時盛行於世的「玄對山水」的悟道觀也大異其趣。自孔子在《論語·雍也》中講「智者樂山，仁者樂水」以後，《尚書大傳》、《韓詩外傳》、《荀子·宥坐》、董仲舒《春秋繁露·山川頌》、劉向《說苑·雜言》都極其力以潤色之，皆以人類的道德觀念附會於山水自然。如董仲舒《山川頌》：「赴千仞之壑而不疑，既似勇者；物皆困於火而水獨勝之，既似武者；咸得之而生，失之而死，既似有德者。」這是把山水看作人的精神品質的表現或象徵，這是自然的擬人化。比德觀屬倫理學層面。

道家的山水觀基於對自然之道的體認。老子講「道法自然」〔註22〕。魏晉玄學家們認爲，天地萬物是自然之道的體現者：「天地生於自然，萬物生

〔註21〕 《管錐編·全漢文卷八九》，中華書局，1986年版第三冊1037頁。
〔註22〕 《老子》第二十五章。朱謙之《老子校釋》，中華書局1984年11月版，第103頁。

於天地〔註 23〕。」瀏覽八荒，縱觀萬象，山山水水莫不體現著道：「山靜而谷深者，自然之道也〔註 24〕。」於是，山水就成了蘊道的萬物的代表。人也是自然之一分子，「元氣陶鑠，眾生稟焉〔註 25〕。」「二儀陶化，人倫肇興〔註 26〕。」因而，人可以通過與山水的心靈對話，來達成對道的體認和溝通：「方寸湛然，固以玄對山水〔註 27〕。」這種審美方式突出的重點是對於道的理解和通融，這是把人擬自然化了，其特點是玄理意味濃重。悟道觀屬於哲學層面。

　　知己觀則是審美層面。袁山松以「山水之美」的「知己」自覺、自承。他觀賞山水景物，不再是去尋找己心與道蘊的契合，而是把自己的感情直接向山水，以感性的形式來欣賞山水之美，以純審美方式把握山水，這不能不說是山水觀歷史上的一次重大飛躍。山水審美的自覺意識，遂成為山水意境的核心。這對山水文學本身的形成也具有創造性的貢獻。山水文學的最大特質就是山水在視覺上成為作家的真正審美客體，在題材上成為一篇作品的主要描寫對象。而這，是「玄對山水」的「悟道觀」所無論如何也難以做到的。因為要「悟道」，詩文中即使有對山水的描寫，但重心卻是對「道」的理解，玄言詩中微量的山水描寫就是最好的證明。可是，袁的「知己觀」則突破了這種束縛，在山水審美自覺意識的深刻作用下，山水之美的描寫第一次成為文學作品的主要內容。

　　山水自然的審美認識，大致經歷了一個理消情長的過程。老子所言之「自然」，還是個抽象的哲學概念；而莊子則把它努力地形象化，而且打通人與外界的隔閡，強調人與萬物的會通交感：「天地與我並生，而萬物與我為一〔註 28〕。」正始年間，王弼注《老子》，士人們多以抱虛守靜、遊心太玄為

〔註 23〕　《全三國文》卷四十五阮籍《達莊論》。見清嚴可均輯校《全上古三代秦漢三國六朝文》，中華書局 1958 版，第 1311 頁。

〔註 24〕　《全三國文》卷四十五阮籍《達莊論》。見清嚴可均輯校《全上古三代秦漢三國六朝文》，中華書局 1958 版，第 1311 頁。

〔註 25〕　《全三國文》卷五十嵇康《明膽論》。見清嚴可均輯校《全上古三代秦漢三國六朝文》，中華書局 1958 版，第 1335 頁。

〔註 26〕　《全三國文》卷五十一嵇康《大師箴》。見清嚴可均輯校《全上古三代秦漢三國六朝文》，中華書局 1958 版，第 1341 頁。

〔註 27〕　《全晉文》卷六十二孫綽《太尉庾亮碑》。見清嚴可均輯《全上古三代秦漢三國六朝文》，中華書局 1958 版，第 1874 頁。

〔註 28〕　《莊子‧內篇‧齊物論第二》。見清郭慶藩撰，王孝魚點校《莊子集釋》，中

旨歸，理念化色彩還很強烈；至西晉，向秀注《莊子》，「發明奇趣，振起玄風」，郭象又「述而廣之」〔註29〕，於是，玄風大熾，士人們又多以會通萬物、陶鑄天性爲雅致，樂於把情感投射向萬物，而入於凝神的境界。這樣，山水就得到了人們進一步的關注。這說明，人們的山水意識已經在逐漸地從抽象化而向具體化、形象化的方向發展著。但直到東晉袁山松提出了「知己觀」，才是眞正最爲關鍵的一環。它標誌著由借山水以證道的傳統山水觀念的結束，標誌著山水審美意識的新發展。袁山松這種全新的山水審美自覺意識和適性快意、賞心悅目的審美方式，給後來的謝靈運、酈道元以很大的啓發和影響。謝靈運《山居賦・自注》中明確表示：「夫衣食，人生之所資；山水，性分之所適。」再看《水經注》卷三十七《夷水注》：「靜夜聽之，恒有清響，百鳥翔禽，哀鳴相和，巡頹浪者，不覺疲而忘歸矣〔註30〕。」這裡酈道元寫陶醉於山水美景的感受，與袁山松「仰矚俯映，彌習彌佳，流連信宿，不覺忘返」的抒寫又何其相似！以山水之美爲知己，是山水散文的靈魂。僅此一點即可見，袁山松及其《宜都記》，厥功甚偉。

其次，袁山松《宜都記》，對山水自然作出了生動精彩的描寫和記述。如：

> 對西陵南岸有山，其峰孤秀，人自山南上至頂，俯臨大江如縈帶，視舟船如鳧雁〔註31〕。

「俯臨大江如縈帶，視舟船如鳧雁」，以江船之小來襯江山的遼闊，取喻之精妙，與明代張岱《湖心亭看雪》：「湖上影子，惟長堤一痕，湖心亭一點，與余舟一芥，舟中人兩三粒而已」的描寫略相彷彿。

有時，袁大處落墨，取景壯大遼闊：

> 江北多連山，登之望江南諸山，數十百重，莫識其名。高者千仞，多奇形異勢，自非煙褰雨霽，不辨見此遠山〔註32〕。

華書局 1961 年 7 月版，第 79 頁。

〔註29〕《晉書》卷四十九《向秀傳》，中華書局 1974 年 11 月版，第 1374 頁。

〔註30〕後魏酈道元撰，民國楊守敬、熊會貞疏《水經注疏》，江蘇古籍出版社 1989 年版，第 3063 頁。

〔註31〕《初學記》卷六《地部中・江》引袁山松《宜都記》。《水經注》卷三十四《江水注》、《太平御覽》卷六十《江》引同。《太平御覽》卷四十九、《太平御覽》卷七百七十並嘗引之。

〔註32〕《水經注》卷三十四《江水》引袁山松《宜都記》。

江山一色，綿亙不絕，百重千仞，大有氣魄。

有時則精雕細刻，狀物入微：

> 佷山縣方山上有靈祠，祠中有特生一竹，擅美高危。其杪下垂，
> 忽有塵穢，起風動竹，拂蕩如掃〔註33〕。

寫輕風拂竹，竹動掃塵，如有靈性，竹的枝葉茂盛、風的輕逸已不待言而自出。畫面層次分明，動靜結合，把景物刻畫得惟妙惟肖，栩栩如生。

第三，袁山松《宜都記》對其後的山水作品產生了許多有益的啓發和影響。

《宜都記》首先在寫法上影響了其後的地記作品。如下面一則：

> 宜陽山有風井，穴大如甕，夏出冬入。有樵人置笠穴口，風吸
> 之，後於長楊溪口得笠，則知潛通也〔註34〕。

寫山之奇，重點寫風井潛通的特點，如果只是一般的記述，就顯得平板，但作者以「有樵人置笠穴口，風吸之，後於長楊溪口得笠」形容之，就顯得活靈活現，具有趣味橫生的傳奇色彩，給讀者留下深刻而又明晰的印象。再看虞世南《北堂書鈔》卷一百五十八《穴》引盛弘之《荊州記》的兩條：

> 佷山縣北陸行三十里有石穴，云昔有馬從穴出，因復還入，潛
> 行乃出漢中。漢中人失馬亦入此穴，因名馬穿穴。

> 自遊溪南行五十里有一泉。傳云：南平江安縣有牧羊者，見羊
> 入此岸穴，當失之時，後乃聞出泉口，潛行可四百餘里，因名爲羊
> 門。

可以非常明顯地看出，是模仿《宜都記》來寫的。

《水經注》卷三十四《江水注》引袁山松《宜都記》：

> 自黃牛灘東入西陵界，至峽口百許里，山水紆曲，而兩岸高山
> 重障，非日中夜半不見日月。絕壁或千許丈，其石彩色，形容多所
> 象類。林木高茂，略盡冬春。猿鳴至清，山谷傳響，泠泠不絕。所
> 謂三峽，此其一也。

「非日中夜半不見日月」與前引「自非煙褰雨霽，不辨見此遠山」筆法相近，直接影響了其後盛弘之《荊州記》及酈道元《水經注》「自非亭午夜分，不見日月」的寫法。而「猿鳴至清，山谷傳響，泠泠不絕」，對南朝梁

〔註33〕 《太平御覽》卷九百六十二《竹》引袁山松《宜都記》，《藝文類聚》卷七《山部》引稍異。

〔註34〕 《太平御覽》卷四十九引袁山松《宜都記》。

吳均《與朱元思書》「泉水激石，泠泠作響」及《與顧章書》「水響猿啼，英英相雜，綿綿成韻」的寫法似乎不無啓發。

柳宗元的《小石潭記》寫遊魚一段，傳神生動，歷來備受傳誦：

> 潭中魚可百許頭，皆若空游無所依。日光下澈，影布石上，佁然不動；俶爾遠逝，往來翕忽，似與遊者相樂。

歸根溯源，這也本之袁山松《宜都記》：

> 大江清濁分流，其水十丈見底，視魚游如乘空，淺處多五色石〔註35〕。

「魚游如乘空，淺處多五色石」，空靈、生動、色彩絢麗，已開創出絕妙的「乘空」意境。袁山松最早寫出的這「乘空」意境，唐代詩人也樂於吟詠。如杜審言《春日江津遊望》：「飛棹乘空下，回流向日平。」王維《送秘書晁監還日本國》：「積水不可極，安知滄海東。九州何處遠，萬里若乘空。」貫休《送新羅僧歸本國》：「離岸乘空去，終年無所依。」莫不以「乘空」狀江水之清澈。

總之，袁山松《宜都記》以全新的、審美的視角，主動與山水親和，著意描寫山水神態。從《宜都記》對山水自然的經典描寫和從山水審美的自覺意識來看，袁山松的山水散文已經成為中國山水散文創立的標誌。

四、劉宋盛弘之《荊州記》

《隋書》卷三十三《經籍志》：「《荊州記》三卷，宋臨川王侍郎盛弘之撰。」《初學記》卷二十四《居處部》棲霞樓條引盛弘之《荊州記》曰：「城西百餘步，有棲霞樓，宋臨川康王置。」臨川康王，係劉義慶。考《宋書》卷五十一《臨川王（武烈）道規傳》，義慶襲臨川王，諡康，元嘉九年為荊州刺史，元嘉十六年改江州。是盛弘之以臨川國侍郎，從義慶蒞荊，因述荊州故實，則其《記》當始於元嘉九年（432）而迄於十六年（439）。

盛弘之《荊州記》是劉宋時期富於文采的地記作品的代表。

明代的楊慎說：「地志諸家，予獨愛常璩《華陽國志》，次之則盛弘之《荊州記》。《荊州記》載鹿門事云：「龐德公居漢之陰，司馬德操宅州之陽，望衡對宇，歡情自接，泛舟襄裳，率爾休暢。」記沮水幽勝云：「稠木傍生，凌空交合，危嶁傾嶽，恒有落勢。風泉傳響於青林之下，岩猿流聲於白雲之

〔註35〕《太平御覽》卷六十《江》引袁山松《宜都記》。

上。遊者常苦目不周玩，情不給賞。」若此二段，讀之使人神遊八極，信奇筆也〔註36〕。」明王世貞《藝苑巵言》卷三也說：「正史之外，有以偏方為紀者，如劉知幾所稱地理，當以常璩《華陽國志》、盛弘之《荊州記》第一。」

　　盛弘之《荊州記》能夠贏得楊慎王世貞諸人的青睞，正因為其以豐富多彩的文學性內容，特別是出色的山水刻畫和景物描寫見長。上述楊慎所引二條自不必說，盛弘之《荊州記》中生動形象的山水描寫還不乏其例，如：

　　　　衡山有三峰極秀，一峰名芙蓉峰，最為竦桀，自非清霽素朝，
　　不可望見，峰上有泉飛派，如一幅絹，分映青林，直注山下〔註37〕。

　　《太平御覽》卷三十九引盛弘之《荊州記》，則作芙蓉峰「上有泉水飛流，如舒一幅白練。」以「白練」喻「流泉」，形象貼切，對謝朓《晚登三山還望京邑》名句「餘霞散成綺，澄江靜如練」的寫法似有啓發。再如：

　　　　九疑山盤基數郡之界，連峰接岫，競遠爭高，含霞卷霧，分天
　　隔日〔註38〕。

　　　　巴陵南有青草湖，周回數百里，日月出沒其中。湖南有青草山，
　　因以爲名〔註39〕。

　　上節寫九疑山，以四個排偶句式連貫而下，極寫其高峻雄渾；下節寫青草湖，狀其闊大，則以「日月出沒其中」為比喻。這是繼承了曹操《觀滄海》詩「日月之行，如出其中」及《湘中記》「湘水之出於陽朔，則觴為之舟；至洞庭，日月若出入於其中也」的寫法。

　　就是寫小山小水，盛《記》也往往寫得清新雅致：

　　　　修竹亭西一峰迥然，西映落月，遠而望之，全如畫扇〔註40〕。

　　　　都梁縣有小山，山上水極淺。其中悉生蘭草，綠葉紫莖，芳風
　　藻谷。俗謂蘭為都梁，即以號縣云〔註41〕。

　　　　緣城堤邊，悉植細柳，綠條散風，清陰交陌〔註42〕。

〔註36〕　見明楊慎《丹鉛總錄》卷二《地理類》。
〔註37〕　《藝文類聚》卷七《山部上》引盛弘之《荊州記》。
〔註38〕　《太平御覽》卷四十一引盛弘之《荊州記》。
〔註39〕　《初學記》卷七《地部下》引盛弘之《荊州記》。
〔註40〕　宋樂史《太平寰宇記》卷一百四十六《江陵縣》引盛弘之《荊州記》。
〔註41〕　《太平御覽》卷九百八十三引盛弘之《荊州記》。
〔註42〕　見《藝文類聚》卷八十九《木部下》引盛弘之《荊州記》，《太平御覽》卷九百五十七引同。《水經注》卷三十四：江陵城地東南傾，故緣以金堤，自靈溪

　　有的山水景觀是因其物色之獨特以命名的，盛弘之的描寫就突出強化其特點：

　　　　宜都西陵峽中，有黃牛山，江湍紆回，途經信宿，猶望見之，
　　行者語曰：朝發黃牛，暮宿黃牛，三日三暮，黃牛如故〔註43〕。

　　在這裡，盛弘之以形象化的手法逼真地描述了「江湍紆回」的情狀，富有傳神意味，引來唐代著名詩人紛紛為之提筆作詩，如李白《上三峽》：「三朝上黃牛，三暮行太遲」，杜甫《送韓十四江東覲省》：「黃牛峽靜灘聲轉，白馬江寒樹影稀」。

　　眾所周知，《水經注》中最為精彩的山水描寫，也是奠定《水經注》文學價值最為重要的內容，當為卷三十四《江水注》中的《三峽》一節。而這段文字本從盛弘之《荊州記》中脫化而來：

　　　　盛弘之《荊州記》曰：舊云自二峽取蜀數千里中，恒是一山，
　　此蓋好大之言也。惟三峽七百里中，兩岸連山，略無闕處，重岩疊
　　嶂，隱天蔽日，自非亭午夜分，不見日月。至於夏水襄陵，沿溯阻
　　絕，或王命急宣，有時云朝發白帝，暮至江陵，其間千二百里，雖
　　乘奔御風，不為疾也。春冬之時，則素湍淥潭，回清倒影，絕巘多
　　生檉，懸泉瀑布，飛漱其間，清榮峻茂，良多雅趣。每晴初霜旦，
　　林寒澗肅，常有高猿長嘯，屬引淒異，空岫傳響，哀轉久絕。故漁
　　者歌曰：「巴東三峽巫峽長，猿鳴三聲淚沾裳〔註44〕。」

　　作者先寫山勢，在否定傳言「恒是一山」時，就已引人注意峽谷之奇了。而後極其筆力鋪寫山之「連」與「高」的特色。寫山「連」：「略無闕處」；狀山「高」：「隱天蔽日。」作者運用藝術誇張的手法，把峽谷幽深陰晦的特點進行表現。正筆之後，緊接以側筆烘托：「自非亭午夜分，不見日月。」引發讀者對其予以想像，以得到一個更具體更形象的印象。

　　山高則流必急。寫水重點描繪其「疾」。而四季中尤以夏水最為迅猛，因此作者打破時間順序，先寫「夏水襄陵」，體現了布局的匠心。「沿溯阻絕」，既是對水流之急水勢之險的補寫，也是下文「王命急宣」的伏筆。既然是「急宣」，當然要選擇最迅速的交通方式。而這最迅速的交通方式是什麼？自然

──────────────────────

　　始。
〔註43〕《藝文類聚》卷七《山部上》引盛弘之《荊州記》。
〔註44〕《太平御覽》卷五十三引盛弘之《荊州記》。

是取道三峽，乘舟而下。作者寫道：「有時雲朝發白帝，暮至江陵，其間千二百里，雖乘奔御風，不爲疾也。」通過時間短、距離長的對比描寫，明寫舟行之神速，暗點江流之迅猛，用的仍是側筆烘托之法，而且，與「沿溯阻絕」的滯塞情形相對照，文意飛動，波瀾頓生。

陸游《入蜀記》寫三峽「初冬草木皆青蒼不凋」，可見三峽冬暖，有似於春。因此，作者把春冬合起來寫。寫春冬，突出的是「趣」。作者先用一個「則」字一轉，引出了與夏季山森水急不同的另一番意境：水退潭清，山峰峻峭，再點綴以懸泉瀑布，配合以茂盛的草木，宛如工筆山水畫圖。

最後寫秋，不著「秋」字而以「霜」字巧妙暗示，描寫重點在「蕭」。作者調動視覺、觸覺、聽覺多種感官配合描寫，「蕭」因「寒」生，「淒」由「蕭」起，在嫋嫋漁歌中不絕如縷。

此段文字歷來備受稱許，也爲許多後代詩文作家常所借鑒。《逸老堂詩話·序》：「《荊州記》，盛弘之撰，其記三峽水急云：『朝發白帝，暮宿江陵，凡一千二百餘里，雖飛雲迅鳥，不能過也。』李太白詩云：『朝辭白帝彩雲間，千里江陵一日還。』杜子美云：『朝發白帝暮江陵。』皆用盛弘之語也。」當然，盛弘之寫舟行之速，也是受了東晉袁山松《宜都記》「自蜀至此，五千餘里，下水五日，上水百日也」〔註45〕這一寫法的啓發。但盛弘之《荊州記》比袁山松《宜都記》寫得更加形象、生動。

這段文字中描寫的「聽猿」景狀，也成爲了唐代詩人樂於吟詠的意象，構成了唐詩的某種獨特意境。如宋之問《發端州初入西江》：「破顏看鵲喜，拭淚聽猿啼」，李白《姑孰十詠·牛渚磯》：「更聽猿夜啼，憂心醉江上」，王維《送楊少府貶郴州》：「明到衡山與洞庭，若爲秋月聽猿聲」，杜甫《秋興》：「聽猿實下三聲淚，奉使虛隨八月槎」，賈島《送惠雅法師歸玉泉》：「飲泉看月別，下峽聽猿愁」，杜荀鶴《秋夜聞砧》：「不及巴山聽猿夜，三聲中有不愁聲」，不可勝舉。

由此可見，盛弘之《荊州記》的山水描寫，筆法更加生動細緻，其中有許多已是獨立成形的山水短章。從山水審美情趣的確立，選材布景的合理安排，描寫篇幅的加長，山水刻畫技巧的提高以及對後世文學創作的影響諸方面來看，盛弘之《荊州記》標誌著中國山水散文已經成熟。

唐杜佑《通典·州郡》卷一百七十一《州郡序》：「凡言地理者多矣，在

〔註45〕《水經注》卷三十四《江水注》引袁山松《宜都記》。

區域，徵因革，知要害，察風土；纖介畢書，樹石無漏，動盈百軸，豈所謂撮機要者乎！如誕而不經，偏記雜說，何暇編舉」。自注云：「謂辛氏《三秦記》、常璩《華陽國志》、羅含《湘中記》、盛弘之《荊州記》之類，皆自述鄉國靈怪，人賢物盛。參以他書，則多紕謬，既非通論，不暇取之矣。」杜氏從史家著述應該嚴肅認真的角度對以辛氏《三秦記》等諸地記痛下貶語。實際上《三秦記》諸作「纖介畢書，樹石無漏」，正是其文學性內容增強的反映。《三秦記》等諸地記，正是企圖通過富有文采的記述和描寫，來調動閱讀者的興趣，激發他們對作品中所寫勝境的嚮往，對地方自然、人文和歷史的感受和思索。

中國山水散文經過漢代辛氏《三秦記》所代表的萌芽階段，東晉羅含《湘中記》和袁山松《宜都記》所代表的創立階段，劉宋盛弘之《荊州記》所代表的成熟階段，到北魏酈道元的《水經注》，已走向高度發展階段。

《水經注》則對以上述作品為代表的古代地記進行了集成和總結。朱謀㙔《水經注箋序》：「在昔志地者，《禹貢》而下，代有撰述，迄於齊梁，至二百四十四家。陸常侍澄，任太常方，先後集為一部，名《地理書》，極稱該博。隋唐之際，圖史散失，陸、任所纂，已不可得，而別集自行者，猶五十餘家。乃今所傳，僅《山海》、《佛國》、《十洲》、《神異》數種而已。然而奇編奧記，往往散見《水經注》中。造語命辭，殊為彪炳，則知《水經》一注，擷彼二百四十四家菁英居多，豈不誠為六朝異書哉？」朱氏在這裡極贊《水經注》對《地理書》亦即古代地記的保存之功，恰恰說明了《水經注》是集前朝地記之大成的作品。

《水經注》對前代地記的借鑒和吸收是多方面的，但其中最為重要的還是對前代地記作品山水描寫的引用和借鑒。羅含《湘中記》、袁山松《宜都記》、盛弘之《荊州記》等優秀南方地記作品，在山水描寫方面給予《水經注》的影響更大。一方面，上述南方地記作品對南方秀麗旖旎的山水景物的記述和描寫，使本來就相對秀美的南方山水得到更為強化的藝術表現；另一方面，酈道元在撰寫《水經注》時，「江漢灘潭，限於正朔，不能登岣嶁，上會稽，攀秦望，探禹穴」，只好「採拾舊文，加以甄錄，旁稽圖史，使其有徵」〔註46〕，所以對這些南方地記的依賴也就更大。《水經注》除了標明引文出處的段落外，其中許多景物描寫也是暗引諸地記而來。僅以《水經注》

〔註46〕清汪士鐸《擬酈氏水經注序》。

卷三十七《夷水》「東南過佷山縣南」注爲例：

　　　　　夷水自沙渠入縣，水流淺狹，裁得通船。東逕難留城南，城即
　　山也。獨立峻絕，西面上里餘，得石穴。把火行百許步，得二大石
　　磧，並立穴中，相去一丈，俗名陰陽石。陰石常濕，陽石常燥。每
　　水旱不調，居民作威儀服飾，往入穴中，旱則鞭陰石，應時雨，多
　　雨則鞭陽石，俄而天晴。相承所說，往往有效，但捉鞭者不壽，人
　　頗惡之，故不爲也。東北面又有石室，可容數百人。每亂，民入室
　　避賊，無可攻理，因名難留城。

　　按《太平寰宇記》「武落鍾離山，一名難留山，在長陽縣西北七十作里」
引盛弘之《荊州記》：「難留山北有石室，可容數百人，常以此室僻不可攻，
因名爲難留城。西北有石穴，指導火行百餘步，有二大石，相去可丈餘，名
爲陰陽石，陰石常濕，陽石堂燥，旱則鞭陰石，應時雨，雨則鞭陽石，俄而
晴。但鞭者不壽，復不得稱名，人頗憚之。」《太平御覽》卷十一引盛弘之
《荊州記》曰：「佷山縣有一山獨立峻絕，西北有石穴，北行百步許，二大
石其間相去一丈許，俗名其一爲陽石，一爲陰石。水旱爲災，鞭陽石則雨，
鞭陰石則晴。」

　　《水經注》卷三十七《夷水》「東南過佷山縣南」注又云：

　　　　　昔巴蠻有五姓，未有君長，俱事鬼神，乃共擲劍於石穴，約能
　　中者奉以爲君。巴氏子務相乃中之。又令各乘土舟，約浮者當以爲
　　君，惟務相獨浮，因共立之，是爲廩君。乃乘土舟，從夷水下，至
　　鹽陽。鹽水有神女，謂廩君曰：此地廣大，魚鹽所出，原留共居。
　　廩君不許，鹽神暮輒來宿，旦化爲蟲，群飛蔽日，天地晦暝。積十
　　餘日，廩君因伺便射殺之，天乃開明。廩君乘土舟，下及夷城。夷
　　城石岸險曲，其水亦曲，廩君望之而歎，山崖爲崩。廩君登之。上
　　有平石，方二丈五尺，因立城其傍而居之，四姓臣之。死，精魂化
　　而爲白虎，故巴氏以虎飲人血，遂以人祀。

　　按《太平御覽》卷七百八十五引盛弘之《荊州記》曰：「昔廩君浮夷水，
射鹽神於陽石之上。」《後漢書》卷八十六《南蠻傳》：「巴郡南郡蠻，本有
五姓：巴氏，樊氏，曋氏，相氏，鄭氏。皆出於武落鍾離山。其山有赤黑二
穴，巴氏之子生於赤穴，四姓之子皆生黑穴。未有君長，俱事鬼神，乃共擲
劍於石穴，約能中者，奉以爲君。巴氏子務相乃獨中之，眾皆歎。又令各乘

土船，約能浮者，當以爲君。餘姓悉沈，唯務相獨浮。因共立之，是爲廩君。乃乘土船，從夷水至鹽陽。鹽水有神女，謂廩君曰：「此地廣大，魚鹽所出，願留共居。」廩君不許。鹽神暮輒來取宿，且即化爲蟲，與諸蟲群飛，掩蔽日光，天地晦冥。積十餘日，廩君伺其便，因射殺之，天乃開明。廩君於是君乎夷城，四姓皆臣之。廩君死，魂魄世爲白虎。巴氏以虎飲人血，遂以人祠焉。」章懷太子注引《世本》曰：「廩君使人操青縷以遺鹽神，曰：『縷此，即相宜。』云與女俱生宜將去。鹽神受而嬰之。廩君即立陽石上，應青縷而射之，中鹽神。鹽神死，天乃大開也。」

《水經注》卷三十七《夷水》「東南過佷山縣南」注又云：

> 鹽水即夷水也。又有鹽石，即陽石也。盛弘之以是推之，疑即廩君所射鹽神處也。將知陰石，是對陽石立名矣。事既鴻古，難爲明徵。夷水又東逕石室，在層岩之上。石室南向，水出其下，懸崖千仞，自水上徑望見。每有陟山嶺者，扳木側足而行，莫知其誰，村人駱都，小時到此室邊採蜜，見一仙人，坐石床上，見都，凝矚不轉。都還招村人重往，則不復見。鄉人今名爲仙人室。袁山松云：都孫息尚存。

按《太平御覽》卷六百八十八引袁山松《宜都山川記》：「鹽水上有石室，民駱都到室邊採蜜，見一仙人裙衫白帢坐，見都，凝瞻不轉。」

《水經注》卷三十七《夷水》「東南過佷山縣南」注又云：

> 夷水又東與溫泉三水合。大溪南北夾岸，有溫泉對注，夏暖冬熱，上常有霧氣，瘍疾百病，浴者多愈。父老傳此泉先出鹽，於今水有鹽氣。夷水有鹽水之名，此亦其一也。

按《初學記》卷七《地部下》引袁山松《宜都山川記》曰：「佷山縣有溫泉，注大溪。夏才暖，冬則大熱，上常有霧氣。百病久疾，入此水多愈。」

《水經注》卷三十七《夷水》「東南過佷山縣南」注又云：

> 夷水又東逕佷山縣故城南，縣即山名也。孟康曰：音恒。出藥草恒山。今世以銀爲音也。舊武陵之屬縣。南一里即清江東注矣。南對長楊溪。溪水西南潛穴，穴在射堂村東六七里，谷中有石穴，清泉潰流，三十許步復入穴，即長楊之源也。

按，《北堂書鈔》卷一百五十八《穴》引《宜都記》：「佷山縣南岸有溪，名長陽。此溪數里，上重山嶺回曲，有射堂村。村東六七里，各中有石穴。

清泉流三十許步，便入穴中，即長陽溪源也。」

《水經注》卷三十七《夷水》「東南過佷山縣南」注又云：

> 水中有神魚，大者二尺，小者一尺。居民釣魚，先陳所須多少，
> 拜而請之，拜訖，投釣餌。得魚過數者，水輒波湧，暴風卒起，樹
> 木摧折。水側生異花，路人欲摘者，皆當先請，不得輒取。

按《太平御覽》卷四十九引《宜都記》曰：「佷山，山谷之內有石穴，穴出清泉，水有神魚，大者二尺，小者一尺，釣者先請多少，拜而請之，數滿便止。水側有異花，欲摘如魚請。又有異木，名千歲，葉似棗，冬夏常青。復有蒼範溪相近。」

《水經注》卷三十七《夷水》「東南過佷山縣南」注又云：

> 水源東北之風井，山回曲有異勢，穴口大如盆，袁山松云：夏
> 則風出，冬則風入，春秋分則靜。余往觀之，其時四月中，去穴數
> 丈，須臾寒慄，言至六月中，尤不可當。往人有冬過者，置笠穴中，
> 風吸之。經日還涉楊溪，得其笠，則知潛通矣。

按《太平御覽》卷九引盛弘之《荊州記》曰：「宜都佷山縣山有風穴，張口大數尺，名曰風井。夏則風出，冬則風入。風出之時，吹拂左右，常淨如掃。暑月經之，凜然有衣裘想。《宜都山記》曰：袁山松以六月至此穴，便思衣裘。」《太平御覽》卷二十二：「盛弘之《荊州記》曰：宜都佷山縣有風穴，穴口大數尺，名為風井，夏則風出，冬則風入。樵人有冬過者，置笠穴口，風吹之，經日還，涉長陽溪而得其笠。」《太平御覽》卷二十六、卷五十四、卷七百六十五並引盛弘之《荊州記》此條。

《水經注》卷三十七《夷水》「東南過佷山縣南」注又云：

> 其水重源顯發，北流注於夷水。此水清冷，甚於大溪，縱暑伏
> 之辰，尚無能澡其津流也。縣北十餘里有神穴，平居無水，時有渴
> 者，誠啟請乞，輒得水。或戲求者，水終不出。縣東十許里至平樂
> 村，又有石穴，出清泉，中有潛龍，每至大旱，平樂左近村居，輩
> 草穢著穴中。龍怒，須臾水出，蕩其草穢，傍側之田，皆得澆灌。

按《北堂書鈔》卷一百五十八《穴》引《宜都記》：「佷山側有石穴，穴出清泉，中有潛龍。每旱，民人穢其穴，輒湧水蕩之，因得灌溉田。」

《水經注》卷三十七《夷水》「東南過佷山縣南」注又云：

> 從平樂順流五六里，東亭村北，山甚高峻，上合下空，空窺東

西廣二丈許，高起如屋。中有石床，甚整頓，傍生野韭。人往乞者，
神許，則風吹別分，隨偃而輸，不得過越，不偃而輸，輒凶。往觀
者去時特平，暨處自然恭肅矣。

從上面的對照和比較，可見《水經注》此節文字內容，包括故事風俗敘
述和景物描寫，都是引用或抄變袁山松《宜都記》、盛弘之《荊州記》及《後
漢書‧南蠻傳》等文獻而成的。這說明《水經注》之寫作，尤其是南方山水
風物之寫作，參考或徵引了大量具有文學性的文獻材料。因此，對這些文獻
的背景和源流作出考察，對《水經注》的文學性研究、對中國山水散文發生
發展的研究，是必要和有益的。

第四章 《水經注》的山水景物描寫

第一節 《水經注》山水景物描寫的特點

　　《水經注》既是一部系統完整的地理學著作，也是一部生動優美的文學作品。就其文學性而言，尤以記山寫水爲勝。明人楊愼《丹鉛總錄》：「《水經注》所載多他書傳未有者，其敘山水奇勝，文藻駢麗，比之宋人《臥遊錄》、今之《玉壺冰》，豈不天淵？予嘗欲抄出其山水佳勝爲一帙，以洗宋人《臥遊錄》之陋，未暇也。」清人劉獻廷《廣陽雜記》云：「《水經注》更有餘力鋪寫景物，片言隻字，妙絕古今。誠宇宙未有之奇書也。」不錯，《水經注》富有個性特徵、具有很強的藝術表現力的景物描寫，在篇中俯拾皆是，即使比之後代山水散文中的寫景片段，亦無不及之處。

　　《水經注》模山範水，狀景繁複，爲一時之最。正如明黃省曾《刻〈水經注〉序》說：「凡過歷之皋堆，夾並之坻岸，環間之郵亭，跨俯之城隅，鎮被之岩嶺，洄注之溪谷，瀕枕之鄉聚，聳映之樓館，建樹之碑碣，沉淪之基落，靡不旁萃曲收，左撼右探」。今人錢鍾書也說：「酈《注》規模弘遠，千山萬水，包舉一編，吳《書》相形，不過如馬遠之畫一角殘山剩水耳。」《水經注》之寫景，確是攝薈閎博，燦若列星。寫山則有峰巒、岩岫、洞穴、峽岸、怪石、陵皋等，寫水則有瀑布、泉源、湖泊、清溪、津渡、深井等，其他草木蟲魚，城池關隘、宮殿廟宇，物產古跡，無不薈萃其中。風物既殊，形貌各異，而《水經注》竟少有雷同，這就更爲難得了。

一、極富個性的山水形貌刻畫

《水經注》十分注意對山水進行個性化的刻畫。這首先是由《水經注》的內容和體制特點決定的。酈道元撰寫《水經注》，以「因水以證地」，「即地以存古」爲目的，即要寫一部歷史地理著作。因此，他不可能對一山一水一草一木都鉅細不遺地進行全面描繪，他必須用簡潔的語言，捕捉最富有特徵性的景色。酈道元善於從各種不同的角度對自然山水進行個性化的刻畫。

有時，酈道元抓住山水的形貌特徵，因其名而狀其形，如：

　　　　山下有長城，長城之際，連山刺天，其山中斷，兩岸雙闕，善能雲舉，望若闕焉。即狀表目，故有高闕之名也。〔註1〕

　　　　淶水又南徑藏刀山下，層岩壁立，直上干霄，遠望崖側，有若積刀，鐶鐶相比，咸悉西首。〔註2〕

　　　　沁水又南歷陭氏關，又南與驫驫水合，水出東北巨駿山，乘高瀉浪，觸石流響，世人因聲以納稱。〔註3〕

　　　　山水東南流，名爲紫溪，中道夾水，有紫色磐石，石長百餘丈，望之如朝霞，又名此水爲赤瀨，蓋以倒影在水故也。〔註4〕

　　　　（汝水）歷蒙柏谷，左右岫壑爭深，山阜競高，夾水層松茂柏，傾山蔭渚，故世人以名也。〔註5〕

《水經注》緊扣名得於形的特點，抓住所要描寫的對象最爲突出的特徵，集中筆力進行刻畫，或「即狀表目」，或「因聲以納稱」，使讀者顧其名而思其形。高闕山的特點是山體中斷，兩岸「雲舉」，「望若闕焉」；藏刀山的特點是山峰重疊峭立，如「鐶鐶相比」的把把鋼刀森聳雄奇。驫驫水「乘高瀉浪，觸石流響」；紫溪有長達百餘丈紫色磐石；蒙柏谷「夾水層松茂柏，傾山蔭渚」，也都能給人如臨其境，如聞其聲，如睹其色，如見其形的感覺。

〔註1〕《水經注》卷三《河水》「屈從縣北東流」注。見陳橋驛《水經注校釋》，杭州大學出版社，1999年版，第40頁。以下引《水經注》各條版本同。

〔註2〕《水經注》卷十二《巨馬河》「出代郡廣昌縣淶山」注。見陳橋驛《水經注校釋》，第224頁。

〔註3〕《水經注》卷九《沁水》「南過谷遠縣東，又南過陭氏縣東」注。見陳橋驛《水經注校釋》，第154頁。

〔註4〕《水經注》卷四十《漸江水》「出三天子都」注。見陳橋驛《水經注校釋》，第693頁。

〔註5〕《水經注》卷二十一《汝水》「出河南梁縣勉鄉西天息山」注。見陳橋驛《水經注校釋》，第373頁。

其他如沙州、畫石山、孔山、胡鼻山、雞翹洪、魚山、嵐谷、委粟山、障日山、鹿蹄山、馬耳山、熊耳山、黃牛灘、滇池、石城山、石鏡等，都運用了類似的寫法。

有時，酈道元借助山川物產之特異以突出山水不同於他處的特點。如?嶺以山多大蔥得名，「豫章以樹氏郡，酸棗以棘名邦」〔註6〕等。

有時，酈道元著力於色彩的描繪，集中筆力構築山川景物的圖畫美。有的色彩淡雅：

> （陽欺崖）崖色純素，望同積雪，下有二石室，先有人居處其間，細泉輕流，望川競注，故不可得以言也。〔註7〕

有的色彩清麗：

> 其水南流，歷鼓鐘上峽，懸洪五丈，飛流注壑，夾岸深高，壁立直上，輕崖秀舉，百有餘丈，峰次青松，岩懸頹石，於中歷落，有翠柏生焉，丹青綺分，望若圖繡矣。〔註8〕

有的色彩則濃烈：

> 黃水北有墨山，山石悉黑，績彩奮發，黝焉若墨，故謂之墨山。今河南新安縣有石墨山，斯其類也。丹水南有丹崖山，山悉黑壁霞舉，若紅雲秀天，二岫更為殊觀矣。〔註9〕

上面一段，酈道元特意把墨山和丹崖山放在一起來描繪，把「黝焉若墨」的墨山與「如紅雲秀天」的丹崖山進行對比，讓讀者驚歎大自然的鬼斧神工。再如：

> 水東出堯山，山盤紆數百里，有赭岊疊起，冠以青林，與雲霞亂彩。〔註10〕

「赭岊」、「青林」、「雲霞」，交織映襯，流光亂彩。再如：

〔註6〕 《水經注》卷八《濟水》「其一水東南流，其一水從縣東北流，入鉅野澤」注。見陳橋驛《水經注校釋》，杭州大學出版社，1999年版，第133頁。以下引《水經注》各條版本同。

〔註7〕 《水經注》卷三十七《沅水》「出牂柯且蘭縣，為旁溝水，又東至鐔成縣，為沅水」注。見陳橋驛《水經注校釋》，第649頁。

〔註8〕 《水經注》卷四《河水》「又東過平陰縣北，清水從西北來注之」注。見陳橋驛《水經注校釋》，第67頁。

〔註9〕 《水經注》卷二十《丹水》「又東南過商縣南，又東南至於丹水縣，入於均」注。見陳橋驛《水經注校釋》，第369頁。

〔註10〕 《水經注》卷三十九《洭水》「東南過含洭縣」注。見陳橋驛《水經注校釋》，第676頁。

北有湖裏淵，淵上橘柚蔽野，桑麻闇日，西望很山諸嶺，重峰疊秀，青翠相臨，時有丹霞白雲遊曳其上。〔註11〕

在一片綠色為主色調的圖畫上，作者又移來丹霞白雲遊曳其上以為點綴，足見作者巧於設色。

有時山水形貌十分接近，《水經注》就注意加上一兩句可以辨別它們各自不同的特點的語句。如：

濟水又東北，華不注山單椒秀澤，不連丘陵以自高，虎牙桀立，孤峰特拔以刺天，青崖翠發，望同點黛。〔註12〕

（女靈山）其山平地介立，不連岡以成高；峻石孤峙，不託勢以自遠。四面壁絕，極能靈舉，遠望亭亭，狀若單楹插霄矣。北面有如頹落，略得通步，好事者時有扳陟耳。〔註13〕

（廣昌嶺）嶺高四十餘里，二十里中委折五回，方得達其上嶺，故嶺有五回之名。〔註14〕

漢水又東南徑瞿堆西，又屈徑瞿堆南，絕壁峭崻，孤險雲高，望之形若覆唾壺，高二十餘里，羊腸蟠道三十六回。〔註15〕

前二句寫孤高之山，共同特點是「不連岡以成高」；後二句寫迂迴之嶺，相似之處是二十里中山路迂迴曲折。但若仔細分析，就不難看出它們相似中存在著不同。華不注山「虎牙桀立」，崔嵬尖陡中又有「青崖翠發」的特點，女靈山「狀若單楹插霄」，山體相對渾圓，所以作者有說一「特拔以刺天」，一「北面有如頹落」。後二句，瞿堆「望之形若覆唾壺」的形狀是廣昌嶺所不具有的。

有時，不同於大輪廓的形貌勾勒，作者著力描摹山中水邊的水草、樹木、岩石，更加細緻微婉：

〔註11〕 《水經注》卷三十四《江水》「又東南過夷道縣北，夷水從很山縣南，東北注之」注。見陳橋驛《水經注校釋》，第597頁。

〔註12〕 《水經注》卷八《濟水》「又東北過盧縣北」注。見陳橋驛《水經注校釋》，杭州大學出版社，1999年版，第139頁。以下引《水經注》各條版本同。

〔註13〕 《水經注》卷三十一《滍水》「出南陽魯陽縣西之堯山」注。見陳橋驛《水經注校釋》，第544頁。

〔註14〕 《水經注》卷十一《滱水》「又東過博陵縣南」注。見陳橋驛《水經注校釋》，第210頁。

〔註15〕 《水經注》卷二十《漾水》「出隴西氏道縣嶓冢山，東至武都沮縣為漢水」注。見陳橋驛《水經注校釋》，第363頁。

　　（錫義山）方圓百里，形如城，四面有門，上有石壇，長數十
丈，世傳列仙所居，今有道士被髮餌術，恒數十人。山高穀深，多
生薇蘅草，其草有風不偃，無風獨搖。〔註16〕

　　山西帶修溪一百餘里，茂竹便娟，披溪蔭渚，長川徑引，遠注
於沅。〔註17〕

　　沁水又南五十餘里，沿流上下，步徑裁通，小竹細筍，被於山
渚，蒙籠茂密，奇為翳薈也。〔註18〕

　　丹水又東南歷西岩下，岩下有大泉湧發，洪源巨輪，淵深不測，
蘋藻荻芹，竟川含綠，雖嚴辰肅月，無變暄萋。〔註19〕

　　水側有豫章木，本徑可二丈，其株根猶存，伐之積載，而斧跡
若新。羽族飛翔不息，其旁眾枝，飛散遠集，鄉亦不測所如，惟見
一枝，獨在含洭水矣。〔註20〕

　　有時山水形貌相近，這時草木沙石之異，往往成為它們各自獨特性的重
要表徵。我們不妨從上面所引各節來略作比較。「有風不偃，無風獨搖」的
薇蘅草，「本徑可二丈」、「伐之積載，而斧跡若新」的豫章木，都是以新奇
神異之物異於他山他水。寫丹水，重點寫水中「竟川含綠」的「蘋藻荻芹」，
突出其「淵深不測」的特點，其之所以「雖嚴辰肅月，無變暄萋」，也是由
於水深的緣故。寫帶修溪和沁水，都寫其兩岸的竹筍。可是帶修溪略長，「長
川徑引」；沁水則短，「步徑裁通」。因此兩水岸邊景物也就有了細微差別，
帶修溪的竹子是「茂竹」，所以說其「披溪蔭渚」；而沁水的岸竹則是「小竹
細筍」，所以說其「被於山渚」。又如：

　　湟水又東徑允街縣故城南，漢宣帝神爵二年置，王莽之修遠亭
也。縣有龍泉，出允街谷，泉眼之中，水文成交龍，或試撓破之，

〔註16〕《水經注》卷二十七《沔水上》「又東過西城縣南」注。見陳橋驛《水經注校
　　　　釋》，第 493 頁。

〔註17〕《水經注》卷三十七《沅水》「又東北過臨沅縣南」注。見陳橋驛《水經注校
　　　　釋》，第 650 頁。

〔註18〕《水經注》卷九《沁水》「又南過陽阿縣東」注。見陳橋驛《水經注校釋》，
　　　　第 155 頁。

〔註19〕《水經注》卷九《沁水》「又東過野王縣北」注。見陳橋驛《水經注校釋》，
　　　　第 158 頁。

〔註20〕《水經注》卷三十九《洭水》「出桂陽縣盧聚」注。見陳橋驛《水經注校釋》，
　　　　第 675 頁。

尋平成龍。畜生將飲者，皆畏避而走，謂之龍泉，下入湟水。

這段文字工筆細描龍泉水流不同於別泉的特異神奇。「畜生將飲者，皆畏避而走」，更增加了泉水的神奇色彩。《文選》卷二十《詩甲·潘安仁〈金谷集作詩〉》「濫泉龍鱗澗，激波連珠揮」，正可與《水經注》此條相垺〔註21〕。

《水經注》中類似筆觸細膩的寫法，頗受後世一些研究者詬病。明代楊慎《水經序》說：「若酈氏衍為四十卷，厭其枝蔓太繁，頗無關涉，首注河水二字，泛引佛經怪誕之說，幾數千古，亦贅矣。」清人全祖望在《水經注釋序》中也說：「乃過於嗜奇，稱繁引博。」這也許是「北學深蕪，窮其枝葉」的時代風氣影響使然〔註22〕。如果單就《河水》一注而言，這些說法似乎也不無道理。但若換一個角度，從《水經注》整體來看，未嘗不可以說《水經注》之瑣碎枝蔓，正是其文學性之重要表現。明代譚元春說：「予之所得於酈注者，自空蒙蕭瑟之外，真無一物，而獨喜善長之讀萬卷書，行盡天下山水，囚捉幽異，掬弄光采，歸於一緒。」正是仁者見仁，智者見智。

總之，《水經注》隨物賦形，在突出景物個性化的描寫上，極見藝術功力。

二、境界各異的山水性格概括

正如劉勰《文心雕龍·物色》所言的「寫氣圖貌」、「隨物以宛轉」，《水經注》中的山水描寫決非千山同勢，萬水一面。作者很注意開發挖掘客觀景物的內在品質，使山水景物的精神特質得以深刻的表現，突出地刻畫、顯現了各種不同的山水性格。如：

（汾水）水出左右近溪，聲流翼注，水上雜樹交蔭，雲垂煙接。

自是水流潭漲，波裏轉泛。〔註23〕

這兩幅畫面的共同特點是幽美。澄清透明的湘江，「雜樹交蔭，雲垂煙接」的汾水，景色幽雅清新，令人賞心悅目。再如：

出井東南行二里，峻阪鬥上鬥下，降此阪二里許，又復東上百丈崖，升降皆須扳繩挽葛而行矣。南上四里，路到石壁，緣旁稍進，徑百餘步，自此西南出六里，又至一祠，名曰胡越寺，神像有童子

〔註21〕唐李善注：「《爾雅》曰：濫泉正出。正出，湧出也。酈元《水經注》曰：允街穀水文成蛟龍。」
〔註22〕《隋書·儒林傳序》。中華書局，1973年版，第1706頁。
〔註23〕《水經注》卷六《汾水》「出太原汾陽縣北管涔山」注。見陳橋驛《水經注校釋》，杭州大學出版社，1999年版，第97頁。以下引《水經注》各條版本同。

之容，從祠南歷夾嶺，廣裁三尺餘，兩箱懸崖數萬仞，窺不見底，祀祠有感，則云與之平，然後敢度，猶須騎嶺抽身，漸以就進，故世謂斯嶺爲搦嶺矣。〔註24〕

（函谷關）邃岸天高，空谷幽深，澗道之峽，車不方軌，號曰天險。故《西京賦》曰：岩險周固，衿帶易守，所謂秦得百二，併吞諸侯也。是以王元說隗囂曰：請以一丸泥，東封函谷關，圖王不成，其弊足霸矣。〔註25〕

又東傍東瀼溪，即以爲隍，西南臨大江，窺之眩目，惟馬嶺小差委迤，猶斬山爲路，羊腸數四，然後得上。益州刺史鮑陋鎮此，爲譙道福所圍，城裏無泉，乃南開水門，鑿石爲函道，上施木天公，直下至江中，有似猿臂相牽引汲，然後得水。〔註26〕

江水又東徑流頭灘，其水並峻激奔暴，魚鼈所不能游，行者常苦之，其歌曰：灘頭白勃堅相持，倏忽淪沒別無期。袁山松曰：自蜀至此五千餘里，下水五日，上水百日也。〔註27〕

西北行，上高山，羊腸繩屈八十餘里，或攀木而升，或繩索相牽而上，緣陟者若將階天。故袁休明《巴蜀志》云：高山嵯峨，岩石磊落，傾側縈回，下臨峭壑，行者扳緣，牽援繩索。三蜀之人及南中諸郡，以爲至險。〔註28〕

「懸崖數萬仞，窺不見底」的搦嶺，「空谷幽深」、「車不方軌」的函谷關，「窺之眩目「的東瀼隍。「峻激奔暴」的流頭灘，行者須攀木而登的高山《水經注》在這裡展現給人們的幾幅畫面的共同特點是奇險。又如：

水出絳山東，寒泉奮湧，揚波北注，懸流奔壑，一十許丈，青

〔註24〕 《水經注》卷四《河水》「又南至華陰潼關，渭水從西來注之」注。見陳橋驛《水經注校釋》，第 58 頁。

〔註25〕 《水經注》卷四《河水》「又南至華陰潼關，渭水從西來注之」注。見陳橋驛《水經注校釋》，第 59 頁。

〔註26〕 《水經注》卷三十三《江水》「又東過魚復縣南，夷水出焉」注。見陳橋驛《水經注校釋》，第 587 頁。

〔註27〕 《水經注》卷三十四《江水》「又東過夷陵縣南」注。見陳橋驛《水經注校釋》，第 595 頁。

〔註28〕 《水經注》卷三十六《若水》「又東北至犍爲朱提縣西。爲瀘江水」注。見陳橋驛《水經注校釋》，杭州大學出版社，1999 年版，第 622 頁。以下引《水經注》各條版本同。

崖若點黛，素湍如委練，望之極爲奇觀矣。〔註29〕

　　東側有一湖，三春九夏，紅荷覆水，引瀆城隍，水積成潭，謂之東臺湖，亦肥南播也。淝水西徑壽春縣故城北，右合北溪，水導北山泉源下注，潄石頹隍，水上長林插天，高柯負日，出於山林精舍右、山淵寺左，道俗嬉遊，多萃其下，內外引汲，泉同七淨，溪水沿注西南，經陸道士解南，精廬臨側川溪，大不爲廣，小足閒居，亦勝境也。〔註30〕

　　山有都亭。堂上結方湖，湖中起御坐，石也。御坐前建蓬萊山，曲池接筵，飛沼拂席，南面射侯夾席，武峙背山。堂上則石路崎嶇，嚴嶂峻險，雲颭風觀，縈巒帶阜。遊觀者升降阿閣，出入虹陛，望之狀鳧沒鶯舉矣。其中引水飛皋，傾瀾瀑布，或柱渚聲溜，潺潺不斷。竹柏蔭於層石，繡薄叢於泉側，微飆暫拂，則芳溢於六空，實爲神居矣。其水東注天淵池。〔註31〕

　　讀了上述幾段，我們不能不神往於《水經注》所營造的那種生意盎然、情趣悠遠的秀美境界了。再如：

　　（呂梁洪）其山岩層岫衍，澗曲崖深，巨石崇竦，壁立千仞，河流激蕩，濤湧波襄，雷滂電泄，震天動地。〔註32〕

　　世俗謂之龍門也。其山上合下開，開處高六丈，飛水歷其間，南出乘崖，傾澗泄注，七丈有餘，渀蕩之音，奇爲壯猛，觸石成井，水深不測，素波自激，濤襄四陸，瞰之者驚神，臨之者駭魄矣。〔註33〕

　　孟門即龍門之上口也。實爲河之巨阨，兼孟門津之名矣。此石經始禹鑿，河中潄廣，夾岸崇深，傾崖返捍，巨石臨危，若墜復倚。

〔註29〕《水經注》卷六《澮水》「出河東絳縣東，澮交東高山」注。見陳橋驛《水經注校釋》，第105頁。

〔註30〕《水經注》卷三十二《淝水》「又北過壽春縣東」注。見陳橋驛《水經注校釋》，第563頁。

〔註31〕《水經注》卷十六《穀水》「又東過河南縣北，東南入於洛」注。見陳橋驛《水經注校釋》，第290頁。

〔註32〕《水經注》卷三《河水》「又南過赤城東，又南過定襄桐過縣西」注。見陳橋驛《水經注校釋》，第46頁。

〔註33〕《水經注》卷十一《滱水》「又東過博陵縣南」注。見陳橋驛《水經注校釋》，第211頁。

　　古之人有言，水非石鑿而能入石，信哉！其中水流交衝，素氣雲浮，往來遙觀者，常若霧露沾人，窺深悸魄。其水尚崩浪萬尋，懸流千丈，渾洪贔怒，鼓若山騰，濬波頹疊，迄於下口。方知《慎子》，下龍門，流浮竹，非駟馬之追也。〔註34〕

　　這裡展現給人們的一變而爲壯美。壯猛奔騰的水流，「素波自激，濤襄四陸」的石井，臨危若墜的巨石，懸流千丈的瀑布，大自然的天造地設，總給人以奮進不屈的力量。再如：

　　　　水出鵝鶘山，山有二峰，峻極於天，高崖雲舉，亢石無階，猿徒喪其捷巧，鼯族謝其輕工。及其長霄冒嶺，層霞冠峰，方乃就辨優劣耳，故有大小鵝鶘之名矣。〔註35〕

　　　　晉太元二年又崩，當崩之日，水逆流百餘里，湧起數十丈。今灘上有石，或圓如簞，或方似屋，若此者甚眾，皆崩崖所隕，致怒湍流，故謂之新崩灘。其頹岩所餘，比之諸嶺，尚爲竦桀。其下十餘里，有大巫山。非惟三峽所無，乃當抗峰岷、峨，偕嶺衡、疑，其翼附群山，並概青雲，更就霄漢，辨其優劣耳。〔註36〕

　　「峻極於天，高崖雲舉」的鵝鶘山，「並概青雲」的大巫山，雄奇之美，大概只能讓人「以手扶膺坐長歎」了。

　　幽、奇、險、秀、壯、雄，自然景觀的諸多審美特徵，在《水經注》中都有恰切的表現。《水經注》中的山水描寫，總能抓住山水景物的內在風神，從描寫對象的變化及其與周圍環境的關係中，展示不同的山水形象，構造不同的山水意境，塑造不同的山水性格。所以，儘管萬水千山包舉一篇，但總能格調各異，光景常新。

三、歷史人文內容的豐富蘊涵

　　山水自然不僅千姿百態，變化多端，而且常常沉積著深厚的文化，閃耀

〔註34〕　《水經注》卷四《河水》「又南，過河東北屈縣西」注。見陳橋驛《水經注校釋》，第53頁。
〔註35〕　《水經注》卷十五《洛水》「東北過盧氏縣南」注。見陳橋驛《水經注校釋》，第267頁。
〔註36〕　《水經注》卷三十四《江水》「又東過巫縣南，鹽水從縣東南流注之」注。見陳橋驛《水經注校釋》，杭州大學出版社，1999年版，第593頁。以下引《水經注》各條版本同。

著燦爛的異彩。因此《水經注》有時在描寫自然景物的同時，也往往加入歷史故事、人物傳說等以說明地名由來和山水之特異。這樣，既強化了山水的個性化特徵，也增加了景物的人文色彩。如：

水又東南流，歷於竹圃，水次綠竹蔭渚，菁菁實望，世人言梁王竹園也。〔註37〕

溪水上承嶕峴麻溪，溪之下，孤潭，周數畝，甚清深，有孤石臨潭。乘崖俯視，猿狄驚心，寒木被潭，森沉駭觀。上有一櫟樹，謝靈運與從弟惠連常遊之，作連句，題刻樹側。麻潭下注若邪溪，水至清照，眾山倒影，窺之如畫。〔註38〕

穀水又東南轉屈而東注，謂之阮曲，云阮嗣宗之故居也。〔註39〕

前句記梁王竹園。梁孝王劉武，漢文帝之子，而與漢景帝同母兄弟。《史記》說他「築東苑，方三百餘里」，即指此竹園。因其賓主詩賦其間而常入文人吟詠。如漢代枚乘《梁王菟園賦》有「修竹檀葉夾池水」之句，唐代王勃《滕王閣序》有「睢園綠竹」之謂。《水經注》卷二十四：「梁王與鄒、枚、司馬相如之徒，極遊於其上，故齊《隨郡王山居序》所謂『西園多士，平臺盛賓，鄒馬之客咸在，伐木之歌屢陳』，是用追芳昔娛，神遊千古，故亦一時之盛事。謝氏《賦雪》亦曰：『梁王不悅，遊於兔園。』今也，歌堂淪宇，律管埋音，孤基塊立，無復曩日之望矣。」

中句寫孤潭寒木，但加上謝靈運、謝惠連的連句題刻，就會自然引發人們的緬古悠懷。

後句寫阮曲。阮籍與其侄阮咸同住在洛陽城外穀水轉曲而東流處，「阮仲容、步兵居道南，諸阮居道北」〔註40〕。

若說前句使人有「楚王臺榭空山丘」之慨，後兩句則讓人有「江山故宅空文藻」之歎。《水經注》因水證地，寥寥幾筆，就爲原本平常無奇的竹圃、櫟樹、鄉曲平添了幾許文化氣息。

〔註37〕 《水經注》卷二十四《睢水》「東過睢陽縣南」注。見陳橋驛《水經注校釋》，第 428 頁。

〔註38〕 《水經注》卷四十《漸江水》「北過餘杭，東入於海」注。見陳橋驛《水經注校釋》，第 698 頁。

〔註39〕 《水經注》卷十六《穀水》「又東過河南縣北，東南入於洛」注。見陳橋驛《水經注校釋》，第 298 頁。

〔註40〕 余嘉錫：《世說新語箋疏·任誕》，中華書局，1983 年，732 頁。

若說上面穿插的幾則故事還去古未遠，或有所據，那麼，下面兩則中所寫的古韻遺風就只能說是酈道元的有意設置了：

> （三累山）山下水際，有二石室，蓋隱者之故居矣。細水東流，注於崐谷。側溪山南有石室，西面有兩石室，北面有二石室，皆因阿結牖，連扁接闥，所謂石室相距也。東廂石上，猶傳杵臼之跡；庭中亦有舊宇處，尚彷彿前基；北坎室上，有微涓石溜，豐周瓢飲，似是棲遊隱學之所。昔子夏教授西河，疑即此也，而無以辨之。〔註41〕

> 今人謂之丸谷，石壁深高，幽隍邃密，林障秀阻，人跡罕交。東南隅有一石室，蓋太公所居也。水次平石釣處，即太公垂釣之所也。其投竿跽餌，兩膝遺跡猶存，是有磻溪之稱也。〔註42〕

前段酈道元因寫石室「似是棲遊隱學之所」而聯想到「子夏教授西河」的故事，無非是想引發人們對於古跡幽居的神往。後段寫磻溪，特地穿插了太公垂釣的故事。「兩膝遺跡猶存」自是想像之詞，但一經酈道元道出，人們的懷古悠情也就油然而生了。再如：

> 江水歷峽，東徑宜昌縣之插竈下。江之左岸，絕岸壁立數百丈，飛鳥所不能棲，有一火爐，插在崖間，望見可長數尺。父老傳言，昔洪水之時，人薄舟崖側，以餘爐插之岩側，至今猶存，故先後相承謂之插竈也。〔註43〕

> 江水自建平至東界峽，盛弘之謂之空泠峽。峽甚高峻，即宜都建平二郡界也。其間遠望，勢交嶺表，有五六峰參差互出，上有奇石，如二人像攘袂相對，俗傳兩郡督郵爭界於此，宜都督郵厥勢小東傾，議者以爲不如也。〔註44〕

《水經注》有意在這兩段描寫中插入了引人入勝的傳說，當然都是本無

〔註41〕《水經注》卷四《河水》「又南出龍門口，汾水從東來注之」注。見陳橋驛《水經注校釋》，杭州大學出版社，1999年版，第55頁。以下引《水經注》各條版本同。

〔註42〕《水經注》卷十七《渭水》「又東過陳倉縣西」注。見陳橋驛《水經注校釋》，第320頁。

〔註43〕《水經注》卷三十四《江水》「又東過夷陵縣南」注。見陳橋驛《水經注校釋》，第595頁。

〔註44〕《水經注》卷三十四《江水》「又東過夷陵縣南」注。見陳橋驛《水經注校釋》，第595頁。

稽考的故事，但一經《水經注》把它們攝入點染，就顯得韻味悠遠，令人心馳神往。再如：

〔逃石〕以其有靈運徙，又曰靈石。其傑處臨江壁立，霞駮有若繢焉。水石驚瀨，傳響不絕，商舟淹留，聆翫不已。〔註45〕

湍水又南，菊水注之。水出西北石㵎山芳菊溪，亦言出析谷，蓋溪㵎之異名也。源旁悉生菊草，潭㵎滋液，極成甘美。云此谷之水土，餐挹長年，司空王暢、太傅袁隗、太尉胡廣，並汲飲此水，以自綏養，是以君子留心，甘其臭尚矣。〔註46〕

這兩段寫石之奇、草之異，筆下自令人有傑地靈之感。有時大自然天造地設，又偏多神異之處：

水出石城山，其山復㵎重嶺，敧疊若城，山頂泉流，瀑布懸瀉，下有濫泉，東流泄注，邊有數十石畦，畦有數野蔬，岩側石窟數口，隱跡存焉，而不知誰所經始也。〔註47〕

酈道元故意把本來平常的景致寫得倘恍迷離，引發讀者的好奇心。有時酈道元又把寫景和記述史事相結合。如：

〔廣昌嶺〕嶺高四十餘里，二十里中，委折五回，方得達其上嶺，故嶺有五回之名。下望層山，盛若蟻垤，實兼孤山之稱，亦峻竦也。徐水三源奇發，齊瀉一㵎，東流北轉，逕東山下。水西有《御射碑》。徐水又北流，西屈逕南岩下。水陰又有一碑。徐水又隨山南轉，逕東岩下，水際又有一碑。凡此三銘，皆翼對層巒，巖障深高，壁立霞峙。石文云：皇帝以太延元年十二月，車駕東巡，逕五回之險邍。覽崇岸之竦峙，乃停駕路側，援弓而射之，飛矢逾於岩山，刊石用贊元功。夾碑並有層臺二所，即御射處也。碑陰皆列樹碑官名。徐水屈東北逕郎山，又屈逕其山南，眾岑競舉，若豎鳥翅，立石巇岩，亦如劍杪，極地險之崇峭。〔註48〕

〔註45〕 《水經注》卷三十八《溱水》「東至曲江縣安轟邑東，屈西南流」注。見陳橋驛《水經注校釋》，第 670 頁。

〔註46〕 《水經注》卷二十九《湍水》「出酈縣北芬山，南流過其縣東，又南過冠軍縣東」注。見陳橋驛《水經注校釋》，第 517 頁。

〔註47〕 《水經注》卷五《河水》「又東過成皋縣北，濟水從北來注之」注。見陳橋驛《水經注校釋》，第 75 頁。

〔註48〕 《水經注》卷十一《滱水》「又東過博陵縣南」注。見陳橋驛《水經注校釋》，杭州大學出版社，1999 年版，第 210 頁。以下引《水經注》各條版本同。

在這裡，有「下望層山，盛若蟻蛭」、「眾岑競舉，若豎鳥翅，立石嶄岩，亦如劍杪」等傳神的景物描寫，也有北魏太武帝拓拔燾援弓射山耀武揚威的記述。《水經注》把山水特徵的描寫與歷史人文內容結合在一起來寫，以互為引證，相得益彰。

山水是自然物的客觀存在，又是人類生活和活動的場所。追述歷史故實往往可以產生單純模山範水所達不到的效果。《水經注》善於引用史實、傳說、神話、故事、謠諺入文，與山水景物描寫相配合，既使山水景物增色，又讓史實傳說等更加動人，因而饒有興味。

四、深婉情致的表露和滲入

明代鍾惺《水經注鈔》：「酈道元偏具山水筆資，其法則記，其才其趣則詩也。」清代劉熙載《藝概》卷一《文概》：「酈道元敘山水，峻潔層深，奄有《楚辭·山鬼》、《招隱士》勝境；柳柳州遊記，其先導也。」《水經注》由於受其撰著體例和內容的影響，本以客觀寫實為主要筆法。另一方面，《水經注》同時又不乏感情色彩。酈道元在描山繪水的同時，力爭從感情上打動讀者，而並不完全是說明式的介紹。這就使《水經注》具有了與詩、賦相似的表現效果，使其「敘山水」時具有了「峻潔層深」的特點。

酈道元有時在《水經注》中鎔鑄自己的感情。如：

（冶泉祠）按《廣雅》，金神謂之清明，斯地蓋古冶官所在，故水取稱焉。水色澄明，而清冷特異。淵無潛石，淺鏤沙文，中有古壇，參差相對，後人微加功飾，以為嬉遊之處。南北遼岸凌空，疏木交合。先公以太和中作鎮海岱，余總角之年，侍節東州，至若炎夏火流，閒居倦想，提琴命友，嬉娛永日。桂筍尋波，輕林委浪，琴歌既洽，歡情亦暢，是為棲寄，實可憑衿。小東有一湖，佳饒鮮筍，匪直芳齊芍藥，實亦潔並飛鱗。其水東北流入巨洋，謂之薰冶泉。〔註49〕

三面積石，高深一匹有餘。長津激浪，瀑布而下，澎贔之音，驚川聒谷，溉济之勢，狀同洪井，北流入陽水。余生長東齊，極遊其下，於中闊絕，乃積綿載。後因王事，復出海岱。郭金紫惠同石

〔註49〕《水經注》卷二十六《巨洋水》「又北過臨朐縣東」注。見陳橋驛《水經注校釋》，第467頁。

井，賦詩言意。彌日嬉娛，尤慰羈心，但恨此水時有通塞耳。陽水
東逕故七級寺禪房南。水北則長廡遍駕，回閣承阿，林際則繩坐疏
班，錫缽間設，所謂修修釋子，眇眇禪棲者也。〔註50〕

酈道元在這裡或回憶童年嬉娛往事，或追述故地重遊之感，都表達了自己深深陶醉於美好的自然景致之中的切身感受。無論是「琴歌既洽，歡情亦暢，是焉棲寄，寔可憑衿」、「彌日嬉娛，尤慰羈心」等的直接抒情，還是作者在景物描寫的行文之中所流露出的情懷，都無不包孕著自然美景的體悟和眷戀。看來，酈道元在《水經注序》中所說「余少無尋山之趣，長違問津之性」全是自謙之詞。再如：

夷水又逕宜都北，東入大江，有涇、渭之比，亦謂之佷山北溪。
水所經皆石山，略無土岸。其水虛映，俯視遊魚，如乘空也。淺處
多五色石，冬夏激素飛清，傍多茂木。空岫靜夜聽之，恒有清響。
百鳥翔禽，哀鳴相和，巡頹浪者，不覺疲而忘歸矣。〔註51〕

又有少許山田，引灌之蹤尚存。出谷有平邱，面山傍水，土人
悉以種麥，云此丘不宜殖稷黍而宜麥，齊人相承以殖之，意謂麥邱
所棲愚公谷也，何其深沉幽翳，可以託業怡生如此也！余時逕此，
為之踟躕，為之屢眷矣。〔註52〕

酈道元在自然美景的誘導下，「為之踟躕，為之屢眷」，「不覺疲而忘歸」，足見酈道元是深於情者。他對山水自然的情感是真摯而深厚的。

《水經注》中更多的是酈道元結合景物描繪對遊覽者的感情和心境的抒發。面對不同的景色，人們往往會產生不同的心理反映。如：

耒水又西逕華山之陰，亦曰華石山，孤峰特聳，枕帶雙流，東
則黃溪耒水之交會也。耒水東流沿注，不得北過其縣西也。兩岸連
山，石泉懸溜，行者輒徘徊留念，情不極已也。〔註53〕

〔註50〕《水經注》卷二十六《淄水》「又東過利縣東」注。見陳橋驛《水經注校釋》，第473頁。

〔註51〕《水經注》卷三十七《夷水》「東入於江」注。見陳橋驛《水經注校釋》，第646頁。

〔註52〕《水經注》卷二十四《汶水》「出泰山萊蕪縣原山，西南過其縣南」注。見陳橋驛《水經注校釋》，杭州大學出版社，1999年版，第436頁。以下引《水經注》各條版本同。

〔註53〕《水經注》卷三十九《耒水》「北過其縣之西」注。見陳橋驛《水經注校釋》，第679頁。

博水又東南徑穀梁亭南，又東徑陽城縣，散為澤渚，渚水瀦漲，方廣數里，匪直蒲筍是豐，寔亦偏饒菱藕，至若孌婉丱童，及弱年崽子，或單舟採菱，或疊舸折芰，長歌陽春，愛深淥水，掇拾者不言疲，謠詠者自流響，於時行旅過矚，亦有慰於羈望矣。世謂之為陽城澱也。〔註54〕

（淇水）水出朝歌西北大嶺下，東流徑駱駝谷，於中逶迤九十曲，故俗有美溝之目矣。歷十二崿，崿流相承，泉響不斷，返水捍注，卷復深湟，湟間積石千通，水穴萬變，觀者若思不周賞、情乏圖狀矣。〔註55〕

沅水又東歷臨沅縣西，為明月池，白壁灣。灣狀半月，清潭鏡澈，上則風籟空傳，下則泉響不斷。行者莫不擁楫嬉遊，徘徊愛玩。沅水又東歷三石澗，鼎足均跱，秀若削成，其側茂行便娟，致可玩也。又東帶綠蘿山，頹岩臨水，懸蘿釣渚，漁詠幽谷，浮響若鐘。沅水又東逕平山西，南臨沅水，寒松上蔭，清泉下注，棲託者不能自絕於其側。〔註56〕

石泉懸溜，菱藕豐饒，綠水蕩漾，曲水逶迤，泉響泠泠，清風明月，綠蘿蒙羃，給予人們的是對山水自然的享受和對心靈的慰藉，它能夠激發起人們對美好生活的希望和熱愛。但是，對於一些羈旅遊子來說，有些自然環境的惡劣又會引起他們的無限傷感：

（居庸關）南則絕谷，累石為關垣，崇墉峻壁，非輕功可舉，山岫層深，側道褊狹，林鄣邃險，路才容軌，曉禽暮獸，寒鳴相和，羈官遊子，聆之者莫不傷思矣。〔註57〕

（林邑城）其城，隍塹之外，林棘荒蔓，榛梗冥鬱，藤盤筀秀，參錯際天，其中香桂成林，氣清煙澄。桂父，縣人也，棲居此林，服桂得道。時禽異羽，翔集間關，兼比翼鳥，不比不飛，鳥名歸飛，

〔註54〕 《水經注》卷十一《滱水》「又東過博陵縣南」注。見陳橋驛《水經注校釋》，第 209 頁。按：「綠」當作「淥」，今改。

〔註55〕 《水經注》卷九《淇水》「出河內隆慮縣西大號山」注。見陳橋驛《水經注校釋》，第 161 頁。

〔註56〕 《水經注》卷三十七《沅水》「又東北過臨沅縣南」注。見陳橋驛《水經注校釋》，第 650 頁。

〔註57〕 《水經注》卷十四《濕餘水》「出上谷居庸關東」注。見陳橋驛《水經注校釋》，第 247 頁。

鳴聲自呼。此戀鄉之思孔悲，桑梓之敬成俗也。〔註58〕

酈道元在《水經注》中爲羈官遊子的漂泊之苦、思鄉之悲發出了同情的歌唱。寫林邑異俗，景色自然也有幽靜的特點，但充滿異域情調，給人一種淒美的感受。

酈道元在敘事描寫之中經常包孕微婉情致，生動地表現了他本人以及遊人的真情實感，抒發了不同自然環境中審美者的不同心情和體驗，使審美的客體和主體在一定程度上得到交融，甚至有的篇章可以達到融情入景、情與景偕的程度。這些手法對於唐宋以後的山水遊記都有一定的影響。

此外，《水經注》以水道爲綱，支流爲目，並「因水以證地，即地以存古」的結構方式，也使之對山水的記述井然有序，繁而不紊。正如宋人王阮所說，「讀酈道元《水經》，名川支川，貫穿周匝，無有間斷，咳唾皆成珠璣。」〔註59〕酈學專家段熙仲指出《水經注》「以水分篇，使讀之者從源及流，眉目清晰」，尤其爲《明》、《清》二史所借鑒，二史以水爲主的結構方式，其實就是對《水經注》的繼承〔註60〕。

第二節　《水經注》寫景的語言藝術與修辭手法

一、峭麗峻潔的寫景語言

《水經注》寫景語言的文體特點是以散爲主，駢散兼行，以散馭駢。今人李景華《中國散文通史》上卷說：「《水經注》的寫景語言，既不同於辭賦，亦不同於駢文，酈道元綜合了辭賦、駢文的語言特色，再斟酌山水詩的文字技巧，形成了流暢自然、清新精練的語言風格。」這個說法是合適的。其實，《水經注》文學性較強的部分大多引自晉宋時代各地的地記，而晉宋地記的寫景語言則廣泛地借鑒了辭賦、駢文、山水詩的語言特色及文字技巧，故李

〔註58〕 《水經注》卷三十六《溫水》「東北入於鬱」注。見陳橋驛《水經注校釋》，第 633 頁。

〔註59〕 《宋史》卷三百九十五《王質傳》：王質，字景文，其先鄆州人，後徙興國。質博通經史，善屬文。遊太學，與九江王阮齊名。阮每云：「聽景文論古，如讀酈道元《水經》，名川支川，貫穿周匝，無有間斷，咳唾皆成珠璣。」中華書局，1977 年版，第 12055 頁。

〔註60〕 參見段熙仲《水經注六論》，楊守敬、熊會貞《水經注疏》，江蘇古籍出版社，1989 版第 3396 頁。

景華的看法不錯。

《水經注》寫景語言從形式上看，多用四字句。從這點可以看出《水經注》確是受到了辭賦和駢文的一些影響。如卷六《涑水》「又西南過安邑縣西」注：「是以緇服思玄之士，鹿裘念一之夫，代往遊焉。路出北巇，勢多懸絕，來去者咸援蘿騰崟，尋葛降深，於東則連木乃陟，百梯方降，岩側纏鎖之跡，仍今存焉，故亦日百梯山也。」其中「緇服思玄之士，鹿裘念一之夫」、「援蘿騰崟，尋葛降深」，都是辭賦語。明人朱之臣評此曰：「好賦手」。再如卷二十八《沔水》「又東過荊城東」注：「楊水又北逕竟陵縣西，又北納巾吐柘。」明人鍾惺評點「納巾吐柘」四字，說：「四字簡勁」，譚元春評曰：「四字是賦語。」卷二十六《淄水》「又東過利縣東」注：「水北則長廡遍駕，回閣承阿，林際則繩坐疏班，錫缽間設，所謂修修釋子，眇眇禪棲者也。」也是典型的賦筆。其他如「氣蕭蕭以瑟瑟，風颼颼而颭颭」〔註61〕、「倉庚懷春於其北，翡翠熙景乎其南」〔註62〕等句，都是辭賦的語言。至於《水經注》中的偶句駢文，已見諸上文，毋庸贅述。這說明，酈道元對漢、晉以來的以山水爲題材的賦作和風靡於當時以寫作技巧見長的駢文都進行了認眞的學習。

但是，《水經注》偶而採用辭賦或駢文，只是取其形式上的簡勁和節奏上的和諧。《水經注》對山水自然的描寫，並非像《楚辭》只作寫人的陪襯，也不像漢代中描寫山川形勢的賦作如《山川頌》、《水賦》等那樣「假稱珍怪，以爲潤色」、「侈言無驗，雖麗非經」〔註63〕，而是注重表情繪景的眞切自然和情景之間的契合，即使有誇飾也不失眞，縱有鋪張卻不是拼湊，也很少像漢賦那樣使用奇字僻詞。《水經注》描景狀物，大體上還是以文從字順的散句爲主，雖多四字句，但只是取其文字整飭，形式優美，並無駢偶氣，因此《水經注》之寫景文字兼備駢散二體之長，既有形式美、音韻美，又不板滯枯燥，而是以流暢自然見勝。清代酈學家趙一清《水經注釋自序》說酈道元「博覽群書，故馳詞洶發，以是江左諸公尙浮華、竟誇雕組，殆羞與絳灌爲伍矣。」此說甚當。道元「馳詞洶發」並不同於南朝作家之「竟誇雕組」，而是以博覽

〔註61〕 《水經注》卷二十七《沔水》「又東過西城縣南」注。見陳橋驛《水經注校釋》，杭州大學出版社，1999年版，第492頁。以下引《水經注》各條版本同。
〔註62〕 《水經注》卷三十六《溫水》「東北入於鬱」注。見陳橋驛《水經注校釋》，第630頁。
〔註63〕 左思《三都賦序》。

群書爲基礎，對前代乃至當時的詩賦駢文的語言進行改造而成的。《水經注》力求擯棄平淡淺俗的語言，而追求峭麗峻潔的語言風格，十分注意從客觀實景出發選詞鍊字進行錘鍊。《水經注》之鍊字以動詞爲多，也最見功力。如：

（懸水）出山原岫盤谷，輕湍瀠下，分石飛懸，水一匹有餘，直灌山際，白波奮流，自成潭渚。其水東南流，揚湍注於滱。〔註64〕

其水南流，徑魯陽關，左右連山插漢，秀木干雲。〔註65〕

營水出營陽泠道縣南山，西流徑九疑山下，蟠基蒼梧之野，峰秀數郡之間。羅岩九舉，各導一溪；岫壑負阻，異嶺同勢，遊者疑焉，故曰九疑山。大舜窆其陽，商均葬其陰。〔註66〕

寫懸水，「原」、「盤」、「分」、「揚」、「注」，從水出於山穴，盤繞於山谷，直到合於滱水的全過程，都被這些凝練的動詞點染得有聲有色。「飛懸」、「瀠下」、「直灌」、「奮流」，更把水勢的變化寫得活靈活現。寫魯陽關「連山插漢，秀木干雲」，一個「插」字，一個「干」字，不但顯現出山峰的高峻，而且給人以一種向上的氣勢和力量。寫九疑山，「蟠基」寫出了山勢的綿遠，「秀」字則凸現了山的秀美。「舉」、「導」、「負阻」、「同勢」一系列動詞，把九疑山的山高水曲寫得曲盡情致。

形容詞和副詞的恰切運用，在《水經注》中也不乏其例。如：

二館之城，澗曲泉清，山高林茂，風煙披薄，觸目怡情，方外之士，尚憑依舊居，取暢林木。〔註67〕

東湖西浦，淵潭相接，水至清深。晨鳧夕雁，泛濫其上；黛甲素鱗，潛躍其下。俯仰池潭，意深魚鳥，所寡惟良木耳，俗謂之南池。〔註68〕

〔註64〕《水經注》卷十一《滱水》「又東南過中山上曲陽縣北，恒水從西來注之」注。見陳橋驛《水經注校釋》，杭州大學出版社，1999年版，第204頁。以下引《水經注》各條版本同。

〔註65〕《水經注》卷三十一《淯水》「出弘農盧氏縣攻離山，東南過南陽西鄂縣西北」注。見陳橋驛《水經注校釋》，第546頁。

〔註66〕《水經注》卷三十八《湘水》「又東北過泉陵縣西」注。見陳橋驛《水經注校釋》，第660頁。

〔註67〕《水經注》卷十一《易水》「東過范陽縣南，又東過容城縣南」注。見陳橋驛《水經注校釋》，第200頁。

〔註68〕《水經注》卷十三《漯水》「出雁門陰館縣，東北過代郡桑乾縣南」注。見陳橋驛《水經注校釋》，第230頁。

又南出一里至天井，井裁容人。〔註69〕

山上又有微涓細水，流入井中，亦不甚沾人。〔註70〕

「曲」、「清」、「高」、「茂」、「披薄」，通過諸多形容詞的運用，《水經注》為我們描畫出一個幽雅清遠、風光旖旎的詩意般的意境。而「至」、「裁」、「不甚」這些表示程度的副詞，則保證了《水經注》狀景體物的恰當確切。「至清深」之「深」，是具體意義，而「意深魚鳥」之「深」，則包孕著酈道元對自然美景的深刻感悟。

《水經注》用詞靈活多變。名詞作狀語而起比喻的作用，是《水經注》比較常見的語法。如：

凡此三銘，皆翼對層巒，岩障深高，壁立霞峙。〔註71〕

三峰霞舉，疊秀雲天。〔註72〕

其中水流交衝，素氣雲浮。〔註73〕

其水尚崩浪萬尋，懸流千丈，渾洪贔怒，鼓若山騰，濬波頹疊，迄於下口。〔註74〕

入石門，又得鍾乳穴，穴上素崖壁立，非人跡所及。〔註75〕

其山岩層岫衍，澗曲崖深，巨石崇竦，壁立千仞，河流激盪，濤湧波襄，雷濟電泄，震天動地。昔呂梁未闢，河出孟門之上，蓋大禹所辟，以通河也。〔註76〕

〔註69〕　《水經注》卷四《河水》「又南至華陰潼關，渭水從西來注之」注。見陳橋驛《水經注校釋》，第 58 頁。

〔註70〕　《水經注》卷四《河水》「又南至華陰潼關，渭水從西來注之」注。見陳橋驛《水經注校釋》，第 58 頁。

〔註71〕　《水經注》卷十一《滱水》「又東過博陵縣南」注。見陳橋驛《水經注校釋》，第 210 頁。

〔註72〕　《水經注》卷十七《渭水》「又東過陳倉縣西」注。見陳橋驛《水經注校釋》，第 320 頁。

〔註73〕　《水經注》卷四《河水》「又南，過河東北屈縣西」注。見陳橋驛《水經注校釋》，第 53 頁。

〔註74〕　《水經注》卷四《河水》「又南，過河東北屈縣西」注。見陳橋驛《水經注校釋》，杭州大學出版社，1999 年版，第 53 頁。以下引《水經注》各條版本同。

〔註75〕　《水經注》卷三十一《滇水》「出蔡陽縣」注。見陳橋驛《水經注校釋》，第 553 頁。

〔註76〕　《水經注》卷三《河水》「又南過赤城東，又南過定襄桐過縣西」注。見陳橋驛《水經注校釋》，第 46 頁。

「霞舉」、「雲浮」、「矗怒」、「壁立」、「雷淬電泄」，都是以名詞直接作狀語，比喻生動，形象感極強。也有的是用來表示方位或趨向的如：

　　沅水又東徑平山西，南臨沅水，寒松上蔭，清泉下注，棲託者
不能自絕於其側。〔註77〕

「東徑」、「南臨」、「上蔭」、「下注」，介紹起來，層次清晰，有條不紊。

《水經注》中也有許多使動句式。如「桑麻暗日」〔註78〕、「清風鳴條」〔註79〕、「山殫艮阻，地窮坎勢」〔註80〕、「瞰之者驚神，臨之者駭魄」〔註81〕、「驚川眂谷」〔註82〕等等，表情生動。

《水經注》常用疊詞使景物描寫更加形象化。如「氣蕭蕭以瑟瑟，風颼颼而颲颲」〔註83〕、「連山隱隱」〔註84〕、「亭亭傑峙」〔註85〕、「石池吐泉，湯湯其下」〔註86〕、「蒼蒼隱天」〔註87〕、「亭亭桀豎」〔註88〕、「穴中蕭蕭，常有微風」〔註89〕、「修修釋子、眇眇禪棲」、「菁菁實望」等等，都切合情狀，

〔註77〕《水經注》卷三十七《沅水》「又東北過臨沅縣南」注。見陳橋驛《水經注校釋》，第 650 頁。

〔註78〕《水經注》卷三十四《江水》「又東南過夷道縣北」注。見陳橋驛《水經注校釋》，第 597 頁。

〔註79〕《水經注》卷二十四《汶水》「出泰山萊蕪縣原山，西南過其縣南」注。見陳橋驛《水經注校釋》，第 436 頁。

〔註80〕《水經注》卷二十七《沔水上》「又東過成固縣南，又東過魏興安陽縣南」注。見陳橋驛《水經注校釋》，第 492 頁。

〔註81〕《水經注》卷十一《滱水》「又東過博陵縣南」注。見陳橋驛《水經注校釋》，第 211 頁。

〔註82〕《水經注》卷二十六《淄水》「又東過利縣東」注。見陳橋驛《水經注校釋》，第 473 頁。

〔註83〕《水經注》卷二十七《沔水上》「又東過西城縣南」注。見陳橋驛《水經注校釋》，第 492 頁。

〔註84〕《水經注》卷十三《漯水》「出雁門陰館縣，東北過代郡桑乾縣南」注。見陳橋驛《水經注校釋》，第 238 頁。

〔註85〕《水經注》卷二十四《瓠子河》「又東北過廩邱縣為濮水」注。見陳橋驛《水經注校釋》，第 433 頁。

〔註86〕《水經注》卷十三《漯水》「出雁門陰館縣，東北過代郡桑乾縣南」注。見陳橋驛《水經注校釋》，第 237 頁。

〔註87〕《水經注》卷三十八《湘水》「又東北過重安縣東」注。見陳橋驛《水經注校釋》，第 663 頁。

〔註88〕《水經注》卷二《河水》「又東過隴西河關縣北，洮水從東南來流注之」注。見陳橋驛《水經注校釋》，第 25 頁。

〔註89〕《水經注》卷十三《漯水》「出雁門陰館縣，東北過代郡桑乾縣南」注。見陳橋驛《水經注校釋》，第 234 頁。

寫貌傳神。

　　《水經注》也常用聯綿字來構成字句鏗鏘、節奏鮮明的音韻效果。如「蒙蘢茂密」〔註 90〕、「方塘石沼，錯落其間」〔註 91〕、「時禽異羽，翔集間關」〔註 92〕、「其崖小水翏瀝」〔註 93〕、「風氣蕭瑟，習常不止」〔註 94〕、「別調氛氳，不與佗同」〔註 95〕、「晨鳧夕雁，泛濫其上」〔註 96〕、「又有琥珀、珊瑚」〔註 97〕、「激浪崎嶇」、「陸離眩目」〔註 98〕等等，不一而足。有的一句之中就有兩三個聯綿字。如：

　　　　（淇水）水出朝歌西北大嶺下，東流徑駱駝谷，於中逶迤九十

　　曲，故俗有美溝之目矣。〔註 99〕

　　　　　左右百步，有二釣臺，參差交岐，迢遞相望，更爲佳觀矣。

　〔註 100〕

　　前句的「駱駝」、「逶迤」，後句的「參差」、「迢遞」，都是聯綿字。這些聯綿字，或雙聲，或疊韻，有聲有色，提高了文字的表現力。《水經注》卷四《河水》「又南過蒲?縣西」注：

〔註 90〕　《水經注》卷九《沁水》「又南過陽阿縣東」注。見陳橋驛《水經注校釋》，第 155 頁。

〔註 91〕　《水經注》卷二十一《汝水》「東南過其縣北」注。見陳橋驛《水經注校釋》，第 374 頁。

〔註 92〕　《水經注》卷三十六《溫水》「東北入於鬱」注。見陳橋驛《水經注校釋》，第 633 頁。

〔註 93〕　《水經注》卷三十六《溫水》「東北入於鬱」注。見陳橋驛《水經注校釋》，第 634 頁。

〔註 94〕　《水經注》卷四《河水》「又南，過河東北屈縣西」注。見陳橋驛《水經注校釋》，第 53 頁。

〔註 95〕　《水經注》卷四《河水》「又南過蒲?縣西」注。見陳橋驛《水經注校釋》，第 57 頁。

〔註 96〕　《水經注》卷十三《漯水》「出雁門陰館縣，東北過代郡桑乾縣南」注。見陳橋驛《水經注校釋》，第 230 頁。

〔註 97〕　《水經注》卷三十六《若水》「又東北至犍爲朱提縣西。爲瀘江水」注。見陳橋驛《水經注校釋》，第 622 頁。

〔註 98〕　《水經注》卷十六《穀水》「又東過河南縣北，東南入於洛」注。見陳橋驛《水經注校釋》，第 293 頁。

〔註 99〕　《水經注》卷九《淇水》「出河內隆慮縣西大號山」注。見陳橋驛《水經注校釋》，第 161 頁。

〔註 100〕《水經注》卷十一《易水》「東過范陽縣南，又東過容城縣南」注。見陳橋驛《水經注校釋》，杭州大學出版社，1999 年版，第 200 頁。以下引《水經注》各條版本同。

民有姓劉名墮者，宿擅工釀，採挹河流，醞成芳酎，懸食同枯
枝之年，排於桑落之辰，故酒得其名矣。然香醑之色，清白若滫漿
焉。別調氛氳，不與佗同。蘭薰麝越，自成馨逸。方土之貢選，最
佳酌矣。自王公庶友，牽拂相招者，每云：索郎有顧，思同旅語。
索郎，反語爲桑落也。更爲籍徵之雋句，中書之英談。

此段敘桑落酒得名之由。「索郎，反語爲桑落也」，其「反語」係指顛倒
相切：「索郎」合音爲「桑」，「郎索」合音爲「落」。〔註101〕由此可知，酈道
元對聯綿字頗爲留心。

《水經注》中還有許多詞義詞類活用的情況。如「騰雲冠峰，高霞翼嶺」、
「澄淳鏡淨，潭而不流」〔註102〕，「冠」、「翼」、「潭」都是名詞，《水經注》
則把它們動詞化了，峰之高、霞之廣、水之靜，其意自見。又如：

耆舊傳言：昔有沙門釋惠彌者，好精物隱，嘗篝火尋之。〔註103〕

凌高降深，兼惴慄之懼；危蹊斷徑，過懸度之艱。〔註104〕

前句的「好精物隱」之「精」，本是形容詞，這裡作動詞，意爲「探求」。
「篝火尋之」中的「篝火」是名詞，這裡作動詞，意爲「燃起篝火」。「凌高
降深」中的「高」、「深」，本是形容詞，這裡用作名詞，意爲「高山深谷」。《水
經注・江水注》中著名的《三峽》章，就很有些詞語是活用的。如「高猿」
的「高」指位置高；「乘奔御風」中的「奔」是動詞用如名詞，意爲「流星」；
「回清倒影」中的「清」是形容詞用如名詞，意爲「清水」。

《水經注》中有一些語句，故意省略一些字句，或打破通常的詞序，追
求一種詩化的效果。如「雲颺風觀」本是「雲生於臺，風起於觀」的意思，
《水經注》省略了動詞，緊縮爲一個短語。又如「清榮峻茂」，是指水清、
木榮、山峻、草茂，《水經注》省略了主語，但人們從這四個形容詞並不難
看出其含義。「峰次青松，岩懸頳石」的正常語序應是「青松次於峰，頳石
懸於岩」，「青崖翠發」的正常語序應是「翠發於青崖」。《水經注》還有時故

〔註101〕 譚家健《讀〈水經注〉札記》，載徐州師範學院學報，1985 年第二期，第 67
頁。

〔註102〕 《水經注》卷十三《漯水》「出雁門陰館縣，東北過代郡桑乾縣南」注。見陳
橋驛《水經注校釋》，第 229 頁。

〔註103〕 《水經注》卷十二《聖水》「出上谷」注。見陳橋驛《水經注校釋》，第 221
頁。

〔註104〕 《水經注》卷二十四《汶水》「出泰山萊蕪縣原山，西南過其縣南」注。見陳
橋驛《水經注校釋》，第 436 頁。

意在文字上錯綜其語，互文見義。如：

> 春冬之時，則素湍綠潭，回清倒影，絕巘多生檉柏，懸泉瀑布，飛漱其間，清榮峻茂，良多趣味。〔註105〕

> 重岩疊嶂，隱天蔽日，自非停午夜分，不見曦月。〔註106〕

> 山堂水殿，煙寺相望，林淵錦鏡，綴目新眺。〔註107〕

> 此水（大明湖）便成淨池也。池上有客亭，左右楸桐負日，俯仰目對魚鳥，水木明瑟，可謂濠梁之性，物我無違矣。〔註108〕

> 其山川明淨，風澤清曠，氣爽節和，土沃民逸。〔註109〕

「素湍綠潭，回清倒影」是「素湍回清，綠潭倒影」的交錯形式。「自非停午夜分，不見曦月」，即「非停午，不見曦；非夜分，不見月」之意。「林淵錦鏡」是「林如錦，淵似鏡」的意思，「水木明瑟」是「水明木瑟」句法的變換。同樣，「風澤清曠」係指「風清澤曠」。宋人把這種修辭手法稱為「錯綜其語」〔註110〕或「相錯成文」〔註111〕。《水經注》通過這樣的句式變換，使得文章變化多姿，錯落有致。總之，《水經注》通過字句的錘鍊，明顯地表現出峻潔峭麗、辭約意豐的語言特色。

二、多種修辭手法的運用

為了提高語言的表現力，《水經注》嘗試運用了多種修辭手法。茲舉其要者略作分析：

（一）比　喻

比喻在《水經注》中隨處可見，是《水經注》運用得最為廣泛而且靈活

〔註105〕《水經注》卷三十四《江水》「又東過巫縣南，鹽水從縣東南流注之」注。見陳橋驛《水經注校釋》，第593頁。
〔註106〕《水經注》卷三十四《江水》「又東過巫縣南，鹽水從縣東南流注之」注。見陳橋驛《水經注校釋》，第593頁。
〔註107〕《水經注》卷十三《漯水》「出雁門陰館縣，東北過代郡桑乾縣南」注。見陳橋驛《水經注校釋》，第234頁。
〔註108〕《水經注》卷八《濟水》「又東北過盧縣北」注。見陳橋驛《水經注校釋》，杭州大學出版社，1999年版，第139頁。以下引《水經注》各條版本同。
〔註109〕《水經注》卷三十九《廬江水》「出三天子都，北過彭澤縣，西北入於江」注。見陳橋驛《水經注校釋》，第686頁。
〔註110〕南宋陳善《捫虱新話》卷五。
〔註111〕北宋沈括《夢溪筆談》卷十四。

的一種修辭方法。如：

> 穴中多鍾乳，凝膏下垂，望齊冰雪，微津細液，滴瀝不斷。
> 〔註112〕

> 華不注山單椒秀澤，不連丘陵以自高，虎牙桀立，孤峰特拔以
> 刺天，青崖翠發，望同點黛。〔註113〕

> （女靈山）其山平地介立，不連岡以成高；峻石孤峙，不託勢
> 以自遠。四面壁絕，極能靈舉，遠望亭亭，狀若單楹插霄矣。〔註114〕

用冰雪比喻鍾乳，於色於形，都稱允切。把華不注山比作虎牙，也非常
形象。而以「點黛」形容綠草生於青石之上，尤顯得生動。把平地介立的女
靈山比作「單楹插霄」，更使讀者容易想像。有時，《水經注》用不同的喻體
比喻不同形狀的本體。如：

> 今灘上有石，或圓如簞，或方似笥，若此者甚眾，皆崩崖所隕。
> 〔註115〕

> 徐水東北屈逕郎山，又屈逕其山南，眾岑競舉，若豎鳥翅，立
> 石巉岩，亦如劍杪，極地險之崇峭。〔註116〕

> 湘川清照五六丈，下見底石如摴蒱矢，五色鮮明，白沙如霜雪，
> 赤崖若朝霞，是納瀟湘之名矣。〔註117〕

> 山上合下開，可減六七十步，巨石碨砢，交積隍澗，傾瀾漭蕩，
> 勢同雷轉，激水散氛，曖若霧合。〔註118〕

這樣造成了多個比喻連用的效果，使得圖景更加形象。也有用兩個喻體

〔註112〕《水經注》卷三十一《淯水》「出蔡陽縣」注。見陳橋驛《水經注校釋》，第553頁。
〔註113〕《水經注》卷八《濟水》「又東北過盧縣北」注。見陳橋驛《水經注校釋》，第139頁。
〔註114〕《水經注》卷三十一《滍水》「出南陽魯陽縣西之堯山」注。見陳橋驛《水經注校釋》，第544頁。
〔註115〕《水經注》卷三十四《江水》「又東過巫縣南，鹽水從縣東南流注之」注。見陳橋驛《水經注校釋》，第593頁。
〔註116〕《水經注》卷十一《滱水》「又東過博陵縣南」注。見陳橋驛《水經注校釋》，第210頁。
〔註117〕《水經注》卷三十八《湘水》「又北過羅縣西，淯水從東來流注之」注。見陳橋驛《水經注校釋》，第665頁。
〔註118〕《水經注》卷九《淇水》「出河內隆慮縣西大號山」注。見陳橋驛《水經注校釋》，第159～160頁。

來比喻同一本體的，如：

> 小東有一湖，佳饒鮮筍，匪直芳齊芍藥，寔亦潔並飛鱗。〔註119〕

用芍藥比喻鮮筍之味香，用飛鱗比喻鮮筍之光滑，是從視覺和觸覺兩個方面對鮮筍進行說明。《水經注》中還有許多比喻是以作爲狀語的名詞出現的：

> 發源岩穴，布濩漫汗，渀沆洋溢，總括急趣，箭馳風疾者也。
> 〔註120〕

> 凡此三銘，皆翼對層巒，岩障深高，壁立霞峙。〔註121〕

「箭馳風疾」、「壁立霞峙」、「翼對」，這些緊湊的比喻產生了簡潔生動，準確凝練的表達效果。有的比喻還需要讀者充分發揮自己的想像力：

> 背山堂上，則石路崎嶇，岩嶂峻險，雲颱風觀，櫻巒帶阜，遊
> 觀者升降阿閣，出入虹陛，望之狀鳧沒鸞舉矣。〔註122〕

用「鳧沒鸞舉」比喻遊觀者山巒臺觀中時隱時見，給讀者留下想像聯想的廣闊空間。如果我們把上文與東漢馬第伯《封禪儀記》比較一下，就可見二者的高下了。《封禪儀記》說：「仰望天關，如從谷底仰視抗峰；其爲高也，如視浮雲；其峻也，石壁窈窕，如無道徑。遙望其人，端如行朽兀，或爲白石或雪，久之，白者移過樹，乃知是人也。」同是比喻從遠處看行者的移動，《封禪儀記》用「白石或雪」比喻之，缺乏動感，呆板凝滯；而《水經注》用「鳧沒鸞舉」，動感極強，引人遐思，所以更加生動形象。

（二）擬　人

由於酈道元在《水經注》中寫景時注之以情，所以，他經常把自然山水賦予人格，以加強藝術表現。如：

> 漢水北，連山秀舉，羅峰競峙。〔註123〕

〔註119〕《水經注》卷二十六《巨洋水》「又北過臨朐縣東」注。見陳橋驛《水經注校釋》，第467頁。

〔註120〕《水經注》卷三十一《滍水》「出南陽魯陽縣西之堯山」注。見陳橋驛《水經注校釋》，杭州大學出版社，1999年版，第543頁。以下引《水經注》各條版本同。

〔註121〕《水經注》卷十一《滱水》「又東過博陵縣南」注。見陳橋驛《水經注校釋》，第210頁。

〔註122〕《水經注》卷十六《穀水》「又東過河南縣北，東南入於洛」注。見陳橋驛《水經注校釋》，第290頁。

〔註123〕《水經注》卷二十《漾水》「出隴西氐道縣嶓冢山，東至武都沮縣爲漢水」注。見陳橋驛《水經注校釋》，第363頁。

水出絳山東，寒泉奮湧，揚波北注，懸流奔壑，一十許丈。
〔註124〕

北則潯山，與嵊山接，二山雖曰異縣，而峰嶺相連，其間傾澗懷煙，泉溪引霧，吹畦風馨，觸岫延賞。〔註125〕

「羅峰競峙」的「競」，「寒泉奮湧」的「奮」，「傾澗懷煙」的「懷」，「泉溪引霧」的「引」，「觸岫延賞」的「延」，都是表示人的動作或感情的動詞，《水經注》把它們加之於客觀景物的描寫之中，使景物立刻站立起來，具備了人的思想和意志。這一方面加強了作品的感染力，一方面也促進了審美主體與客體的相互交融。

（三）誇　張

《水經注》中的真實而形象。如：

故道水又西南入秦岡山，尚婆水注之，山高入雲，遠望增狀，若嶺紆曦軒，峰枉月駕矣。〔註126〕

其水澄渟，冬夏不減，其中洄湍電轉，為隱淪之脈。當其濃流之上，飛禽奮翮於宵中者，無不墜於淵波矣。即河水之所潛，而出於積石也。〔註127〕

前者言「嶺紆曦軒，峰枉月駕」，正如李白《蜀道難》中「上有六龍回日之高標」的描寫，生動地描述了山高入雲的景觀。後句「飛禽奮翮於宵中者，無不墜於淵波」則似李白「下有衝波逆折之回川」之句，是極言水流之湍急。再如：

水出鵜鶘山，山有二峰，峻極於天，高崖雲舉，亢石無階，猿徒喪其捷巧，鼯族謝其輕工。及其長宵冒嶺，層霞冠峰，方乃就辨優劣耳。故有大小鵜鶘之名矣〔註128〕。

〔註124〕《水經注》卷六《澮水》「出河東絳縣東，澮交東高山」注。見陳橋驛《水經注校釋》，第105頁。

〔註125〕《水經注》卷四十《漸江水》「北過餘杭，東入於海」注。見陳橋驛《水經注校釋》，第701頁。

〔註126〕《水經注》卷二十《漾水》「出隴西氐道縣嶓冢山，東至武都沮縣為漢水」注。見陳橋驛《水經注校釋》，第365頁。

〔註127〕《水經注》卷二《河水》「其一源出于闐國南山，北流，與?嶺河合，東注蒲昌海」注。見陳橋驛《水經注校釋》，杭州大學出版社，1999年版，第23頁。以下引《水經注》各條版本同。

〔註128〕《水經注》卷十五《洛水》「東北過盧氏縣南」注。見陳橋驛《水經注校釋》，

「峻極於天」、「猨徒喪其捷巧，鼯族謝其輕工」兩句，把峰高山陡的景物特徵予以突出強調，給人以鮮明深刻的印象。

（四）對　偶

南北朝時藝術地表現山水主題，主要採取詩和駢文的形式。而對詩和駢文來說，對偶是它們的基本形式之一。《水經注》既然產生於彼時，當然不能完全擺脫時代風氣的影響。尤其在寫景狀物時，對偶形式和四字句法就更多見。如：「因阿結牖，連扃接闥」〔註129〕、「騰雲冠峰，高霞翼嶺」〔註130〕、（石門）「空岫陰深，邃澗暗密」〔註131〕、（熊耳峽）「連山競險，接嶺爭高」〔註132〕、（居庸關）「側道褊狹，林鄣邃險」〔註133〕、「曲池接筵，飛沼拂席」〔註134〕、「援蘿騰岑，尋葛降深」〔註135〕等等，俯拾皆是。《水經注》並不像賦體文學那樣通篇繁複板滯地採用對仗形式，更多地是把對偶與散句有機結合起來，節奏鏗鏘，張弛有致：

> 林藿綿蒙，崖壁相望，或傾岑阻徑，或回岩絕谷。〔註136〕

> 大翮、小翮山南，高巒截雲，層陵斷霧，雙阜共秀，競舉群峰
> 之上。〔註137〕

> 其中引水飛皋，傾瀾瀑布，或枉渚聲溜，潺潺不斷，竹柏陰

第267頁。

〔註129〕《水經注》卷四《河水》「又南出龍門口，汾水從東來注之」注。見陳橋驛《水經注校釋》，第55頁。

〔註130〕《水經注》卷十一《易水》「東過范陽縣南，又東過容城縣南」注。見陳橋驛《水經注校釋》，第201頁。

〔註131〕《水經注》卷三十六《延江水》「至巴郡涪陵縣注更始水」注。見陳橋驛《水經注校釋》，第624頁。

〔註132〕《水經注》卷三十三《江水一》「又東南過犍為武陽縣，青衣水、沫水從西南來」注。見陳橋驛《水經注校釋》，第580頁。

〔註133〕《水經注》卷十四《㶟餘水》「出上谷居庸關東」注。見陳橋驛《水經注校釋》，第247頁。

〔註134〕《水經注》卷十六《穀水》「又東過河南縣北，東南入於洛」注。見陳橋驛《水經注校釋》，第290頁。

〔註135〕《水經注》卷六《涑水》「又南過解縣東，又西南，注於張陽池」注。見陳橋驛《水經注校釋》，第110頁。

〔註136〕《水經注》卷二十四《汶水》「出泰山萊蕪縣原山，西南過其縣南」注。見陳橋驛《水經注校釋》，第436頁。

〔註137〕《水經注》卷十三《㶟水》「又東過涿鹿縣北」注。見陳橋驛《水經注校釋》，第240頁。

於層石，繡薄叢於泉側，微颸暫拂，則芳溢於六空，寔爲神居矣。
〔註138〕

　　高山帶江，重陰被水，江閒漁商，川交樵隱，故桂棹蘭栧，望
景爭途。〔註139〕

　　桂筍尋波，輕林委浪，琴歌既洽，歡情亦暢。〔註140〕

　　二館之城，澗曲泉清，山高林茂，風煙披薄，觸可棲情，方外
之士，尚憑依舊居，取暢林木。〔註141〕

　　武溪水武溪水又南入重山，山名藍豪，廣圓五百里，悉曲江縣
界，崖峻險阻，岩嶺干天，交柯雲蔚，霾天晦景，謂之瀧中。懸湍
回注，崩浪震山，名之瀧水。〔註142〕

　　有時，爲了加強表達情感的效果，《水經注》也用大意略同的對偶構成反
覆，進行突出強調：

　　魯陽關，左右連山插漢，秀木干雲，瞰之者驚神，臨之者駭魄
矣。〔註143〕

　　陘間積石千通，水穴萬變，觀者若思不周賞、情乏圖狀矣。
〔註144〕

　　是以緇服思元之士，鹿裘念一之夫，代往遊焉。〔註145〕

〔註138〕《水經注》卷十六《穀水》「又東過河南縣北，東南入於洛」注。見陳橋驛《水
　　　　經注校釋》，第290頁。
〔註139〕《水經注》卷四十《漸江水》「北過餘杭，東入於海」注。見陳橋驛《水經注
　　　　校釋》，第702頁。
〔註140〕《水經注》卷二十六《巨洋水》「又北過臨朐縣東」注。見陳橋驛《水經注校
　　　　釋》，第467頁。
〔註141〕《水經注》卷十一《易水》「東過范陽縣南，又東過容城縣南」注。見陳橋驛
　　　　《水經注校釋》，第200頁。
〔註142〕《水經注》卷三十八《溱水》「出桂陽臨武縣南，繞城西北屈東流」注。見陳
　　　　橋驛《水經注校釋》，第668頁。
〔註143〕《水經注》卷三十一《淯水》「出弘農盧氏縣攻離山，東南過南陽西鄂縣西北，
　　　　又東過宛縣南」注。見陳橋驛《水經注校釋》，杭州大學出版社，1999年版，
　　　　第546頁。以下引《水經注》各條版本同。
〔註144〕《水經注》卷九《淇水》「出河內隆慮縣西大號山」注。見陳橋驛《水經注校
　　　　釋》，第161頁。
〔註145〕《水經注》卷六《涑水》「又南過解縣東，又西南，注於張陽池」注。見陳橋
　　　　驛《水經注校釋》，第110頁。

有時，《水經注》也採用扇面對的形式，不拘字數：

> 南峰北嶺，多結禪棲之士；東岩西谷，又是剎靈之圖。竹柏之懷，與神心妙遠；仁智之性，共山水效深，更爲勝處也。其水歷澗飛流，清泠洞觀，謂之清水矣。〔註146〕

> （女靈山）其山平地介立，不連岡以成高；峻石孤峙，不託勢以自遠。〔註147〕

> 晨鳧夕雁，泛濫其上；黛甲素鱗，潛躍其下。〔註148〕

> （白沙曲）司馬德操宅洲之陽，望衡對宇，歡情自接，泛舟褰裳，率爾休暢，豈待還桂柂於千里，貢深心於永思哉。〔註149〕

> 淩高降深，兼悐慄之懼；危蹊斷徑，過懸度之艱。〔註150〕

總之，《水經注》中的對偶，整齊凝練，協調勻稱，意脈連貫，在內容上起著互爲補充、彼此彰明的作用。

（五）對比和類比

《水經注》爲了突出景物形象，也往往採用對比和類比的修辭手法。如：

> 村有圓水，廣圓可二百步，一邊暖，一邊冷，冷處極清綠，淺則見石，深則見底；暖處水白且濁，玄素既殊，涼暖亦異，厥名除泉，其猶江乘之半湯泉也。水盛則瀉黃溪，水耗則津徑輟流。〔註151〕

> 溳水又會溫水，溫水出竟陵之新陽縣東澤中，口徑二丈五尺，垠岸重沙，端淨可愛，靖以察之，則淵泉如鏡，聞人聲則揚湯奮發，

〔註146〕《水經注》卷九《清水》「出河內修武縣之北黑山」注。見陳橋驛《水經注校釋》，第150頁。

〔註147〕《水經注》卷三十一《滍水》「出南陽魯陽縣西之堯山」注。見陳橋驛《水經注校釋》，第544頁。

〔註148〕《水經注》卷十三《漯水》「出雁門陰館縣，東北過代郡桑乾縣南」注。見陳橋驛《水經注校釋》，第230頁。

〔註149〕《水經注》卷二十八《沔水中》「又從縣東屈西南，淯水從北來注之」注。見陳橋驛《水經注校釋》，第501頁。

〔註150〕《水經注》卷二十四《汶水》「出泰山萊蕪縣原山，西南過其縣南」注。見陳橋驛《水經注校釋》，第436頁。

〔註151〕《水經注》卷三十九《耒水》「北過其縣之西」注。見陳橋驛《水經注校釋》，第678頁。

無所復見矣。其熱可以燖雞，洪瀾百餘步，冷若寒泉。〔註152〕

上面是《水經注》運用對比手法的例子。下面幾段則用了類比手法：

其頹岩所餘，比之諸嶺，尚爲竦桀。其下十餘里，有大巫山。非惟三峽所無，乃當抗峰岷、峨，偕嶺衡、疑，其翼附群山，並概青雲，更就霄漢，辨其優劣耳。〔註153〕

滱水又屈而東合兩嶺溪水，水出恒山北阜，東北流歷兩嶺間，北嶺雖層陵雲舉，猶不若南巒峭秀，自水南步遠峰，石陘逶迤，沿途九曲，歷睇諸山，咸爲劣矣，抑亦羊腸邛崍之類者也。〔註154〕

自西城涉黃金峭、寒泉嶺、陽都阪，峻崿百重，絕壁萬尋，既造其峰，謂已逾崧、岱，復瞻前嶺，又倍過之。〔註155〕

對比和類比都是做比較。通過比較，揭示所要描寫的對象的突出特點。

（六）借 代

《水經注》有時爲了抓住景物最典型的特徵，採取了借代的修辭形式。如：

淺處多五色石，冬夏激素飛清，傍多茂木。〔註156〕

南溪導源東北流，山側有甘泉，湧波飛清，下注平樂水。〔註157〕

清風鳴條，山壑俱響。凌高降深，兼憛慄之懼；危蹊斷徑，過懸度之艱。〔註158〕

上面幾則，是以特徵代本體。《水經注》用「清」代水，突出水的質感色

〔註152〕《水經注》卷三十一《溳水》「又南過江夏安陸縣西」注。見陳橋驛《水經注校釋》，第555頁。

〔註153〕《水經注》卷三十四《江水》「又東過巫縣南，鹽水從縣東南流注之」注。見陳橋驛《水經注校釋》，第593頁。

〔註154〕《水經注》卷十一《滱水》「又東南過中山上曲陽縣北，恒水從西來注之」注。見陳橋驛《水經注校釋》，第204頁。

〔註155〕《水經注》卷二十七《沔水上》「又東過成固縣南」注。見陳橋驛《水經注校釋》，杭州大學出版社，1999年版，第491頁。以下引《水經注》各條版本同。

〔註156〕《水經注》卷三十七《夷水》「東入於江」注。見陳橋驛《水經注校釋》，第646頁。

〔註157〕《水經注》卷二十《漾水》「出隴西氐道縣嶓冢山，東至武都沮縣爲漢水」注。見陳橋驛《水經注校釋》，第364頁。

〔註158〕《水經注》卷二十四《汶水》「出泰山萊蕪縣原山，西南過其縣南」注。見陳橋驛《水經注校釋》，第436頁。

澤，用「高」代山，用「深」代淵，也都使對象的特徵凸現出來，同時又節省了文辭。再如：

> 至於燕鋒代鍔，魏鋏齊鋩，與今劍莫殊，以密模寫，知人功所制矣。〔註159〕

> 高山帶江，重蔭被水，江閲漁商，川交樵隱，故桂棹蘭栧，望景爭途。〔註160〕

> 綠水平潭，清潔澄深，俯視游魚，類若乘空矣，所謂淵無潛鱗也。〔註161〕

這是用部分代整體。「鋒」、「鍔」、「鋏」、「鋩」，均代指古代劍器。「桂棹蘭栧」，則代指製作精美的船隻。「鱗」則指魚。

（七）排 比

《水經注》中還有的地方用到了排比的修辭格。如：

> 然六合之內，其苞遠矣。幽致沖妙，難本以情，萬象遐淵，思絕根尋，自不登兩龍於雲轍，騁八駿於龜途，等軒轅之訪百靈，方大禹之集會計，儒、墨之說，孰使辨哉？〔註162〕

> 今也，歌堂淪宇，律管埋音，孤基塊立，無復曩日之望矣。
> 〔註163〕

前句「自不」以下，連用「登」、「騁」、「等」、「方」四詞為引，排比而下，氣勢充沛，富有力量。後句用「歌堂淪宇，律管埋音，孤基塊立」來加重渲染梁王菟園昔盛今衰的滄桑之感。

（八）頂 真

有時，《水經注》在介紹方位結構時，往往按一定順序，或由外及內，或

〔註159〕 《水經注》卷二十六《淄水》「又東過利縣東」注。見陳橋驛《水經注校釋》，第472頁。

〔註160〕 《水經注》卷四十《浙江》「北過餘杭，東入於海」注。見陳橋驛《水經注校釋》，第702頁。

〔註161〕 《水經注》卷二十二《洧水》「又東南過長社縣北」注。見陳橋驛《水經注校釋》，第393頁。

〔註162〕 《水經注》卷一《河水》「屈從其東南流，入於渤海」注。見陳橋驛《水經注校釋》，第11頁。

〔註163〕 《水經注》卷二十四《睢水》「東過睢陽縣南」注。見陳橋驛《水經注校釋》，第427頁。

由上而下，或由高而低，或由遠及近，依次介紹，這樣，就常出現續續相生、連跗接萼的頂眞句法。如：

> 城周圍八里一百步，磚城二丈，上起磚牆一丈，開方隙孔。磚上倚板，板上層閣，閣上架屋，屋上構樓，高者六七丈，下者四五丈，飛觀鴟尾迎風，拂雲緣山瞰水。〔註164〕

> 下洛城東南四十里有橋山，山下有溫泉，泉上有祭堂，雕簷華宇。〔註165〕

頂眞句法的運用，承接有致，環環相扣，使得語句連貫，語意緊湊。

（九）引　用

《水經注》中對詩、賦、謠諺、典故的引用是大量的。這裡只討論其在對山水風景進行描繪時採取間接引用的情況。如：

> 丹水湧其左，澧泉流其右。〔註166〕

「丹水」、「澧泉」並非地名。《淮南子》卷四《墜形訓》：「旁有九井，玉橫維其西北之隅，北門開以內不周之風，傾宮、旋室、縣圃、涼風、樊桐在崑崙閶闔之中，是其疏圃。疏圃之池，浸之黃水，黃水三周復其原，是謂丹水，飲之不死。」《禮記》卷九《禮運》：「故天降膏露，地出醴泉，山出器車，河出馬圖，鳳凰麒麟皆在郊。」「醴泉」亦即「澧泉」。《水經注》化用「丹水」、「澧泉」，意在增加衡山的神奇色彩。又如：

> 滱水又東徑倒馬關，關山險隘，最爲深峭，勢均詩人高岡之病良馬，傳險之困行軒，故關受其名焉。〔註167〕

《詩經・周南・卷耳》：「陟彼高岡，我馬玄黃。我姑酌彼兕觥，維以不永傷。」酈道元引之以證關山險隘。又如：

> （大明湖）此水便成淨池也。池上有客亭，左右楸桐負日，

〔註164〕《水經注》卷三十六《溫水》「東北入於鬱」注。見陳橋驛《水經注校釋》，第 632 頁。

〔註165〕《水經注》卷十三《漯水》「出雁門陰館縣，東北過代郡桑乾縣南」注。見陳橋驛《水經注校釋》，杭州大學出版社，1999 年版，第 237 頁。以下引《水經注》各條版本同。

〔註166〕《水經注》卷三十八《湘水》「又東北過重安縣東」注。見陳橋驛《水經注校釋》，第 663 頁。

〔註167〕《水經注》卷十一《滱水》「東南過廣昌縣南」注。見陳橋驛《水經注校釋》，第 204 頁。

俯仰目對魚鳥，水木明瑟，可謂濠梁之性，物我無違矣。〔註168〕

《莊子》外篇《秋水第十七》：「莊子與惠子游於濠梁之上。莊子曰：『儵魚出遊從容，是魚之樂也。』惠子曰：『子非魚，安知魚之樂？』莊子曰：『子非我，安知我不知魚之樂？』惠子曰『我非子，固不知子矣；子固非魚也，子之不知魚之樂，全矣！』莊子曰：『請循其本。子曰『汝安知魚樂』云者，既已知吾知之而問我。我知之濠上也。』」酈道元以爲大明湖景色宜人，省人心性，堪比莊周濠上之樂。

《水經注》結合引用，使之與描寫互相彰發，濃化了文章的詩情畫意。

（十）雙　關

《水經注》還有時通過對典故的化用融合，使之契合於自己的山水描寫之中，產生雙關的藝術效果。如：

> 博水又東南徑穀梁亭南，又東徑陽城縣，散爲澤渚，渚水瀸漲，方廣數里，匪直蒲筍是豐，寔亦偏饒菱藕，至若孌婉丱童，及弱年崽子，或單舟採菱，或疊舸折芰，長歌陽春，愛深淥水，掇拾者不言疲，謠詠者自流響，於時行旅過矚，亦有慰於羈望矣。世謂之爲陽城澱也。〔註169〕

該段中「長歌陽春，愛深淥水」〔註170〕一句，巧妙地運用了雙關的修辭手法，把《長歌》《陽春》《淥水》幾個樂曲名稱組合在一起，如覺春暖，似見水清，而又與「或單舟採菱，或疊舸折芰」的歡樂氣氛和諧地融合在一起。明人朱之臣《水經刪》說：「酈氏每於景色，只一二字點綴，最工，其筆其韻，未易追也。」斯亦誠非虛譽。

〔註168〕《水經注》卷八《濟水》「又東北過盧縣北」注。見陳橋驛《水經注校釋》，第 139 頁。

〔註169〕《水經注》卷十一《滱水》「又東過博陵縣南」注。見陳橋驛《水經注校釋》，第 209 頁。

〔註170〕戴震武英殿本作「綠水」，失考。今人譚家健據《樂府詩集》、《文選·馬融〈長笛賦〉》等考作「淥水」，今從。又，《樂府詩集》卷五十六：「《齊明王歌辭》七曲，王融應司徒教而作也。一曰《明王曲》，二曰《聖君曲》，三曰《淥水曲》，四曰《採菱曲》，五曰《清楚引》，六曰《長歌引》，七曰《散曲》。」可見，「長歌」也是樂曲名稱。

第三節　《水經注》與南朝山水散文之比較

　　形成於東晉的山水散文，到了南北朝時期漸趨興旺，作品日益增多，在山水文學的百花園裏，足可與同其一道崛起的山水詩、山水賦並秀爭榮。北魏酈道元的《水經注》和以梁吳均「三書」〔註171〕等為代表的南朝山水散文，分別代表了北朝和南朝的山水散文的發展成就。比較《水經注》和南朝山水散文之間的異同及其與前代山水作品之間的關係，對於山水文學的研究是有益的，而學界對此涉及甚少。本文擬就此談以下自己的看法。

一、新山水觀的趨同

　　南朝山水散文創作成就較大的代表作家是鮑照、吳均、陶弘景等人。其中劉宋的鮑照（414～466）略早於酈道元（469～527）〔註172〕，但基本屬於同時代的人；吳均（469～520）、陶弘景（456～536），則正和酈道元同時。他們的創作，與以往山水題材的文學作品風貌迥異，尤其表現為山水審美觀念和山水審美情趣的轉變。

　　首先是山水審美觀念的轉變。這一時期的山水散文，都能把自然山水作為獨立的審美對象予以對待，並表現出對於山水景物的由衷的喜愛之情。這與此前山水題材的作品中借山水以證道的山水觀念有著明顯的區別。

　　魏晉以來，玄風漸熾，士人們多以抱虛守靜、遊心太玄為旨歸來看山水。一方面，人們認為「山靜而谷深」中蘊有「自然之道」〔註173〕，作為含道蘊真的代表，山水越來越多地受到關注，這就使得在文學領域中，以山水為題材的作品漸趨增多，作品中山水描寫的比重越來越大。但是，另一方面，人們縱情山水丘壑的最終目的還是借山水以證道，希望可以通過「玄對山水」〔註174〕尋找到內在的精神世界與山水自然的契合點，以此強化對「道」的

〔註171〕指吳均《與施從事書》《與朱元思書》《與顧章書》。見《全梁文》，商務印書館1999年10月版，第659頁。

〔註172〕〔日〕森鹿三《酈道元傳略》、段熙仲《水經注六論》均認為酈生於後魏皇興三年（469），今從。參見陳橋驛《酈道元・緒論》，花山文藝出版社2000年4月版，第25頁。

〔註173〕阮籍《達莊論》：「山靜而谷深者，自然之道也。」《全三國文》卷四十五，見清嚴可均輯校《全上古三代秦漢三國六朝文》，中華書局，1958版，第1311頁。以下版本同。

〔註174〕《全晉文》卷六十二孫綽《太尉庾亮碑》，見《全上古三代秦漢三國六朝文》，第1874頁。

體認和溝通，從而獲得一種「天地與我並生，而萬物與我爲一」〔註175〕的哲學境界。可見，在當時人們的心目中，山水還不是能夠喚起人們審美體驗的審美對象，而只是「以形媚道」的證道工具。〔註176〕於是，「自中朝貴玄，江左稱盛，因談餘氣，流成文體〔註177〕。」至於晉代佛徒的山水文詠，則是把山水作爲佛之神靈的表現和化身。大乘佛學倡導「色即是空，空即是色」，主張因象以悟空。東晉慧遠《萬佛影銘》講法身「神道無方，觸象先寄」，說「若乃語其筌寄，則道無不在。」因此，廬山諸道人《遊石門詩序》才「玄覽」山水：「乃悟幽人之玄覽，達恒物之大情，其爲神趣，豈山水而已哉！」慧遠創作《廬山記》，最終也是爲了達到「極自然之象趣」〔註178〕的境界。

可是，到了南北朝尤其是齊梁時代，人們的山水觀念發生了全新的變化。人們不再把山水視爲玄理的象徵或是佛性的幻化，而是將其看作自然的的審美對象。這種審美對象能夠使人享受到審美愉悅，能夠激發人們對於心靈自由的嚮往，因而充滿生機和意趣：

南則積山萬狀，負氣爭高，含霞飲景，參差代雄，凌跨長隴，

前後相屬，帶天有匝，橫地無窮。〔註179〕

蟬吟鶴唳，水響猿啼，英英相雜，綿綿成韻。〔註180〕

歸飛之鳥，千翼競來。企水之猿，百臂相接。〔註181〕

曉霧將歇，猿鳥亂鳴；夕日欲頹，沉鱗競躍。〔註182〕

暮春三月，江南草長，雜花生樹，群鶯亂飛。〔註183〕

〔註175〕　《莊子‧內篇‧齊物論第二》，見清郭慶藩撰，王孝魚點校《莊子集釋》，中華書局，1961年7月版，第79頁。

〔註176〕　劉宋宗炳《畫山水序》：「聖人以神法道而賢者通，山水以形媚道而仁者樂。」

〔註177〕　《文心雕龍‧時序》。見周振甫《文心雕龍今譯》，中華書局1986年12月版，第408頁。

〔註178〕　慧遠《阿毗曇心敘》：「窮音聲之妙會，極自然之象趣。」

〔註179〕　《全宋文》卷四十七劉宋鮑照《登大雷岸與妹書》。〔清〕嚴可均《全上古三代秦漢三國六朝文》，中華書局，1958年版，第2693頁。

〔註180〕　《全梁文》卷六十梁吳均《與顧章書》。〔清〕嚴可均《全上古三代秦漢三國六朝文》，中華書局，1958年版，第3306頁。

〔註181〕　《全梁文》卷六十梁吳均《與施從事書》。〔清〕嚴可均《全上古三代秦漢三國六朝文》，中華書局1958年版，第3305頁。

〔註182〕　《全梁文》卷四十六梁陶弘景《答謝中書書》。〔清〕嚴可均《全上古三代秦漢三國六朝文》，中華書局，1958年版，第3215～3216頁。

在這裡，我們已經看不到佛理玄機的影子了，作者們不但用猿鳥蟲魚、花草樹木構成了一幅幅萬物並育、欣欣向榮的美好圖景，而且，就是不具生命的群山，也被作者進行了人格化的描繪：「負氣爭高，含霞飲景，參差代雄。」這裡既寄寓著作者磊落不平之氣，又飽蘊著進取向上的抱負和胸襟。大自然的盎然生機本來就富於啓示性，容易誘發人們對於美、自由、運動、永恒的嚮往和追求；造化的神奇，也每常使「詩人感物，聯類不窮」。《世說新語·文學第四》：「郭景純詩云：林無靜樹，川無停流。阮孚云：泓崢蕭瑟，實不可言，每讀此文，輒覺神超形越。」阮孚是從郭詩中體會到了運動美和永恒美，才會覺得「神超形越」，不見得是佛理玄機使然。

《水經注》也是一樣把大自然描繪得富有生意之美，表達了作者面對山水而萌發的欣喜、興奮、自得的情懷：

> 司馬德操宅洲之陽，望衡對宇，歡情自接，泛舟襄裳，率爾休暢，豈待還桂柁於千里，貢深心於永思哉。〔註184〕

> 先公以太和中作鎮海岱，余總角之年，侍節東州。至若炎夏火流，閒居倦想，提琴命友，嬉娛永日，桂筍尋波，輕林委浪，琴歌既洽，歡情亦暢，是焉棲寄，實可憑衿。小東有一湖，佳饒鮮筍，匪直芳齊芍藥，實亦潔並飛鱗，其水東北流入巨洋，謂之薰冶泉。〔註185〕

前一段是作者對古跡山水而生發想像，遙想當年隱士的忘憂自得之情；後一段是作者追憶少年時代的嬉遊之樂，飽含著投身於山水之中的興奮和喜悅。這充分說明了酈道元對於山水自然懷有濃鬱的審美情趣，他也同樣是把山水作爲純粹的審美對象予以審視和描繪的。他說自己「少無尋山之趣，長違問津之性」〔註186〕，只不過是一個謙虛的說法，我們是不好將其坐實的。

可見，由魏晉到南北朝，山水審美觀念經歷了一個由證道玄覽而向山水

〔註183〕《全梁文》卷五十六梁丘遲《與陳伯之書》。〔清〕嚴可均《全上古三代秦漢三國六朝文》，中華書局，1958年版，第3284頁。

〔註184〕《水經注》卷二十八《沔水》「又從縣東屈西南，淯水從北來注之」注。見陳橋驛《水經注校釋》，杭州大學出版社，1999年版，第501頁。下引《水經注》版本同。

〔註185〕《水經注》卷二十六《巨洋水》「又北過臨朐縣東」注。見陳橋驛《水經注校釋》，第467頁。

〔註186〕《水經注自序》，見民國楊守敬、熊會貞《水經注疏》，江蘇古籍出版社1989年版，第1頁。

審美、山水自由方向的發展和變化。

其次，山水審美情趣在南北朝時期也發生了很大的變化，作家們把山水作爲一種值得欣賞值得描繪的對象，在作品裏表達他們直面山水所感受到的愉悅、興奮和陶醉。這與以前的山水之作所表達的情感頗有不同。這一點我們可以從劉師培氏談到的「趙至入關之作」和「士龍吐奇於酇縣」的兩篇作品中略見一斑〔註187〕。兩文都是西晉初的作品，用的也都是書信體的形式。「趙至入關之作」指的是趙至《與嵇茂齊書》，因其首句爲「昔李叟入秦，及關而歎」，故稱「入關之作」〔註188〕。文中極力描述了沿途所見之景的陰森恐怖：「或乃回飆狂屬，白日寢光，崎嶇交錯，陵隰相望。徘徊九皋之內，慷慨重阜之巔，進無所依，退無所據，涉澤求蹊，披榛覓路，嘯詠溝渠，良不可度，斯亦行路之艱難。」在作者的眼中，山川景物的色彩是蒼白，是險惡，是荒涼，給作者的感覺是艱難，是恐懼，是痛苦。「士龍吐奇於酇縣」，指的是陸雲《答車茂安書》〔註189〕，是一封勸慰信。車茂安的外甥石季甫被貶爲酇令，陸雲向車氏陳說酇縣「上地之快」。文中備陳酇縣形勢、土地、遊樂、物產、古跡和教化，並非眞正意義上的寫景之作，正似錢鍾書《管錐編》所云「若蔦蘿之施松柏，其趣明而未融。」〔註190〕

可是，到了南北朝，山水情趣就大不相同了。如鮑照《登大雷岸與妹書》也寫的是在「嚴霜慘節」，「去親爲客」，但呈現給人的山水景色則是生動、壯闊、雄渾和多彩的：

> 西南望廬山，又特驚異。基壓江潮，峰與辰漢連接。上常積霞，雕錦縟。若華夕曜，岩澤氣通，傳明散彩，赫似絳天。左右青靄，表裏紫霄。從嶺而上，氣甚金光，半山以下，純爲黛色。信可以神居帝郊，鎮控湘漢者也。

同樣，《水經注》中也經常有一些多姿多彩、姹紫嫣紅的圖景：

> 其水南流，歷鼓鐘上峽，懸洪五丈，飛流注壑，夾岸深高，壁立直上，輕崖秀舉，百有餘丈，峰次青松，岩懸枎石，於中歷落，

〔註187〕劉師培：「趙至入關之作，鮑照大雷之篇，叔庠擢秀於桐廬，士龍吐奇於酇縣，遊記之正宗也。」

〔註188〕《文選》、《晉書・文苑趙至傳》、《藝文類聚》卷三十都載此文。

〔註189〕《全晉文》卷一百零三載此文。〔清〕嚴可均《全上古三代秦漢三國六朝文》，中華書局，1958年版，第2049頁。

〔註190〕錢鍾書《管錐編》，《全漢文》卷八九，中華書局，1986年版第三冊1037頁。

有翠柏生焉，丹青綺分，望若圖繡矣。〔註191〕

　　黃水北有墨山，山石悉黑，繢彩奮發，黝焉若墨，故謂之墨山。今河南新安縣有石墨山，斯其類也。丹水南有丹崖山，山悉赧壁霞舉，若紅雲秀天，二岫更爲殊觀矣。〔註192〕

其他像陶弘景《答謝中書書》的「五色交暉」、「青林翠竹」，吳均三《書》中的「綠嶂」、「青川」、「爭霞」、「蓄翠」等，都無不展示給人一個美好斑斕的山水世界。透過這些景色，我們不難感覺到一雙雙能夠發現「山川之美」的慧眼。

山水自然在南北朝作家的眼中不再是荒涼恐怖的象徵，也不再是田園地勢的點綴，而是一個富於圖畫美、音樂美、色彩美和生意美的，可藉以怡神悅目的審美對象。

山水審美觀念的變化，山水審美情趣的轉移，是《水經注》和南朝山水散文能夠成功塑造許多生動優秀的山水形象的共同基礎，同時對於山水文學的發展也具有突出重要的意義。以《水經注》和南朝山水散文爲代表，山水散文從此擺脫了玄言佛理的羈絆，向著獨立的審美情趣方向發展。

二、藝術表現手段的相似

作爲同一時期的山水文學作品，在藝術表現手段上，《水經注》和南朝山水散文有許多相同或類似的特點。

首先表現於在藝術構思上。

一是山水合寫。二者都注意到山水相得益彰之妙，寫山必寫水，寫水必寫山。如吳均《與施從事書》寫到「綠嶂百重」即對以「青川萬轉」，《與朱元思書》繪畢「異水」即狀「奇山」。陶弘景《答謝中書書》既寫「入雲」的高峰，也寫「見底」的流水；寫山上「亂鳴」的猿鳥，也寫水中「競躍」的遊魚。《水經注》更注意從山水的關係的角度來進行描繪：

　　溪水又東南與紫溪合，水出縣西百丈山，即潛山也。山水東南

〔註191〕《水經注》卷四《河水》「又東過平陰縣北，清水從西北來注之」注。見陳橋驛《水經注校釋》，杭州大學出版社，1999年版，第67頁。下引《水經注》版本同。

〔註192〕《水經注》卷二十《丹水》「又東南過商縣南，又東南至于丹水縣，入於均」注。見陳橋驛《水經注校釋》，第369頁。

流，名為紫溪，中道夾水，有紫色磐石。石長百餘丈，望之如朝霞，又名此水為赤瀨，蓋以倒影在水故也。紫溪又東南，流徑白石山之陰，山甚峻極，北臨紫溪，又東南，連山夾水，兩峰交峙，反項對石，往往相捍。十餘里中，積石磊岢，相挾而上。澗下白沙細石，狀若霜雪，水木相映，泉石爭暉，名曰樓林。〔註193〕

這裡「夾水」的連山倒影映水，已見水之清澈，紫色磐石，望若朝霞，更蔚為奇觀。這種山水結合的描寫手法，廣為後世山水詩文效法。如李白《望天門山》首句「天門中斷楚江開」，是借山寫水，次句「碧水東流至此回」，則借水寫山。正如宋代郭熙《林泉高致・山水訓》所云：「山以水為血脈，以草木為毛髮，以煙雲為神彩，故山得水而活，得草木而華，得煙雲而秀媚。水以山為面，以亭樹為眉目，以漁釣為精神，故水得山而媚，得亭樹而明快，得漁釣而曠落，此山水之布置也。」雖然是講山水畫理，其實亦是講山水文的道理。

二是有聲有色。《文心雕龍・原道》：「雲霞雕色，有逾畫工之妙；草木賁華，無待錦匠之奇。夫豈外飾，蓋自然耳。至於林籟結響，調如竽瑟；泉石激韻，和若球鍠：故形立則章成矣，聲發則文生矣。」大自然充滿聲音、色彩之美，需要人們利用感官予以認知。《水經注》和南朝山水書簡都十分注意聲音和色彩的描繪，調動視覺、聽覺、觸覺等多種感覺來強化審美效果。如吳均《與朱元思書》先寫「水皆縹碧，千丈見底；遊魚細石，直視無礙」，給人以一種清淨明快的視覺享受，繼之又寫「泉水激石，泠泠作響；好鳥相鳴，嚶嚶成韻。蟬則千轉不窮，猿則百叫無絕」，使人感覺到一種聽覺上的舒適與快意。再如《與顧章書》「英英相雜，綿綿成韻」，也是一繪色一摹聲；陶弘景《答謝中書書》既寫石壁「五色交暉」，亦寫薄暮「猿鳥亂鳴」。《水經注》中亦深具此法，如寫夷水：「淺處多五色石，冬夏激素飛清，傍多茂木，空岫靜夜聽之，恒有清響，百鳥翔禽，哀鳴相和，巡頹浪者，不覺疲而忘歸矣〔註194〕。」寫沅水：「又東帶綠蘿山，綠蘿蒙冪，頹岩臨水，懸蘿釣渚，漁詠幽谷，浮響若鐘〔註195〕。」清水茂林，綠蘿蒙冪，本似圖錦；激

〔註193〕《水經注》卷四十《漸江水》「漸江水出三天子都」注。見陳橋驛《水經注校釋》，杭州大學出版社，1999年版，第693頁。以下引《水經注》各條版本同。
〔註194〕《水經注》卷三十七《夷水》「東入於江」注。見陳橋驛《水經注校釋》，第646頁。
〔註195〕見《水經注》卷三十七《沅水注》「又東過臨沅縣南」條注。見陳橋驛《水經

石之響，鳥和之聲，分明天籟。沈德潛《說詩晬語》說詩至於劉宋而「聲色大開」，其實，南北朝山水散文又何嘗不是繪聲繪色。

三是動靜結合。《水經注》和南朝山水散文都突出了寫景時的動靜配合。如陶弘景《答謝中書書》，「高峰入雲，清流見底。兩岸石壁，五色交暉。青林翠竹，四時俱備」，是靜景描繪；而「曉霧將歇，猿鳥亂鳴；夕日欲頹，沉鱗競躍」，則爲動景的刻畫。《與施從事書》「絕壁干天，孤峰入漢，綠嶂百重，青川萬轉」是靜景，「歸飛之鳥，千翼競來；企水之猿，百臂相接」則是動景。再看《水經注》：

世謂之天池，方里餘，澄渟鏡淨，潭而不流，若安定朝那之湫淵也。清水流潭，皎焉沖照，池中嘗無片草，及其風擇有淪，輒有小鳥翠色，投淵銜出，若會稽之耘鳥也。〔註 196〕

先寫平靜的池水，片草無生，「潭而不流」；再安排微風拂動漣漪、小鳥投淵銜翠的動態情景，動而愈靜，韻味無窮。難怪明代鍾惺《水經注鈔》說：「酈道元偏具山水筆資，其法則記，其才其趣則詩也。」

其次，在抒情方式上，《水經注》和南朝山水小品多採用即景抒情方式，即在寫景的基礎上抒發情懷。如陶弘景《答謝中書書》：「實是欲界之仙都。自康樂以來，未復有能與其奇者。」《與顧章書》：「仁智所樂，豈徒語哉！」《與施從事書》：「信足蕩累頤物，悟裏散賞。」《與朱元思書》：「鳶飛唳天者望峰息心，經綸世務者窺谷忘反。」諸文都是於篇章之末在前面景物鋪寫的基礎上直接抒情。這在《水經注》中也是可以經常看到的：

（居庸關）南則絕谷，累石爲關垣，崇墉峻壁，非輕功可舉，山岫層深，側道褊狹，林鄣邃險，路才容軌，曉禽暮獸，寒鳴相和，羈官遊子，聆之者莫不傷思矣。〔註 197〕

谷有清泉，泉上數丈有石穴二口，容人行，入穴丈餘，高九尺許，廣四五丈，言是昔人居山之處，薪爨煙墨猶存。谷中林木緻密，

注校釋》，第 650 頁。《太平御覽》卷六十五引云：「又東帶綠蘿山，綠蘿蒙冪，頹岩臨水，寔釣渚漁詠之勝地，其疊響若鐘音，信爲神仙之所居。」戴震、趙一清並同《太平御覽》。
〔註 196〕 《水經注》卷十三《漯水》「漯水出雁門陰館縣，東北過代郡桑乾縣南」注。見陳橋驛《水經注校釋》，杭州大學出版社，1999 年版，第 229 頁。以下引《水經注》兩條版本同。
〔註 197〕 《水經注》卷十四《濕餘水》「濕餘水出上谷居庸關東」注。見陳橋驛《水經注校釋》，第 247 頁。

行人鮮有能至矣。又有少許山田，引灌之蹤尚存。出谷有平丘，面
山傍水，土人悉以種麥，云此丘不宜殖稷黍而宜麥，齊人相承以殖
之。意謂麥丘所棲愚公谷也，何其深沉幽翳，可以託業怡生如此也。
余時徑此，爲之躊躇，爲之屢眷矣。〔註198〕

前者羈官遊子聆禽鳴而傷思的感慨，是以山林深邃的描寫爲鋪墊的；後
者山谷深沉幽翳之美，又可以託業怡生，所以令作者「躊躇」、「屢眷」。這樣，
後面的抒情與前面的寫景相鉤連，情出有因，景也具備了落腳點。這種抒情
方式，既不同於「悲哉秋之爲氣也！」〔註199〕式的直抒胸臆，又不同於謝靈
運山水詩首敘以事、中賞於景、尾悟於理的結構方式，也有別於後代山水散
文融情於景的手法。融情於景是作者把自己的情意移注於物，使「物皆著我
之色彩」〔註200〕。這種手法直到唐代柳宗元才開始自如地運用。柳氏遭貶後
借山水以發幽憤，無論是「貨而不售」的小丘，還是「不與培塿爲類」的西
山，都印有作者自身的影子。我們可以把南北朝時期的這種即景抒情的手法
看作是由直接抒情到情景交融的一種過渡。

第三，在造語和修辭上，《水經注》和南朝山水小品也有相似點。

最明顯的是，二者在進行景物描寫時，均以四字句爲主。這明顯是受到
了辭賦的影響的結果，體現著文學發展中的繼承關係，但是這種「密而不促」
的句式在繪景圖形、表情達意上也確實有其優點：簡潔明快，氣勢充沛。所
以後來的許多山水散文也喜歡用四字句來描寫景物。如柳宗元《始得西山宴
遊記》中用「其高下之勢，岈然窪然，若垤若穴，尺寸千里，攢蹙累積，莫
得遁隱，縈青繚白，外與天際，四望如一」來寫其居高俯視之所見，都是四
字句。《石澗記》、《袁家渴記》等文，主要的寫景部分也都用四字形式。宋代
范仲淹《岳陽樓記》、蘇軾《後赤壁賦》等許多寫景名作也是如此。

在詞語方面，二者都常用「千」、「百」、「萬」這樣的數詞造成誇張的效
果，增強表現力度。寫山勢的高峻時，二者又都喜歡用「干天」、「入漢」、「爭
高」等語來比喻或以雲霞作襯托來表現：

南則積山萬狀，負氣爭高，含霞飲景，參差代雄。〔註201〕

〔註198〕《水經注》卷二十四《汶水》「汶水出泰山萊蕪縣原山，西南過其縣南」注。
見陳橋驛《水經注校釋》，第436頁。
〔註199〕見東漢王逸《楚辭章句》第八卷宋玉《九辯九首》。
〔註200〕見王國維《人間詞話》。
〔註201〕《全宋文》卷四十七鮑照《登大雷岸與妹書》。〔清〕嚴可均《全上古三代秦

夾岸高山，皆生寒樹，負勢競上，互相軒邈，爭高直指，千百成峰。〔註202〕

河北有層山，山甚靈秀，山峰之上立石數百丈，亭亭桀豎，競勢爭高。〔註203〕

絕壁干天，孤峰入漢。〔註204〕

其水南流，徑魯陽關，左右連山插漢，秀木干雲。〔註205〕

詞語的活用和借代，也都出現於《水經注》和南朝山水散文中了。如以「鱗」代魚，《水經注》有「黛甲素鱗，潛躍其下」〔註206〕之句；陶弘景《答謝中書書》有「夕日欲頹，沈鱗競躍」之語。以「翠」、「清」一類的表顏色的形容詞代水，《與顧章書》謂「幽岫含雲，深溪蓄翠」，《水經注》稱「飛清石穴，潔並高泉」〔註207〕：不但突出了水的形態色澤，而且文字省淨，富有情韻。再如《與朱元思書》寫水急：「急湍甚箭，猛浪若奔。」《水經注》寫船快：「雖乘奔御風，不以疾也」〔註208〕。這裡的「奔」字，都是動詞活用為名詞，意為「流星」。有人解釋為「奔馬」，似乎欠妥。北魏楊衒之《洛陽伽藍記·景明寺》引邢子才碑文云：「俯聞激電，旁屬奔星。」此「奔星」就是流星。

有時，《水經注》和南朝山水散文還把詩句名言等融化於作品中，構成文章意境的一部分：

博水……匪直蒲筍是豐，實亦偏饒菱藕，至若孌婉丱童，及弱

漢三國六朝文》，中華書局，1958 年版，第 2693 頁。

〔註202〕《全梁文》卷六十梁吳均《與朱元思書》。〔清〕嚴可均《全上古三代秦漢三國六朝文》，中華書局 1958 年版，第 3305 頁。

〔註203〕《水經注》卷二《河水》「又東過隴西河關縣北，洮水從東南來流注之」注。見陳橋驛《水經注校釋》，杭州大學出版社，1999 年版，第 25 頁。以下引《水經注》各條版本同。

〔註204〕梁吳均《與施從事書》。〔清〕嚴可均《全上古三代秦漢三國六朝文》，中華書局 1958 年版，第 3305 頁。

〔註205〕《水經注》卷三十一《淯水》「淯水出弘農盧氏縣攻離山，東南過南陽西鄂縣西北，又東過宛縣南」注。見陳橋驛《水經注校釋》，第 546 頁。

〔註206〕《水經注》卷十三《漯水》「漯水出雁門陰館縣，東北過代郡桑乾縣南」注。見陳橋驛《水經注校釋》，第 230 頁。

〔註207〕《水經注》卷三十四《江水》「又東過巫縣南，鹽水從縣東南流注之」注。見陳橋驛《水經注校釋》，第 593 頁。

〔註208〕《水經注》卷三十四《江水》「又東過巫縣南，鹽水從縣東南流注之」注。見陳橋驛《水經注校釋》，第 593 頁。

年崀子，或單舟採菱，或疊舸折芰，長歌陽春，愛深淥水，掇拾者
不言疲，謠詠者自流響，於時行旅過矚，亦有慰於羈望矣。〔註209〕

　秋露爲霜，春蘿被逕，風雨如晦，雞鳴不已。〔註210〕

酈《注》「長歌陽春，愛深淥水」一句，巧妙地運用了雙關的修辭手法，把《長歌》《陽春》《淥水》幾個樂曲名稱組合在一起〔註211〕，如覺春暖，似見水清，而又與「或單舟採菱，或疊舸折芰」的歡樂氣氛和諧地融合在一起。吳《書》「風雨如晦，雞鳴不已」則爲《詩經·風雨》的成句〔註212〕。從這裡，我們約略可見南北朝時期山水作家運思用筆的匠心。

三、創作手法的差異

上面，我們從藝術構思、抒情方式和語言運用幾個方面比較了酈《注》和南朝山水散文的相近之處。然而，畢竟二者分處北、南兩朝，社會文化條件和文章體例的不同，從而使得在創作上表現出一些不同特點。

描寫的概括與具體的差別。漢代大賦中的山水描寫，大多逞才誇博，想像多於體驗，誇飾大過寫實，給人的是概念化、類型化的印象。晉宋以來，隨著與自然山水親近程度的提高和對大自然觀察體驗的深入，作家們越來越注意以寫實的態度進行創作。模山範水之作，首先以形似爲貴，不僅山水詩「巧構形似之言」〔註213〕，山水散文、山水賦也無不以窺情風景，鑽貌草木，巧言切狀，曲寫毫芥爲追求。謝靈運《山居賦·自序》就提出要「敘山野草木水石穀稼之事」，強調具體和細節。齊梁山水散文則更進一步，集中筆力，選取相對典型的景物進行描寫，甚至出現了丘遲《與陳伯之書》「暮春三月，

〔註209〕《水經注》卷十一《滱水》「又東過博陵縣南」注。見陳橋驛《水經注校釋》，第 209 頁。

〔註210〕梁吳均《與施從事書》。〔清〕嚴可均《全上古三代秦漢三國六朝文》，中華書局 1958 年版，第 3305 頁。

〔註211〕戴震武英殿本作「綠水」，失考。今人譚家健據《樂府詩集》、《文選》馬融《長笛賦》考作「淥水」，今從。又，《樂府詩集》卷五十六：「《齊明王歌辭》七曲，王融應司徒教而作也。一曰《明王曲》，二曰《聖君曲》，三曰《淥水曲》，四曰《採菱曲》，五曰《清楚引》，六曰《長歌引》，七曰《散曲》。」可見，「長歌」也是樂曲名稱。

〔註212〕見《毛詩》卷四《風雨》。陳子展《詩三百解題》，復旦大學出版社，2001 年 10 月版，第 327 頁。

〔註213〕《全梁文》卷五十五鍾嶸《詩品》評晉黃門郎張協詩。〔清〕嚴可均《全上古三代秦漢三國六朝文》，中華書局 1958 年版，第 3276 頁。

江南草長，雜花生樹，群鸚亂飛」那樣用細節描寫典型的江南春日風光的名句。山水描寫細節的增多，具體化程度的提高，是南北朝時期山水散文的重要成就，也是其區別於前代山水作品的突出特點。

然而，比較南北朝山水散文，南朝山水散文的景物描寫還是概括性太強，不如《水經注》那樣具體、細節化、有個性。《水經注》有豐富的山水描寫細節，往往像小說中的細節描寫一樣，窮形盡態地刻畫山形水貌，力求形似逼真。例如，吳均《與施從事書》「絕壁干天，孤峰入漢」與《與顧章書》「森壁爭霞，孤峰限日」，都是狀寫山之高峻，但個性特徵不明顯，且語意略嫌重複。再看《水經注》：

> 淶水又南徑藏刀山下，層岩壁立，直上干霄，遠望崖側，有若積刀，鐶鐶相比，咸悉西首。〔註214〕

> （女靈山）其山平地介立，不連岡以成高；峻石孤峙，不託勢以自遠。四面壁絕，極能靈舉，遠望亭亭，狀若單楹插霄矣。〔註215〕

這兩段也寫山高，但每一段寫得都很有個性特點。在寫藏刀山高峻的同時，還突出其狀如積刀，「鐶鐶相比，咸悉西首」的特點；寫女靈山孤峙於平地，用了一個「狀若單楹插霄」的比喻，把景物描述的非常生動形象，這是用「孤峰」一類單詞難以概括的。

寫水之曲，吳均《與施從事書》只一語「青川萬轉」，《水經注》則極盡其狀：

> （淇水）水出朝歌西北大嶺下，東流徑駱駝谷，於中逶迤九十曲，故俗有美溝之目矣。歷十二崿，崿流相承，泉響不斷，返水捍注，卷復深隍，隍間積石千通，水穴萬變，觀者若思不周賞、情乏圖狀矣。〔註216〕

寫水之急，吳均《與朱元思書》曰：「急湍甚箭，猛浪若奔」。而《水經

〔註214〕《水經注》卷十二《巨馬河水》「巨馬河出代郡廣昌縣淶山」注。見陳橋驛《水經注校釋》，杭州大學出版社，1999年版，第224頁。以下引《水經注》各條版本同。

〔註215〕《水經注》卷三十一《滍水》「滍水出南陽魯陽縣西之堯山」注。見陳橋驛《水經注校釋》，第544頁。

〔註216〕《水經注》卷九《淇水》「淇水出河內隆慮縣西大號山」注。見陳橋驛《水經注校釋》，第161頁。

注》刻畫地就更為細緻：

　　　　（呂梁洪）其山岩層岫衍，澗曲崖深，巨石崇竦，壁立千仞，

　　河流激蕩，濤湧波裏，雷渀電泄，震天動地。〔註217〕

　　這就不僅從視覺聽覺渲染激流的宏壯氣魄，而且從地形關係上揭示了水流湍急的原因：水從千仞深崖跌落，蓄勢已足，故能「雷渀電泄」。

　　寫水清，吳《書》云「遊魚細石，直視無礙」，《水經注》則說：

　　　　綠水平潭，清潔澄深，俯視遊魚，類若乘空矣，所謂淵無潛鱗

　　也。〔註218〕

　　「淵無潛鱗」從魚難隱身的角度側筆襯托，比人直接觀察的「直視」更有表現力。而同是用佛語，「乘空」的比喻也較「無礙」生動得多。錢鍾書說：「『空』即『無礙』，而以『空』狀魚之『游』，較以『無礙』狀人之『視』，更進一解。」〔註219〕

　　再如陶弘景《答謝中書書》寫「兩岸石壁，五色交暉」，《水經注》：

　　　　水東出堯山，山盤紆數百里，有赭岩疊起，冠以青林，與雲霞

　　亂採〔註220〕。

　　不但寫出了舉山色彩的絢麗，而且，通過「赭岩」、「青林」、「雲霞」，說明了造成「亂採」效果的原因，更讓人覺得真實可信。

　　相較而言，《水經注》的景物描寫比南朝山水散文要具體、細緻一些，給讀者的真實感也更強一些。這主要是因為《水經注》還是一部地理歷史著作，要求它具有實事求是、無徵不信的科學性、真實性。從作者「診其沿路之所躔，訪瀆搜渠」〔註221〕的寫作態度上看，正是因為他通過身臨其境的體驗感受和揣摩，把對物色山川的描寫和嚴謹求實的理性精神結合在一起，他才能刻畫出一系列鮮明可感、形態各異的山山水水，而不是千山同貌，萬水共面。

〔註217〕《水經注》卷三《河水》「又南過赤城東，又南過定襄桐過縣西」注。見陳橋驛《水經注校釋》，杭州大學出版社，1999年版，第46頁。以下引《水經注》各條版本同。

〔註218〕《水經注》卷二十二《洧水》「又東南過長社縣北」注。見陳橋驛《水經注校釋》，第393頁。

〔註219〕錢鍾書《管錐編》，《全梁文》卷六十，中華書局，1986年版第1457頁。

〔註220〕《水經注》卷三十九《洭水》「東南過含洭縣」注。見陳橋驛《水經注校釋》，第676頁。

〔註221〕《水經注序》，見楊守敬、熊會貞《水經注疏》，江蘇古籍出版社，1989版第1頁。

　　南朝山水散文非常注意作品的詩意美、含蓄美和意境美。吳均三《書》從色彩的選擇、意象的構成、畫面的布置等都體現了「清雋」的特色。吳均喜用「青」、「綠」、「碧」、「翠」等淡雅的顏色，「猿」、「鳥」、「蟬」、「魚」等象徵自由的動物意象和「菊」、「竹」、「薜蘿」等體現幽靜之美的植物意象來組建一幅意境清幽含蓄的完整畫面。他還講求整體布局的和諧：靜景描繪與動景刻畫相結合，陰柔幽暗與陽剛明麗相對比，小景致與大背景相配合。相較而言，《水經注》因爲是在「因水以證地」的過程中描寫沿途所見之景，並非想把山水景物寫成獨立成篇的文字，因而也就較少注意到完整的篇章效果了。錢鍾書說：「《水經注》寫景無以過吳均」，又說「《水經注》之可惋在碎」〔註222〕，所指即此。「碎」，是由《水經注》的整體結構方式造成的，我們當然不能苛求於作者。

　　南朝山水散文在寫景時主體情感的投入的濃度，也較《水經注》爲重。雖然《水經注》中的許多篇章也表達了對山水自然的欣喜熱愛之情，但其畢竟是一部以科學性爲主的地理著作，客觀性就成爲他對文筆的必需要求，這在一定程度上限制了其主體情感的抒發。有時，酈道元只好借助於「行者」的感受：

　　　　東北二面，岫嶂高深，霞峰隱日，水望澄明，淵無潛甲，行李所徑，鮮不徘徊忘返矣。〔註223〕

　　　　兩岸連山，石泉懸溜，行者輒徘徊留念，情不極已也。〔註224〕

　　而南朝山水散文，多爲寫給朋友的書信，恰好可以在其中表達自己對山水自然的獨得的感受和體驗，以期達到與朋友溝通交流的目的，因此可以在描述山水時滲入更多的情感內容。如吳均《與顧章書》：

　　　　僕去月謝病，還覓薜蘿。梅溪之西，有石門山者，森壁爭霞，孤峰限日，幽岫含雲，深溪蓄翠，蟬吟鶴唳，水響猿啼，英英相雜，綿綿成韻。既素重幽居，遂葺宇其上，幸富菊華，偏饒竹實，山谷所資，於斯已辦，仁智所樂，豈徒語哉！

　　首句的敘述語已經透露出了作者對山水的迷戀和依賴：山水不僅能夠陶

〔註222〕錢鍾書《管錐編》，中華書局，1986 年版第 1059 頁。

〔註223〕《水經注》卷十一《滱水》「東南過廣昌縣南」注。見陳橋驛《水經注校釋》，杭州大學出版社，1999 年版，第 204 頁。以下引《水經注》各條版本同。

〔註224〕《水經注》卷三十九《耒水》「北過其縣之西」注。見陳橋驛《水經注校釋》，第 679 頁。

冶心神，似乎還有助於病體的痊癒。下面「既素重幽居，遂葺宇其上」的行動，正說明作者已經把山水作爲了自己「性分之所適」。清朗雋秀的景物描寫中蘊含著濃鬱而悠遠的情致。最後，作者把這種抑制不住的感情直接道出：「仁智所樂，豈徒語哉！」

第三，從作者的觀察角度和材料的組織方式來看，《水經注》多採用「移步換景」的方式，而南朝山水散文則主要採取「定點視景」的描寫方式描寫。如《水經注》寫華山天井：

> 又南出一里，至天井。井裁容人，穴空，迂迴頓曲而上，可高六丈餘，山上又有微涓細水，流入井中，亦不甚沾人，上者皆所由陟，更無別路，欲出井望空，視明如在室窺窗也。出井東南行二里，峻阪鬥上鬥下，降此阪二里許，又復東上百丈崖，升降皆須扳繩挽葛而行矣。南上四里，路到石壁，緣旁稍進，徑百餘步，自此西南出六里，又至一祠，名曰胡越寺，神像有童子之容，從祠南歷夾嶺，廣裁三尺餘，兩箱懸崖數萬仞，窺不見底，祀祠有感，則云與之平，然後敢度，猶須騎嶺抽身，漸以就進，故世謂斯嶺爲搦嶺矣。〔註225〕

從至井、入井到出井，而後降阪、攀崖、緣壁、度嶺，遊蹤線索相當明瞭。結合行程，作者將天井之曲深、流水之微細、度嶺之艱險，一一道來，井然有序。酈道元還經常結合山程水津，兼及古跡傳說、風土人情、藝植特產等，藉以強化山水景物的人文色彩，這似乎是南朝山水散文所不具備的。

南朝山水散文則往往採用立足於一點，對四周的景物分別予以狀繪。如鮑照的《登大雷岸與妹書》就是立足大雷岸「憑觀川陸」的：「南則積山萬狀……」，「東則砥原遠隰……」，「北則陂池潛演……」，「西則回江水指……」。吳均《與朱元思書》也採取分類描寫的手法。先總括「奇山異水，天下獨絕」，掬百里桐廬於眼底，收共色天山於筆端。然後，先寫「異水」：「水皆縹碧，千丈見底……」；繼而，再狀「奇山」：「夾岸高山，皆生寒樹……」；接著再寫泉聲、鳥鳴、蟬叫、猿啼種種聲響；最後以「疏條交映」的陰翳隱約的畫面收束。南朝山水散文中，較多地使用時空轉換的手法，爲《水經注》所不多見：忽而「綠嶂」，忽而「青川」；忽而「秋露」，忽而「春

〔註225〕《水經注》卷四《河水》「又南至華陰潼關，渭水從西來注之」注。見陳橋驛《水經注校釋》，第 58 頁。

蘿」；忽而「曉霧」，忽而「夕日」……集四時於一文，聚晴雨於同篇。這主要是由於駢體對仗的形式造成的。而《水經注》採用「以水帶山」的寫法，山水經常合寫而非分敘。雖然《水經注》寫景時也多用四言形式，但並不刻意追求對仗，敘述的連續性要強一些。

如果用陸機《文賦》的話來說，《水經注》的特點是「籠天地於形內，挫萬物於筆端」，南朝山水散文的特點則是「函緜邈於尺素，吐滂沛於寸心」。《水經注》包舉千山萬水於一篇，重實求眞；南朝山水散文體制短小而情致幽深，意境完整：《水經注》和南朝山水散文各有其創作上的特點和優長，「吳少許鄴多許，才思匹對」〔註226〕。

四、文學繼承上的不同側重

《水經注》和南朝山水散文的差別，和不同文學繼承情況有重要關係。

南朝山水散文主要是繼承了漢晉山水賦的創作成果而又有所新變。漢賦中就有許多寫山記水的佳作。兩晉以山水為題材的賦作更為繁富，賦家輩出，不乏佳製，如郭璞《江賦》、木華《海賦》、成公綏的《大河賦》、孫綽《遊天台山賦》、郭璞《巫山賦》、孫放《廬山賦》等，或寫水之壯闊，或寫山之奇偉，都有酣暢淋漓、氣勢奪人的特色。齊梁之世，其勢未衰。作為與詩並列的正統文學，賦比章表奏啓書箚一類文字更能顯示作者的博學和才氣，尤為時人所重。而且，此時的一些賦作，風格已自不同。如江淹《江上之山賦》：「見紅草之交生，眺碧樹之四合。草自然而千華，樹無情而百色。」洗削誇飾之辭而代以清新明快之語。再如江淹《四時賦》分寫四時景色，寫春暖是「園桃紅點，流水碧色」；寫夏芳是「皐蘭生阪，朱荷出池」；寫秋寒是「明月生波，螢火迎寒」；寫冬曠是「平蕪際海，千里飛鳥」：寫景狀物，生動明麗，與吳《書》很接近。從吳均本人的賦作也可以看到一些與其書箚相似的用語，如《八公山賦》「含陽藏霧」、「高岑直兮蔽景，修阪出兮架天」與其《書》中「森壁爭霞，孤峰限日」、「絕壁干天，孤峰入漢」之句略相彷彿，從《橘賦》「葉葉之雲」、「枝枝之日」可見其《書》中運用「英英」、「綿綿」一類疊詞的痕跡。可見，山水賦對南朝山水書箚的影響更大一些。

《水經注》的景物描寫則更多地得力於對晉宋地記的借鑒和吸收。魏晉

〔註226〕錢鍾書《管錐編》，中華書局，1986年版第1456頁。

以來，記載地方山川風物、鄉國靈怪、地理掌故等的地記作品大量湧現，其中不乏描寫景物而文筆優秀者，如東晉羅含《湘中記》、袁山松《宜都記》、劉宋盛弘之《荊州記》、孔靈符《會稽記》、山謙之《吳興記》、鄭緝之《東陽記》、鄧德明《南康記》、王韶之《始興記》等。它們對《水經注》有直接的啓發和影響。《水經注·江水注》中描寫三峽一段是酈道元從劉宋盛弘之《荊州記》〔註227〕中抄變過來的，已經為學界周知。明代楊慎《丹鉛總錄》卷七：「柳子厚《小石潭記》：潭中魚可百許頭，皆若空游無所依。此語本之酈道元《水經注》。」〔註228〕其實，《水經注》此語乃本之袁山松《宜都記》：「袁山松宜都記曰：……大江清濁分流，其水十丈見底，視魚游如乘空，淺處多五色石。」〔註229〕又如，《水經注》卷三十八：「衡山東南，二面臨映湘川，自長沙至此，江湘七百里中，有九向九背。故漁者歌曰：帆隨湘轉，望衡九面。山上有飛泉下注，下映青林，直注山下，望之若幅練在山矣。」按盛弘之《荊州記》：「衡山有三峰：……一曰芙蓉，上有泉水飛流，如舒一幅白練。」〔註230〕於中不難看出，以「白練」喻「飛泉」，《水經注》是學《荊州記》。類似的例子還有很多。所以，清代陳運溶《荊州記序》云：「酈注精博，集六朝地志之大成。」〔註231〕

但《水經注》對六朝地志的集成並非是簡單照抄，除注明作者或出處的文字外，凡取鑒於六朝地志的寫景文字，都經過了酈的潤色和加工，描寫都更加生動、細緻。有的學者認為，「在比較南朝與北朝在山水散文創作方面的成就時，應該把《水經注》別除在外」〔註232〕筆者以為這個說法值得商榷。且不言六朝地志至宋代就多已散佚，其中許多寫景文字賴《水經注》才得以保存和流傳，以及《水經注》的潤色而使南朝地志的寫景更加藝術化；單是《水經注》中由作者自撰的優秀寫景文段，如孟門山、呂梁洪等等，也數不勝數。本文所引《水經注》寫景文段即大多出自酈氏本人的才思和匠心。

〔註227〕宋李昉撰《太平御覽》卷五十三《地部·峽》，中華書局，1960年2月影印版，第259頁。

〔註228〕《水經注》卷二十二《洧水注》及卷三十七《夷水注》並有以「乘空」喻水清之語。詳見第三章。

〔註229〕宋李昉撰《太平御覽》卷六十《地部·江》，中華書局，1960年2月影印版第290頁。

〔註230〕見《四部叢刊》三編《子部》，《太平御覽》卷第三十九《地部四》衡山條。

〔註231〕見《漢唐地理書鈔》附《麓山精舍輯本》，中華書局1961年版，第379頁。

〔註232〕莫礪鋒《南朝山水文初探》，《中國文學研究》，1996年第1期，35～38頁。

第五章 《水經注》中的傳說故事和詩賦謠諺

第一節 《水經注》中的神話傳說

　　《水經注》中記載有很多神話傳說。魯迅《中國小說史略・六朝之鬼神志怪書上》：「中國本信巫，秦漢以來，神仙之說盛行，漢末又大暢玄風，而鬼道愈熾；會小乘佛教亦入中土，漸見流傳。凡此，皆張皇鬼神，稱道靈異，故自晉迄隋，特多鬼神志怪之書。」《水經注》記載的神話傳說，就有許多轉錄自這些鬼神志怪之書，如先秦《穆天子傳》、西漢東方朔《十洲記》和《神異經》、《玄中記》、劉向《列仙傳》、劉安《淮南子》、魏文帝《列異傳》、魏管辰《管輅別傳》、晉干寶《搜神記》、葛洪《神仙傳》和《抱朴子》、南朝劉宋劉敬叔《異苑》、《桂陽列仙傳》等等。酈道元又兼采漢趙曄《吳越春秋》、《漢武帝故事》、晉樂資《春秋後傳》、《晉中州記》、南朝宋車頻《秦書》、《耆舊傳》等雜史傳記，連同先秦《山海經》、漢《地理志》、辛氏《三秦記》、三國蜀來敏《本蜀論》、晉伏琛《三齊略記》、《尋陽記》、南朝宋郭緣生《述征記》、鄧德明《南康記》、後魏《魏土地記》等古代地記中的一些神話傳說，以及酈道元自己「訪之耆舊」而得來的奇聞異事，統萃之於《水經注》中，是以《水經注》中的神話傳說特爲繁複。

一、具有道教文化色彩的神仙故事

　　明人胡應麟《少室山房筆叢・九流緒論下》：「魏晉好長生，故多靈變之

說；齊、梁弘釋典，故多因果之談。」魏晉南北朝時道教和佛教都很盛行，取材於彼時的《水經注》神話傳說，不可能不受時風的薰染，而在內容上表現爲在一定程度上的宗教意味。

《水經注》中的神話傳說有一部分是寫成仙故事的，如卷四寫黃帝鑄鼎登仙，卷六寫項寧都學道升仙，卷十五寫王子晉成仙，卷十八寫谷春仙化和蕭史、弄玉吹簫引鳳的故事，卷十九寫衛叔卿成仙，卷二十六寫鹿皮公升閣成仙，卷二十七寫唐公房學道得仙，卷二十九寫陽子明釣白龍成仙，卷三十二記載劉安與八公昇天的傳聞，卷三十九寫蘇眈受性應仙，卷四十寫赤松羽化等。這部分故事道教色彩較濃。

晉代葛洪對原始道教〔註1〕進行改造，創立金丹道教，講求服食，追求長生不老。《水經注》中所記述的神仙仙術，也主要是長生或不死，有很強的道教意味。這些神仙故事具有一些相似的基本情節模式。如寫長生的：

> 《神仙傳》曰：封君達，隴西人，服煉水銀，年百歲視之如年三十許，騎青牛，故號青牛道士。〔註2〕

> 嘯父，冀州人，在縣市補履數十年，人奇其不老，求其術而不能也。〔註3〕

> 《魏土地記》曰：大寧城西二十里有小寧城。昔邑人班邱仲，居水側，賣藥於寧，百餘年，人以爲壽，後地動宅壞，仲與里中數十家皆死，民人取仲屍棄於延水中，收其藥賣之。仲被裘從而詰之，此人失怖，叩頭求哀。仲曰：不恨汝，故使人知我耳。去矣。後爲夫餘王驛使來寧，北方人謂之謫仙也。〔註4〕

> 魏明帝景初元年徙長安，金狄重不可致，因留霸城南。人有見薊子訓與父老共摩銅人曰：「正見鑄此，時計爾日，已近五百年矣。」〔註5〕

〔註1〕 原始道教，指太平教、五斗米教等。

〔註2〕 《水經注》卷二《河水》「又東過隴西河關縣北，洮水從東南來流注之」注。見陳橋驛《水經注校釋》，杭州大學出版社，1999年版，第28頁。以下引《水經注》各條版本同。

〔註3〕 《水經注》卷十《濁漳水》「又東北過曲周縣東，又東北過鉅鹿縣東」注。見陳橋驛《水經注校釋》，第183頁。

〔註4〕 《水經注》卷十三《㶟水》「出雁門陰館縣，東北過代郡桑乾縣南」注。見陳橋驛《水經注校釋》，第239頁。

〔註5〕 《水經注》卷十九《渭水下》「又東過霸陵縣北，霸水從縣西北流注之」注。

　　《列仙傳》曰：仙人文賓，邑人，賣靴履爲業，以正月朔日，
會故嫗於鄉亭西社，教令服食不老，即此處矣。〔註6〕

又寫不死的故事，如：

　　太白山南連武功山，於諸山最爲秀傑，冬夏積雪，望之皓然。
山上有谷春祠。春，櫟陽人，成帝時病死，而屍不寒，後忽出櫟南
門及光門，上而入太白山，民爲立祠於山嶺，春秋來祠中上宿焉。
山下有太白祠，民所祀也。〔註7〕

　　《神仙傳》稱：靈壽光，扶風人，死於江陵胡罔家，罔殯埋之。
後百餘日，人有見光於此縣，寄書與罔，罔發視之，惟有履存。〔註8〕

　　城西門即寇先鼓琴處也。先好釣，居睢水旁，宋景公問道不告，
殺之。後十年，止此門，鼓琴而去。宋人家家奉事之。〔註9〕

　　我們如果透過道教的長生羽化之說的影響，更深一層來看，《水經注》所
記的神仙故事又與當時的社會心理和時代風氣相關。

　　神仙故事之寫長生或不死，其實是當時的社會心理的一種反映。魏晉南
北朝時期，社會動蕩不安，戰亂連年不斷，人民大量死亡，故多年命不久之
虞。在這種情況下，對長生永年的希望，就成爲了當時社會的人們普遍心理。
神仙故事中的成仙者在成仙時，往往借助某種手段邀遊於天空。如黃帝乘
龍，王子晉控鵠，蕭史、弄玉騎鳳，赤松子生羽，衛叔卿乘雲車、駕白鹿等。
仙人王喬能把鞋子變化成雙鳧在天上飛行。這些都隱約透露著當時人們對於
自由自在，無拘無束的生活的想望。

　　《水經注》神仙故事也和當時推重隱逸的時代風氣相關。《水經注》寫
成仙者成仙的處所，有許多是在山中。如谷春入太白山，赤松羽化於長山，
衛叔卿仙居華山，蘇眈在馬嶺山，龍迎陽子明上陵陽山等等。這與魏晉南北

　　見陳橋驛《水經注校釋》，杭州大學出版社，1999年版，第340頁。以下引《水
　　經注》各條版本同。

〔註6〕　《水經注》卷二十四《睢水》「東過睢陽縣南」注。見陳橋驛《水經注校釋》，
　　第428頁。

〔註7〕　《水經注》卷十八《渭水中》「又東過武功縣北」注。見陳橋驛《水經注校釋》，
　　第324～325頁。

〔註8〕　《水經注》卷二十三《汳水》「出陰溝於浚儀縣北」注。見陳橋驛《水經注校
　　釋》，第416頁。

〔註9〕　《水經注》卷二十四《睢水》「東過睢陽縣南」注。見陳橋驛《水經注校釋》，
　　第426頁。

朝時期的隱逸之風有關。漢末的社會動亂，把士人紛紛趕向山林。《後漢書》卷八十三《逸民傳》：「漢室中微，王莽篡位，士之蘊藉義憤甚矣。是時裂冠毀冕，相攜持而去之者，蓋不可勝數。」范曄贊曰：「江海冥滅，山林長往。遠性風疏，逸情雲上。道就虛全，事違塵枉。」不得「影靜千官裏」的士人，就向環境幽深、形狀奇特、氛圍深邃、草木豐潤的山林去尋找神蹤仙跡，寄託自己的精神和情感。《水經注》有的成仙故事其實是把神仙和隱士溝通起來：

> 西逕大翮、小翮山南，高巒截雲，層陵斷霧，雙阜共秀，競舉群峰之上。郡人王次仲，少有異志，年及弱冠，變蒼頡舊文爲今隸書。秦始皇時，官務煩多，以次仲所易文簡，便於事要，奇而召之，三徵而輒不至。次仲履眞懷道，窮數術之美。始皇怒其不恭，令檻車送之，次仲首發於道，化爲大鳥，出在車外，翻飛而去。落二翮於斯山，故其峰巒有大翮、小翮之名矣。〔註10〕

> 《搜神記》曰：祝雞翁者，洛陽人也，居尸鄉北山下，養雞百年餘，雞至千餘頭，皆有名字，欲取，呼之名，則種別而至。後之吳山，莫知所去矣。〔註11〕

> 贛水又北逕南昌左尉廨西，漢成帝時，九江梅福爲南昌尉居此，後福一旦捨妻子，去九江，傳云得仙。〔註12〕

在這些故事中，神仙就是隱士，隱士就是神仙，亦仙亦隱，已經難分彼此了。通過這些故事的表述，使得隱士生活蒙上了某種神秘色彩。

《水經注》中的神仙故事，有兩個特點值得注意。

一是世俗化、平民化色彩很重。先秦兩漢神話故事，主人公或爲神靈精怪，或爲帝王將相，而且對他們的相貌作出異於常人的設計，如豹齒虎尾的西王母、嘴如馬口面如削瓜的皋陶、眉分八彩的堯、重瞳的舜和項羽、隆準而龍顏的劉邦等等，面目猙獰可畏，令人難以親近。《水經注》中的神仙故事，主人公大都是世俗世界中的平民，他們的身份與世俗之人沒有明顯的不同，

〔註10〕 《水經注》卷十三《㶟水》「又東過涿鹿縣北」注。見陳橋驛《水經注校釋》，第 240～241 頁。

〔註11〕 《水經注》卷十六《穀水》「又東過河南縣北，東南入於洛」注。見陳橋驛《水經注校釋》，第 299 頁。

〔註12〕 《水經注》卷三十九《贛水》「又北南昌縣西」注。見陳橋驛《水經注校釋》，杭州大學出版社，1999 年版，第 684 頁。下兩條引《水經注》版本同。

如費長房爲市吏，蘇耽是牧牛童，陽子明是漁人，閔仲叔「隱遁市邑」等。他們成仙後，也往往混跡於民衆之間，如《水經注》說「項寧都，學道升仙，忽復還此」，說谷春「後忽出櫟南門及光門」，說鹿皮公「後百餘年下，賣藥齊市」等等。而且，不但他們可以成仙，其他人也能夠做到，如赤松羽化，「炎帝少女追之，亦俱仙矣」。甚至動物也有機會，如劉安昇天時「餘藥在器，雞犬舐之者，俱得上昇」。又如：

> 唐君字公房，成固人也，學道得仙，入雲臺山，合丹服之，白日昇天，雞鳴天上，狗吠雲中，惟以鼠惡留之，鼠乃感激，以月晦日，吐腸胃更生，故時人謂之唐鼠也。公房升仙之日，壻行未還，不獲同階雲路，約以此川爲居，言無繁霜蛟虎之患，其俗以爲信然，因號爲壻鄉，故水亦即名焉。百姓爲之立廟於其處也。

仙可及於雞犬，可見成仙已不是帝王王子的特權，是人們都可以具有的幻想和希望。這就使《水經注》記載的神仙故事具有很強的平民化色彩。

二是崇尚人性美和人情美。這些神仙故事，秉承「生物是好，死物是惡」〔註13〕中國傳統思想，以承認人的價值和主體地位爲前提，通過對人間世界的關注沖淡了宗教色彩，所以，傳說中的許多神仙都富有人性人情。如：

> 黃溪東有馬嶺山，高六百餘丈，廣圓四十許里。漢末有郡民蘇耽棲遊此山。《桂陽列仙傳》云：耽，郴縣人，少孤，養母至孝，言語虛無，時人謂之癡。常與衆兒共牧牛，更直爲帥，錄牛無散。每至耽爲帥，牛輒徘徊左右，不逐自還。衆兒曰：「汝直，牛何道不走耶？」耽曰：「非汝曹所知。」即面辭母，云受性應仙，當違供養。涕泗又說，年將大疫，死者略半，穿一井飲水，可得無恙。如是有哭聲甚哀。後見耽乘白馬還此山中，百姓爲立壇祠，民安歲登，民因名爲馬嶺山。〔註14〕

仁孝本是世俗世界的道德倫理觀念，但這則故事把它賦予神仙蘇耽，可見神仙具有人性。又如：

> 昔吳郡太守張公直，自守徵還，道由盧山，子女觀祠，婢指女戲妃像人，其妻夜夢致聘，怖而遽發，明引中流，而船不行。

〔註13〕 《逸周書・度訓解》：「凡民之所好惡，生物是好，死物是惡。」
〔註14〕 《水經注》卷三十九《耒水》「北過其縣之西」注。見陳橋驛《水經注校釋》，第678頁。

合船驚懼，曰：「愛一女而合門受禍也。」公直不忍，遂令妻下女
於江。其妻布席水上，以其亡兄女代之，而船得進。公直方知兄
女，怒妻曰：「吾何面目於當世也！」復下己女於水中。將渡，遙
見二女於岸側，傍有一吏，立曰：「吾廬君主簿，敬君之義，悉還
二女。」〔註15〕

　　神仙能感義還女，可見神仙具有人情。《水經注》中這類神話傳說，以人
類社會的道德情感爲關懷，充滿了人性美和人情味，具有突出的審美意義。

二、具有佛教意味的精變故事和幻化故事

　　《水經注》中除了比較集中於《河水注》的佛經故事外，還有一些具有
佛教意味的精變故事和幻化故事。

　　佛教傳入中土，依附於從中國本土產生的道教以保持其發展勢頭，另一
方面，「神仙家著書，亦喜借浮屠以自重」〔註16〕。魏晉南北朝的志怪故事也
深受這種宗教背景的影響。佛經中有許多譬喻經，如《百句譬喻經》《法句譬
喻經》《雜譬喻經》等等，都是借助宗教託喻來宣傳佛理的。這些佛教譬喻故
事很多都是借助動物展開，如九色鹿的故事、鸚鵡救火的故事〔註17〕等等。
志怪故事中的精變故事，大抵是受到了佛教中的這些譬喻故事及其典事的影
響。《列異傳》、《玄中記》、《搜神記》等書中都記載有梓精、龜精、蛇精、鼠
精、狐狸精等精變故事，就是在佛教的譬喻故事的啟發下產生的。《水經注》
的傳說故事，也有部分類似的內容。如：

　　　　《列異傳》曰：武都故道縣有怒特祠，云神本南山大梓也。昔
秦文公二十七年伐之，樹瘡隨合。秦文公乃遣四十人，持斧斫之，
猶不斷。疲士一人傷足，不能去，臥樹下，聞鬼相與言曰：勞攻戰
乎？其一曰：足爲勞矣。又曰：秦公必持不休。答曰：其如我何！
又曰：赤灰跋於子，何如？乃默無言。臥者以告。令士皆赤衣，隨
所斫以灰跋樹斷，化爲牛，入水，故秦爲立祠。〔註18〕

〔註15〕《水經注》卷三十九《廬江水》「出三天子都，北過彭澤縣，西北入於江」注。
　　　　見陳橋驛《水經注校釋》，第 686 頁。
〔註16〕余嘉錫《四庫提要辯證·神異經》。
〔註17〕見三國僧康會譯《舊雜譬喻經》卷三十三。
〔註18〕《水經注》卷十七《渭水上》「又東過上邽縣」注。見陳橋驛《水經注校釋》，
　　　　杭州大學出版社，1999 年版，第 319 頁。以下引《水經注》各條版本同。

劉敬叔《異苑》曰：孫權時，永康縣有人入山，遇一大龜，即束之以歸。龜便言曰：「游不量時，爲君所得。」擔者怪之，載出欲上吳王，夜宿越里，攬船於大桑樹。宵中，樹忽呼龜曰：「元緒奚事爾也？」龜曰：「行不擇日，今方見烹。雖盡南山之樵，不能潰我。」樹曰：「諸葛元遜識性淵長，必致相困，令求如我之徒，計將安治？」龜曰：「子明，無多辭。」既至建業，權將煮之，燒柴萬車，龜猶如故。諸葛恪曰：「燃以老桑乃熟。」獻人仍說龜言，權使伐桑取煮之即爛，故野人呼龜曰元緒。〔註19〕

透過這些故事本身的具體內容去看，其內核不過是講述應驗之說。應驗之說正是佛教宣傳的主要內容。《水經注》卷二十《丹水》「又東南過商縣南，又東南至于丹水縣，入於均」注：「（南鄉故城）城南外，舊有郡社柏樹，大三十圍。蕭欣爲郡，伐之，言有大蛇從樹腹中墜下，大數圍，長三丈，群小蛇數十，隨入南山，聲如風雨。伐樹之前，見夢於欣，欣不以厝意，及伐之，更少日，果死。」更是明顯的因果報應之論。〔註20〕

後來傳入中土的大乘佛教講「空」和「幻」，以現實世界的一切爲虛妄不實的假象，要求人們透過假象寂滅煩惱業因，完性成佛。這樣，那些轉瞬即逝的物象如雷、電、泡、沫、影、響等，就成了最宜表現這種虛幻理念的素材。《水經注》中有的傳說，也有這種意味：

耆舊云，邑人有行於途者，見一小蛇，疑其有靈，持而養之，名曰擔生，長而吞噬人，里中患之，遂捕繫獄。擔生負而奔，邑淪爲湖，縣長及吏咸爲魚矣。〔註21〕

《神異傳》曰：由權縣，秦時長水縣也。始皇時，縣有童謠曰：城門當有血，城當陷沒爲湖。有老嫗聞之，憂懼，旦往窺城門，門侍欲縛之，嫗言其故。嫗去後，門侍煞犬，以血塗門。嫗又往，見血，走去不敢顧。忽有大水長，欲沒縣。主簿令幹入白令，令見幹，曰：何忽作魚？幹又曰：明府亦作魚。遂乃淪陷爲谷矣。〔註22〕

〔註19〕　《水經注》卷四十《漸江水》「北過餘杭，東入於海」注。見陳橋驛《水經注校釋》，第694頁。
〔註20〕　此故事不見於他書，或道元徑自聞之？《太平御覽》卷九百三十三輯錄。
〔註21〕　《水經注》卷十《濁漳水》「又東北過阜城縣北」注。見陳橋驛《水經注校釋》，第188頁。
〔註22〕　《水經注》卷二十九《沔水下》「分爲二：其一東北流，其一又過毗陵縣北，

　　倏忽之間，縣邑淪爲湖谷，人化爲魚，可見現實世界是多麼的虛妄不實。佛教視現實世界爲虛幻的存在，認爲「諸法無我，諸行無常，一切皆空」，所以佛典中有許多以幻喻空，以虛排實的故事。《水經注》中上述故事，正是佛教影響下的產物。

三、受讖緯經學影響的預言故事

　　西漢董仲舒創建陰陽五行化的公羊學，往往借天變災異穿鑿附會，使儒學蒙上了神秘的色彩，爲儒生造讖開了先路。哀帝平帝後乃至東漢，讖緯之說都很盛行，魏晉玄學興起，其勢方衰。但直到南北朝，讖緯之說餘波猶存。《水經注》中有許多傳說涉及符命、祥瑞、災異、禁忌、讖語、預言、夢兆、感應的內容，就反映了讖緯之說的影響。其中寫讖語預言的，如：

　　　　《晉中州記》曰：惠帝爲太子，出聞蝦蟆聲，問人，爲是官蝦蟆、私蝦蟆？侍臣賈胤對曰：在官地爲官蝦蟆，在私地爲私蝦蟆。令曰：若官蝦蟆，可給廩。先是有讖云，蝦蟆當貴。昔晉朝收愍懷太子於後池，即是池也。〔註23〕

　　　　及晉永嘉元年，洛陽東北步廣里地陷，有二鵝出，蒼色者飛翔衝天，白色者止焉。陳留孝廉董養曰：步廣，周之狄泉，盟會之地，今色蒼，胡象矣，其可盡言乎？後五年，劉曜、王彌入洛，帝居平陽。〔註24〕

　　　　劉曜之世，是山崩，長安人劉終於崩所得白玉，方一尺，有文字，曰：皇亡皇亡敗趙昌，井水竭，構五梁，咢西小衰困囂喪。嗚呼！嗚呼！赤牛奮靷其盡乎！時群官畢賀。中書監劉均進曰：此國滅之象，其可賀乎？終如言矣。〔註25〕

　　　　江有琵琶圻，圻有古冢墮水，覿有隱起字云：筮吉龜凶，八百

爲北江」注。見陳橋驛《水經注校釋》，杭州大學出版社，1999年版，第515頁。以下引《水經注》各條版本同。

〔註23〕《水經注》卷十六《穀水》「又東過河南縣北，東南入於洛」注。見陳橋驛《水經注校釋》，第291頁。

〔註24〕《水經注》卷十六《穀水》》「又東過河南縣北，東南入於洛」注。見陳橋驛《水經注校釋》，第291頁。

〔註25〕《水經注》卷十八《渭水中》「又東過武功縣北」注。見陳橋驛《水經注校釋》，第325頁。

年，落江中。謝靈運取覽詣京，咸傳觀焉。乃如龜繇，故知冢已八百年矣。〔註26〕

　　樗里子名疾，秦惠王異母弟也，滑稽多智，秦人號曰智囊，居於昭王廟西，渭南陰鄉樗里，故俗謂之樗里子。云：我百歲後，是有天子之宮夾我墓。疾以昭王七年卒，葬於渭南章臺東。至漢，長樂宮在其東，未央宮在其西，武庫直其墓。秦人諺曰「力則任鄙，智則樗里是」也。〔註27〕

寫感應、夢兆的，如：

　　昔汝南步遊張少失其母，及爲縣令，遇母於此，乃使良馬跼躅，輕軒周進，顧訪病姬，乃其母也。誠願宿憑，而冥感昭徵矣。〔註28〕

　　昔泰山吳伯武，少孤，與弟文章相失二十餘年，遇於縣市，文章欲毆伯武，心神悲慟，因相尋問，乃兄弟也。〔註29〕

　　昔南陽文叔良，以建安中爲甘陵丞，夜宿水側，趙人蘭襄夢求改葬，叔良明循水求棺，果於水側得棺，半許落水，叔良顧親舊曰：「若聞人傳此，吾必以爲不然。」遂爲移殯，醊而去之。〔註30〕

　　車頻《秦書》曰：符堅建元十四年，高陸縣民穿井得龜，大二尺六寸，背文負八卦古字，堅以石爲池養之，十六年而死，取其骨以問吉凶，名爲客龜。大卜佐高魯夢客龜言：「我將歸江南，不遇，死於秦。」魯於夢中自解曰：「龜三萬六千歲而終，終必亡國之征也。」爲謝玄破於淮、肥，自縊新城浮圖中，秦祚因即淪矣。〔註31〕

其他像卷二十八寫蜀使在建業看見其父所乘馬，卷二十九寫黄昌在蜀遇

〔註26〕《水經注》卷四十《漸江水》「北過餘杭，東入於海」注。見陳橋驛《水經注校釋》，第701頁。

〔註27〕《水經注》卷十九《渭水》「又東過長安縣北」注。見陳橋驛《水經注校釋》，第337頁。

〔註28〕《水經注》卷二十四《睢水》「又東過相縣南，屈從城北東流，當蕭縣南，入於雉」注。見陳橋驛《水經注校釋》，第430頁。

〔註29〕《水經注》卷二十五《泗水》「又東南過下邳縣西」注。見陳橋驛《水經注校釋》，第455頁。

〔註30〕《水經注》卷五《河水》「又東北，過黎陽縣南」注。見陳橋驛《水經注校釋》，杭州大學出版社，1999年版，第81頁。以下引《水經注》各條版本同。

〔註31〕《水經注》卷十九《渭水》「又東過霸陵縣北，霸水從縣西北流注之」注。見陳橋驛《水經注校釋》，第344頁。

見失散的妻子等，也都是此類故事。此外，《水經注》中還有許多寫符命祥瑞的傳說，如寫黃帝巡河過洛，「受《龍圖》於河、《龜書》於洛」；堯登首山見五老告《河圖》將來；禹治洪水，得《河圖》及《金簡玉字之書》；「禹南濟江，黃龍夾舟」；周穆王西征會河伯；漢武帝汾陰獲寶鼎等等。

這些傳說故事的產生，與今文讖緯經學至有關係。董仲舒《春秋繁露》卷十二《陰陽義第四十九》：「天亦有喜怒之氣，哀樂之心，與人相副」，「與天同者大治，與天異者大亂」。董說已肇讖緯之端，到了東漢，造讖更是儒生的專業。其流風對以傳統中原文化爲傳承的北朝士人，影響還是很大的。《水經注》中的這些預言傳說，多源自北朝諸書，即是證明。

四、生動形象的地理傳說和風俗故事

《水經注》中的神話傳說並非都帶有某種宗教色彩。酈道元在《水經注》中記載神話傳說，大多是爲了加重《水經注》的文學意味，以此增強讀者的閱讀興趣，引發讀者對所記載的山林皋壤、城郭村邑產生嚮往之情。在說明地勢特點、地名由來的時候，酈道元經常借用神話傳說以增加神異色彩，這部分神話傳說並無任何宗教背景。如：

> 左丘明《國語》云：華嶽本一山當河，河水過而曲行。河神巨靈，手蕩腳蹋，開而爲兩，今掌足之跡仍存。《華岩開山圖》曰：有巨靈胡者，偏得坤元之道，能造山川、出江河，所謂巨靈贔屭，首冠靈山者也。常有好事之士，故昇華嶽而觀厥跡焉。〔註32〕

> 來敏《本蜀論》云：秦惠王欲伐蜀而不知道，作五石牛，以金置尾下，言能屎金。蜀王負力，令五丁引之成道。秦使張儀、司馬錯尋路滅蜀，因曰石牛道。〔註33〕

> 縣有五女，蜀王遣五丁迎之，至此見大蛇入山穴，五丁引之，山崩，壓五丁及五女，因氏山爲五婦山，又曰五婦候。〔註34〕

《水經注》通過這些生動的記述，在說明地理形勢的同時，又給予描寫

〔註32〕 《水經注》卷四《河水》「又南至華陰潼關，渭水從西來注之」注。見陳橋驛《水經注校釋》，第58頁。

〔註33〕 《水經注》卷二十七《沔水》「出武都沮縣東狼谷中」注。見陳橋驛《水經注校釋》，第488頁。

〔註34〕 《水經注》卷三十二《梓潼水》「出其縣北界，西南入於涪」注。見陳橋驛《水經注校釋》，第568頁。

對象以深厚的文化色彩和人文內涵。生動形象的傳說，使得山水自然平添了靈性神韻，引導人們產生遐想，獲得由衷的愉悅，感受濃鬱的審美快感。

《水經注》對鄉國靈怪的記述，多源於晉宋地記。由於具有相似的時代背景、文化背景和表述形式，使得故事內容也在某種程度上趨同或一致，從而產生一些情節模式。如：

> 其間遠望，勢交嶺表，有五六峰參差互出，上有奇石，如二人像攘袂相對。俗傳兩郡督郵爭界於此，宜都督郵厥勢小東傾，議者以爲不如也。〔註35〕

> 澧水自縣東徑臨澧、零陽二縣故界，水之南岸，白石雙立，厥狀類人，高各三十丈，周四十丈。古老傳言，昔充縣尉與零陽尉共論封境，因相傷害，化而爲石，東標零陽，西揭充縣。〔註36〕

> 峽西岸高巖名貞女山，山下際有石如人形，高七尺，狀如女子，故名貞女峽。古來相傳，有數女取螺於此，遇風雨晝晦，忽化爲石。〔註37〕

這幾則傳說的故事內容都是人化爲石。其實它們都是人們因石之形象杜撰而成的。酈道元也不全相信，他說：「斯誠巨異，難以聞信，但啓生石中，摯呱空桑，抑斯類矣。物之變化，寧以理求乎？」再如：

> 《漢官》曰：開陽門始成，未有名，宿昔有一柱來在樓上。琅琊開陽縣上言，南城門一柱飛去。光武皇帝使來識視，良是，遂堅縛之，因刻記年月日以名焉。〔註38〕

> 利水又南徑靈石下，靈石一名逃石，高三十丈，廣圓五百丈。耆舊傳言，石本桂林武城縣，因夜迅雷之變，忽然遷此，彼人來見歎曰：「石乃逃來。」因名逃石。以其有靈運徙，又曰靈石。〔註39〕

〔註35〕 《水經注》卷三十四《江水》「又東過夷陵縣南」注。見陳橋驛《水經注校釋》，杭州大學出版社，1999 年版，第 595 頁。以下引《水經注》各條版本同。

〔註36〕 《水經注》卷三十七《澧水》「出武陵充縣西曆山，東過其縣南」注。見陳橋驛《水經注校釋》，第 646〜647 頁。

〔註37〕 《水經注》卷三十九《洭水》「出桂陽縣盧聚」注。見陳橋驛《水經注校釋》，第 675 頁。

〔註38〕 《水經注》卷十六《穀水》「又東過河南縣北，東南入於洛」注。見陳橋驛《水經注校釋》，第 296 頁。

〔註39〕 《水經注》卷三十八《溱水》「東至曲江縣安聶邑東，屈西南流」注。見陳橋驛《水經注校釋》，第 670 頁。

浙江又北徑山陰縣西，西門外百餘步有怪山，本琅邪郡之東武縣山也，飛來徙此，壓殺數百家。《吳越春秋》稱：怪山者，東武海中山也，一名自來山，百姓怪之，號曰怪山。〔註40〕

洭水又南逕陽山縣故城西，耆舊傳曰，往昔縣長臨縣，輒遷擢超級，太史逕觀言地勢使然。掘斷連岡，流血成川，城因傾阤，遂即傾敗。閣下大鼓，飛上臨武，乃之桂陽，追號聖鼓，自陽山達乎桂陽之武步驛，所至循聖鼓道也。其道如塹，迄於鼓城矣。〔註41〕

這幾則傳說都寫木石靜物「有靈運徙」，具有相似的情節內容。人能化而為靜立之石，石也能飛可走，人傑地靈兩相關照，是《水經注》及晉宋地記等書的共同特點。雖然情節相似，但《水經注》能變換筆法，改換角度，所以我們讀了以後並無重複生厭的感覺。

《水經注》還有一部分神話傳說講到少數民族的起源及其首領的異事奇聞。如：

盤瓠者，高辛氏之畜狗也，其毛五色，高辛氏患犬戎之暴，乃募天下有能得犬戎之將吳將軍頭者，妻以少女。下令之後，盤瓠遂銜吳將軍之首於闕下，帝大喜，未知所報。女聞之以為信不可違，請行，乃以配之，盤瓠負女入南山，上石室中。所處險絕，人跡不至。帝悲思之，遣使不得進，經二年，生六男六女。盤瓠死，因自相夫妻。織績木皮，染以草實，好五色衣，裁制皆有尾。其母白帝，賜以名山。其後滋蔓，號曰蠻夷。今武陵郡夷，即盤瓠之種落也。其狗皮毛，嫡孫世寶錄之。〔註42〕

昔巴蠻有五姓，未有君長，俱事鬼神，乃共擲劍於石穴，約能中者奉以為君。巴氏子務相乃中之。又令各乘土舟，約浮者當以為君，惟務相獨浮，因共立之，是為廩君。乃乘土舟，從夷水下，至鹽陽。鹽水有神女，謂廩君曰：此地廣大，魚鹽所出，原留共居。廩君不許，鹽神暮輒來宿，旦化為蟲，群飛蔽日，天地晦暝。積十

〔註40〕《水經注》卷四十《漸江水》「北過餘杭，東入於海」注。見陳橋驛《水經注校釋》，第 699 頁。

〔註41〕《水經注》卷三十九《洭水》「出桂陽縣盧聚」注。見陳橋驛《水經注校釋》，第 676 頁。

〔註42〕《水經注》卷三十七《沅水》「出牂柯且蘭縣，為旁溝水，又東至鐔成縣，為沅水」注。見陳橋驛《水經注校釋》，第 649 頁。

餘日，廩君因伺便射殺之，天乃開明。廩君乘土舟，下及夷城。夷城石岸險曲，其水亦曲，廩君望之而歎，山崖為崩。廩君登之。上有平石，方二丈五尺，因立城其傍而居之，四姓臣之。死，精魂化而為白虎，故巴氏以虎飲人血，遂以人祀。〔註43〕

南越王尉佗舉眾攻安陽王。安陽王有神人，名皋通，下輔佐，為安陽王治神弩一張，一發殺三百人。南越王知不可戰，卻軍住武寧縣。按《晉太康記》縣屬交趾。越遣太子名始，降服安陽王，稱臣事之。安陽王不知通神人，遇之無道，通便去，語王曰：能持此弩王天下，不能持此弩者亡天下。通去，安陽王有女名曰眉珠，見始端正，珠與始交通。始問珠，令取父弩視之。始見弩，便盜以鋸截弩訖，便逃歸報越王。南越進兵攻之，安陽王發弩，弩折，遂敗。安陽王下船，逕出於海。今平道縣後王宮城見有故處。〔註44〕

有范文，日南西卷縣夷帥范稚奴也。文為奴時，山澗牧牛，於澗水中，得兩鱧魚，隱藏挾歸，規欲私食。郎知檢求，文大慚懼，起托云：將礪石還，非為魚也。郎至魚所，見是兩石，信之而去。文始異之。石有鐵，文入山中，就石冶鐵，鍛作兩刀。舉刀向郭，因祝曰：鱧魚變化，冶石成刀，斫石郭破者，是有神靈，文當治此，為國君王。斫不入者，是刀無神靈。進斫石郭，如龍淵、干將之斬蘆槁。由是人情漸附。今斫石尚在，魚刀猶存，傳國子孫，如斬蛇之劍也。〔註45〕

此外，卷六敘劉曜得寶劍；卷八敘徐偃王出生之異；卷三十六敘竹王傳說；卷三十七講九隆哀牢之國的立國奇聞等等，都是同類故事。這些傳說，一般篇幅較長，敘事生動，充滿了奇異色彩。在這些故事中，狗能娶人為妻，土能為舟，魚可變石，一弩能當百萬師，情節離奇，簡直匪夷所思。

關於土風民情的傳說，在《水經注》中也每每可見。這些傳說，把鄉國風情裝點的有聲有色，令人心馳神往。如：

〔註43〕 《水經注》卷三十七《夷水》「東南過佷山縣南」注。見陳橋驛《水經注校釋》，杭州大學出版社，1999 年版，第 644 頁。以下引《水經注》各條版本同。

〔註44〕 《水經注》卷三十七《葉榆河》「過交趾泠縣北，分為五水，絡交趾郡中，至東界復合為三水，東入海」注。見陳橋驛《水經注校釋》，第 642 頁。

〔註45〕 《水經注》卷三十六《溫水》「東北入於鬱」注。見陳橋驛《水經注校釋》，第 631～632 頁。

谷中有石穴，清泉潰流三十許步，復入穴，即長楊之源也。水中有神魚，大者二尺，小者一尺，居民釣魚，先陳所須多少，拜而請之。拜訖投鈎餌，得魚過數者，水輒波湧，暴風卒起，樹木摧折。水側生異花，路人欲摘者，皆當先請，不得輒取……縣北十餘里有神穴，平居無水，時有渴者，誠啓請乞，輒得水，或戲求者，水終不出。縣東十許里至平樂村，又有石穴出清泉中，有潛龍。每至大旱，平樂左近村居，輦草穢著穴中，龍怒，須臾水出，蕩其草穢，傍側之田皆得澆灌。從平樂順流五六里，東亭村北山甚高峻，上合下空，空竅東西廣二丈許，起高如屋，中有石床甚整頓，傍生野韭，人往乞者，神許則風吹別分，隨偃而輸，不得過越；不偃而輸輒凶，往觀者去時特平，暨處自然恭肅矣。〔註46〕

朱吾以南有文狼人，野居無室宅，依樹止宿，食生魚肉，採香爲業，與人交市，若上皇之民矣。〔註47〕

《水經注》中還有許多地方寫到土俗禁忌。如卷二十六寫石膏山上有石鼓，「鳴則年凶」；卷二十九寫夏架山上有石鼓，「鳴則有兵」；卷三十八寫縣有石鼓「鼓鳴則土有兵革之事」，卷四十寫縣「不得開南門，開南門則有賊盜」等。這些傳說中的土俗禁忌，在其蘊有的鄉俗風味的背後，我們可以看出：它們正是飽經戰亂之擾的百姓苦厭兵革的心理反映。

五、《水經注》傳說所含的宗教傾向與酈道元的思想

《水經注》中的神話傳說，多數都是酈道元轉引或改造他書而來的。它們雖然在一定程度上反映了當時的社會心理和文化思想，但不能把它們看作酈道元的思想或觀念。

酈道元對於神仙方術的傳說並不完全相信。如《水經注》卷四《河水》「又東過河北縣南」注記載了黃帝成仙的傳說：

《魏土地記》曰：弘農湖縣有軒轅黃帝登仙處。黃帝採首山之銅，鑄鼎於荊山之下，有龍垂鬍於鼎，黃帝登龍，從登者七十人，

〔註46〕 《水經注》卷三十七《夷水》「東南過很山縣南」注。見陳橋驛《水經注校釋》，第 645 頁。

〔註47〕 《水經注》卷三十六《溫水》「東北入於鬱」注。見陳橋驛《水經注校釋》，第 631 頁。

遂陞於天。故名其地爲鼎胡。

但在卷三《河水》「又南過離石縣西」注，酈道元就黃帝冢發表意見：「帝崩，惟弓劍存焉，故世稱黃帝仙矣」。在他看來，黃帝是和常人一樣死去了。

《水經注》卷三十《淮水》「又東過壽春縣北，淝水從縣東北流注之」注寫「西岸山上有馬跡，世傳淮南王乘馬升仙所在也。今山之東南石上，有大小馬跡十餘所，仍今存焉。」卷三十二《淝水》「北入於淮」注又詳細記載了劉安與八公昇天，雞犬隨之升空的傳説。但酈道元對此很是懷疑，於是親自登上八公山作了一些考查。他説：「余登其上，人馬之跡無聞矣，惟廟像存焉。廟中圖安及八士像，皆坐床帳如平生，被服纖麗，咸羽扇裙帔，巾壺枕物，一如常居。亦云：左吳與王春、傅生等尋安，同詣玄洲還爲著記，號曰《八公記》，都不列其雞犬升空之事矣。按《漢書》，安反伏誅，葛洪明其得道，事備《抱朴子》及《神仙傳》。」劉安既然伏誅，自然無預登仙之事。

吳人康僧會所譯《舊雜譬喻經》中有「梵公葉壺」、壺中住人的故事，葛洪《神仙傳》卷五《壺公傳》也寫壺公「跳入壺中，人莫能見」之事。看來佛道二家，都欲藉此自神法術。《水經注》卷二十一《汝水》「又東南，過平輿縣南」注也寫到了此事：

> 昔費長房爲市吏，見王壺公懸壺郡市，長房從之，因而自遠同入此壺，隱淪仙路。

但酈道元在其後評曰：「骨謝懷靈，無會而返，雖能役使鬼神，而終同物化。」認爲這與普通人的死是一樣的。

酈道元還對炫耀仙術者進行諷刺和嘲笑：

> 閩中有徐登者，女子化爲丈夫，與東陽趙昞，並善越方。時遭兵亂相遇於溪，各示所能。登先禁溪，水爲不流。昞次禁枯柳，柳爲生荑。二人相示而笑。登年長，昞師事之。後登身故，昞東入章安。百姓未知。昞乃升茅屋，梧鼎而爨，主人驚怪，昞笑而不應，屋亦不損。又嘗臨水求渡，船人不許。昞乃張蓋坐中，長嘯呼風，亂流而濟。於是百姓神服，從者如歸，章安令惡而殺之，民立祠於永康而蚊蚋不能入。昞秉道懷術，而不能全身避害，事同萇弘，宋元之龜，厄運之來，故難救矣。〔註48〕

〔註48〕《水經注》卷四十《漸江水》「北過餘杭，東入於海」注。見陳橋驛《水經注校釋》，杭州大學出版社，1999年版，第695頁。以下引《水經注》一條版本同。

鄧德明《南康記》曰：昔有盧耽，仕州爲治中，少學仙術，善
解雲飛。每夕，輒淩虛歸家，曉則還州。嘗於元會至朝，不及朝列，
化爲白鵠，至閣前，迴翔欲下，威儀以石擲之，得一隻履，耽驚遠
就列，內外左右，莫不駭異。時步騭爲廣州，意甚惡之，便以狀列
聞，遂至誅滅。〔註49〕

可見，我們應該把《水經注》中記載的神話傳說中所隱含的宗教傾向和
酈道元本身的思想劃分開來。

六、《水經注》神話傳說對後世傳奇小說的影響

《水經注》中記載的神話傳說，是酈道元博採群書，撮錄綴集，加工整
理而成的。其中，有許多故事，不見他書，或所引之書早已亡佚，僅賴《水
經注》保存。但其中一些生動優美的神話傳說，以其種種奇妙的形象和幻想
情節，給予後世文言小說、白話小說很大的啓發和影響。

《水經注》卷十九《渭水下》「又東，豐水從南來注之」注引《春秋後
傳》：

使者鄭容入柏谷關，至平舒置，見華山有素車白馬，問鄭容：
「安之？」答曰：「之咸陽。」車上人曰：「吾華山君使，願託書致
鄗池君。子之咸陽，過鄗池，見大梓下有文石，取以款列梓，當有
應者，以書與之，勿妄發，致之得所欲。」鄭容行至鄗池，見一梓
下果有文石，取以款梓，應曰：「諾。」鄭容如睡覺而見宮闕，若王
者之居焉。謁者出，受書入。有項，聞語聲言祖龍死。神道茫昧，
理難辨測，故無以精其幽致矣。

又《水經注》卷三十八《溱水》「過湞陽縣，出洭浦關，與桂水合」注：

晉中朝時，縣人有使者至洛，事訖將還，忽有一人寄其書云：
吾家在觀岐前，石間懸藤，即其處也，但叩藤，自當有人取之。使
者謹依其言，果有二人出外，取書並延入水府，衣不沾濡。言此似
不近情，然造化之中，無所不有，穆滿西遊，與河宗論寶，以此推
之，亦爲類矣。

唐傳奇李朝威《柳毅傳》寫柳毅爲洞庭龍女傳書：

〔註49〕《水經注》卷三十七《浪水》「其一，又東過縣東南，入於海」注。見陳橋驛
《水經注校釋》，第653頁。

女曰：「洞庭之陰，有大橘樹焉，鄉人謂之社橘。君當解去茲帶，束以他物。然後扣樹三發，當有應者。」……其夕，至邑而別其友。月餘到鄉，還家，乃訪於洞庭。洞庭之陰，果有社橘。遂易帶向樹，三擊而止。俄有武夫出於波間，再拜請曰：「貴客將自何所至也？」毅不告其實，曰：「走謁大王耳。」武夫揭水指路，引毅以進。謂毅曰：「當閉目，數息可達矣。」毅如其言，遂至其宮。始見臺閣相向，門戶千萬，奇草珍木，無奇不有。

不難看出，《柳毅傳》與《水經注》在情節內容上非常相似。二書都寫託書水府，都交代「當有應者」。《水經注》中的擊梓、扣藤，《柳毅傳》換作了擊橘。《水經注》寫「鄭容如睡覺而見宮闕」，《柳毅傳》寫「閉目，數息可達」，《水經注》寫水府「若王者之居焉」，《柳毅傳》描述為「臺閣相向，門戶千萬，奇草珍木，無奇不有」。總之，《柳毅傳》在情節結構上對《水經注》的借鑒是清晰可見的。

上所引《水經注》故事，《溱水》條《水經注》未標出處，《渭水》條引自《春秋後傳》。《春秋後傳》不見隋唐諸志著錄，想早已亡佚。李朝威《柳毅傳》對有關情節的借鑒應得益於《水經注》，《水經注》有保存傳說之功。

明梅鼎祚撰《才鬼記》十六卷〔註50〕，其一才鬼就是《水經注》中為己辯枉的鮮于冀〔註51〕。明夏允彝撰《禹貢合注》五卷，也是「雜取《水經注》及諸家小說，旁載山水形狀及諸奇異」〔註52〕。可見明人對《水經注》的神話傳說也是很重視的。

清人也有企圖仿照《水經注》而記述奇聞異見者，如《四庫全書總目》

〔註50〕《四庫全書總目提要》卷一百四十四子部《小說家類存目二》，中華書局1965年版，第1231頁。

〔註51〕見《水經注》卷九《淇水》「又東北過廣宗縣東，為清河」注：「漢光武建武二年，西河鮮于冀為清河太守，作公廨未就而亡，後守趙高計功用二百萬，五官黃秉、功曹劉適言四百萬錢。於是冀乃鬼見白日，道從入府，與高及秉等對共計校，定為適秉所割匿，冀乃書表自理其略，言高貴不尚節，晦聾之夫，而箕踞遺類，研密失機，婢妾其性，媚世求顯，偷竊很鄙，有辱天官，易識負乘，誠高之謂，臣不勝鬼言。謹因千里驛聞，付高上之。便西北去三十里，車馬皆滅不復見，秉等皆伏地物故。高以狀聞，詔下，還冀西河田宅妻子焉。兼為差代，以弭幽中之訟。」見陳橋驛《水經注校釋》，杭州大學出版社，1999年版，第164頁。

〔註52〕《四庫全書總目提要》卷十四經部《書類存目二》，中華書局1965年版，第113頁。

卷七十七《史部》地理類存目六有清錢以塏撰《嶺海見聞》四卷。《提要》言：「此編又其雜錄見聞之書也。大致欲做《水經注》、《洛陽伽藍記》，而才不逮古人。又採錄冗雜，無所限斷。」儘管錢氏「才不逮古人」，但他欲做《水經注》爲書，就說明清人也有對《水經注》中的故事逸聞十分青睞者。

第二節　《水經注》中的人物故事和戰爭故事分析

　　王先謙《合校水經注》自序說《水經注》「元魏以上故事舊聞，皆可考求而得其實。」《水經注》中除了神話傳說外，還有許多反映現實世界生活的人物故事和戰爭故事。這些故事來源很廣，有的取材於一般的史書，如《左傳》、《史記》、《漢書》、《後漢書》、《東觀漢記》、《三國志》、《晉書》和《宋書》等〔註53〕，其中也包括《漢武帝故事》、《晉八王故事》、《四王起事》等雜史；有的取材於傳記，如《列士傳》、《文士傳》、《高士傳》、《汝南先賢傳》、《長沙耆舊傳》、《英雄記》、《獻帝春秋》等，有的取材於地記作品如《三秦記》、《荊州記》、《林邑記》、《北征記》、《述征記》、《西征記》等，還有的取材於子書，如《孔子家語》、《闕子》、《淮南子》、《燕丹子》等。這些故事中不乏形象生動之作，具有很高的文學價值和史料價值。

　　首先，《水經注》是人物的大觀園。書中記載的人物形形色色，琳琅滿目。酈道元也通過對人物的選擇、敘述和評判，直接或間接表達了自己對於所記人物的看法和感情傾向。

一、《水經注》中的帝王故事

　　《水經注》人物故事中最多的是帝王故事。酈道元對歷史上帝王的看法各有不同。這主要通過對故事的選擇體現出來。如《水經注》寫秦始皇，選擇了幾個故事：

〔註53〕《水經注》取材於斷代史書不主一家。如東漢史，取《東觀漢記》、〔三國吳〕謝承《後漢書》、〔晉〕華嶠《後漢書》、謝沈《後漢書》、張璠《漢紀》、司馬彪《續漢書》、〔南朝宋〕范曄《後漢書》等；魏史取陳壽《三國志》、孫盛《魏春秋》、魚豢《魏略》；晉史取〔晉〕傅暢《晉書》、習鑿齒《晉陽秋》、干寶《晉紀》、荀綽《晉後略》〔南朝宋〕徐廣《晉紀》、〔南朝齊〕臧榮緒《晉書》等；宋史取〔南朝齊〕王智深《宋紀》、〔南朝梁〕沈約《宋書》等；十六國史事則有車頻《秦書》、《秦紀》、范亨《燕書》、《東燕錄》等。

　　燕太子丹質於秦，秦王遇之無禮，乃求歸。秦王爲機發之橋，
欲以陷丹。丹過之，橋不爲發。又一說，交龍扶舉而機不發。〔註54〕

　　俗云，始皇與神女遊而忤其旨，神女唾之生瘡，始皇謝之，神
女爲出溫水，後人因以澆洗瘡〔註55〕。

　　谷中有城，故由卷縣治也，即吳之柴闢亭，故就李鄉檇李之地，
秦始皇惡其勢王，令囚徒十餘萬人污其土，表以污惡名，改曰囚卷，
亦曰由卷也。〔註56〕

　　此外，《水經注》還寫到秦始皇求鼎不得、大興厚葬等事。通過這些故
事，作者顯示出的秦始皇，是一個陰險狠毒、好色貪婪、奢侈暴虐的暴君。
這反映出作者對殘虐害民的君主的反感和痛恨。

　　不但是秦始皇，對於一切殘民以逞的帝王，作者都表現了同樣的痛恨。
《水經注》卷五《河水》「又東北，過武德縣東，沁水從西北來注之」注：

　　趙建武中，造浮橋於津上，採石爲中濟，石無大小，下輒流去，
用工百萬，經年不就。石虎親閱作工，沈璧於河。明日，璧流渚上，
波蕩上岸。遂斬匠而還。

　　石虎「用工百萬」造橋，不成則斬匠而還，其暴虐令人髮指。對於這樣
的暴君，《水經注》就給他安排了一個剖棺鞭屍的可恥下場：

　　昔慕容儁夢石虎齒其臂，寤而惡之，購求其屍，而莫之知。後
宮嬖妾言虎葬東明觀下，於是掘焉，下度三泉，得其棺，剖棺出屍，
屍僵不腐。儁罵之曰：死胡安敢夢生天子也！使御史中尉陽約數其
罪而鞭之。〔註57〕

　　《水經注》還有意把暴君與仁相的行爲加以對照：

　　老人晨將渡水，而沉吟難濟。紂問其故，左右曰：老者髓不
實，故畏寒也。紂乃於此斫脛而視髓也。〔註58〕

〔註54〕《水經注》卷十九《渭水》「又東過長安縣北」注。見陳橋驛《水經注校釋》，
　　　　杭州大學出版社，1999年版，第335頁。以下引《水經注》各條版本同。
〔註55〕《水經注》卷十九《渭水》「又東過霸陵縣北，霸水從縣西北流注之」注。見
　　　　陳橋驛《水經注校釋》，第342頁。
〔註56〕《水經注》卷二十九《沔水》「分爲二：其一東北流，其一又過毗陵縣北爲北
　　　　江」注。見陳橋驛《水經注校釋》，第515頁。
〔註57〕《水經注》卷九《洹水》「又東北出山，過鄴縣南」注。見陳橋驛《水經注校
　　　　釋》，杭州大學出版社，1999年版，第169頁。以下引《水經注》各條版本同。
〔註58〕《水經注》卷九《淇水》「出河內隆慮縣西大號山」注。見陳橋驛《水經注校

　　　　田單爲齊相。過淄水，有老人涉淄而出，不能行，坐沙中。單
　　乃解裘於斯水之上也。〔註59〕

　　雖然作者沒有直接的評價，但通過對照，其感情傾向已經在敘述中表露
出來了。

　　《水經注》帝王故事中寫的最多的是漢朝皇帝，而其中尤以漢高祖劉
邦、漢武帝劉徹和漢光武帝劉秀的逸事遺聞爲多。如寫劉邦，從他「以沛公
爲碭郡長」（卷二十四），送徒麗山在豐西澤斬蛇（卷二十五）、「起兵野戰，
喪皇妣於黃鄉」（卷七），王關中置新豐（卷十九），楚漢相爭鴻門宴（卷十
九），到爲帝後「立北畤，祀黑帝」（卷十八），寵幸戚夫人（卷二十七）、擊
韓信（卷十一），白登山爲匈奴所圍（卷十三）諸事，靡不言及。再如下面
二則故事：

　　　　俗說高祖與項羽戰於京、索，遁於薄中。羽追求之，時鳩止鳴
　　其上，追之者以爲必無人，遂得脫。及即位，異此鳩，故作鳩杖以
　　扶老。〔註60〕

　　　　漢高祖五年，項羽自垓下從數百騎，夜馳渡淮，至陰陵迷失道，
　　左陷大澤，漢令騎將灌嬰以五千騎追及之於斯縣者也。〔註61〕

　　這兩個故事分別寫劉邦和項羽失敗被追，但劉邦得天之助而脫險，項羽
則失道陷澤被追及。這是講漢家之有天下，是順乎天意的。酈道元遠祖爲劉
邦功臣，佐漢定鼎，酈道元一直以漢王朝作爲王朝正統的楷模。他寫其他幾
個漢朝皇帝事跡時，也大多是褒揚其功德。如卷十九寫漢文帝納忠言而打消
厚葬念頭，卷二十四寫漢武帝親自指揮塞瓠子決河，再如卷十：

　　　　更始三年秋，光武追銅馬於館陶，大破之，遂降之。賊不自安，
　　世祖令其歸營，乃輕騎行其壘，賊乃相謂曰：「蕭王推赤心置人腹中，
　　安得不投死乎？」遂將降人分配諸將，眾數十萬人，故關西號世祖
　　曰銅馬帝也，祠取名焉。

　　釋》，第160頁。
〔註59〕《水經注》卷二十六《淄水》「東北過臨淄縣東」注。見陳橋驛《水經注校釋》，
　　　　第472頁。
〔註60〕《水經注》卷七《濟水一》「與河合流，又東過成皋縣北」注。見陳橋驛《水
　　　　經注校釋》，第124頁。
〔註61〕《水經注》卷三十《淮水》「又東過壽春縣北，淝水從縣東北流注之」注。見
　　　　陳橋驛《水經注校釋》，第533頁。

故事雖然簡短，但劉秀之英雄虎膽，已呼之欲出。酈道元對漢家皇帝寄有很深的感情。即使是歷史上以刑罰嚴苛著稱的漢武帝劉徹，《水經注》也寫到了其細膩有情的一面：

> 　　（李）夫人兄延年知音，尤善歌舞，帝愛之，每爲新聲變曲，聞者莫不感動，常侍上起舞，歌曰：「北方有佳人，絕世而獨立，一顧傾人城，再顧傾人國，寧不知傾城復傾國，佳人難再得。」上曰：「世豈有此人乎？」平陽主曰：「延年女弟。」上召見之，妖麗善歌舞，得幸，早卒，上憫念之，以後禮葬，悲思不已，賦詩悼傷。〔註62〕

這則故事錄入了李延年的一首小詩，文學性較強。但後面說李夫人死後，漢武帝「悲思不已，賦詩悼傷」，則也說明漢武帝是位深於情感的皇帝。卷二十四寫塞瓠子決河時，漢武帝「悼功之不成，乃作歌」，也可見此意。漢武帝的《瓠子歌》是《水經注》唯一全詩錄入的一首西漢詩歌。

二、《水經注》中的官吏故事

《水經注》還記載了許多推行德政，布施教化，造福一方的官吏。如：

> 　　南岸道東有文學，始，文翁爲蜀守，立講堂，作石室於南城。永初後，學堂遇火，後守更增二石室，後州奪郡學，移夷星橋南岸道東……蜀有回覆水，江神嘗溺殺人，文翁爲守，祠之，勸酒不盡，拔劍擊之，遂不爲害……文翁又穿湔浂以漑灌，繁田千七百頃。〔註63〕

> 　　今縣城東門南側，有漢密令卓茂祠。茂字子康，南陽宛人，溫仁寬雅，恭而有禮。人有認其馬者，茂與之曰：「若非公馬，幸至丞相府歸我。」遂輓車而去。後馬主得馬，謝而還之。任漢黃門郎，遷密令，舉善而教，口無惡言，教化大行，道不拾遺，蝗不入境，百姓爲之立祠，享祀不輟矣。〔註64〕

〔註62〕　《水經注》卷十九《渭水下》「又東過霸陵縣北，霸水從縣西北流注之」注。見陳橋驛《水經注校釋》，杭州大學出版社，1999年版，第340頁。以下引《水經注》各條版本同。

〔註63〕　《水經注》卷三十三《江水》「岷山在蜀郡氐道縣，大江所出，東南過其縣北」注。見陳橋驛《水經注校釋》，第578～579頁。

〔註64〕　《水經注》卷二十二《洧水》「東南過其縣南」注。見陳橋驛《水經注校釋》，

鄭產字景載，泉陵人也，爲白土嗇夫，漢末多事，國用不足，產子一歲，輒出口錢，民多不舉。子產乃敕民勿得殺子，口錢當自代出。產言其郡縣，爲表上言，錢得除，更名白土爲更生鄉也。〔註65〕

在爲民造福的官吏中，《水經注》重點寫了利及民眾的治水者的事跡。寫大禹治水，李冰開鑿都江堰，西門豹引漳以溉鄴，鄭國爲秦建渠；寫漢代的治水者王尊、王景、王延世、張躬、馬援、索勘、虞詡、王寵、鄧晨等的事跡，也寫了後世治水者如魏鄭渾、劉靖，蜀馬良，晉杜預、謝玄和劉宋孔靈符等的事跡。《水經注》寫他們治水的決心和勇氣：

粵在漢世，河決金堤，涿郡王尊，自徐州刺史遷東郡太守，河水盛溢，泛浸瓠子，金堤決壞。尊躬率民吏，投沉白馬，祈水神河伯，親執圭璧，請身填堤，廬居其上，民吏皆走，尊立不動而水波齊足而止。公私壯其勇節。〔註66〕

昔沫水自蒙山至南安西溷崖，水脈漂疾，破害舟船，歷代爲患。蜀郡太守李冰，發卒鑿平溷崖，河神贔怒，冰乃操刀入水與神鬥，遂平溷崖，通正水路，開處，即冰所穿也。〔註67〕

前則故事寫王尊在治理瓠子河時，爲了穩定人心，在治水的關鍵時刻所表現出的鎮靜和勇敢。後則寫秦蜀郡太守李冰在開鑿平溷崖時顯現的戰天鬥地的不屈精神，更有神話色彩。他們的精神和勇氣是對後人有所激勵的。《水經注》卷十六《穀水》「又東過河南縣北，東南入於洛」注：

昔洛水泛泆，漂害者眾，津陽城門校尉將築以遏水，諫議大夫陳宣止之曰：「王尊臣也，水絕其足，朝廷中興，必不入矣。」水乃造門而退。

又卷二《河書》「其一源出于闐國南山，北流，與葱嶺河合，東注蒲昌海」注：

第 391 頁。

〔註65〕 《水經注》卷三十八《湘水》「又東北過泉陵縣西」注。見陳橋驛《水經注校釋》，第 661 頁。

〔註66〕 《水經注》卷五《河水》「又東北過衛縣南，又東北過濮縣北，瓠子河出焉」注。見陳橋驛《水經注校釋》，第 84 頁。

〔註67〕 《水經注》卷三十六《沫水》「東入於江」注。見陳橋驛《水經注校釋》，第 624 頁。

敦煌索勱，字彥義，有才略，刺史毛奕表行貳師將軍，將酒泉、敦煌兵千人，至樓蘭屯田。起白屋，召鄯善、焉耆、龜茲三國兵各千，橫斷注濱河，河斷之日，水奮勢激，波陵冒堤。勱屬聲曰：「王尊建節，河堤不溢，王霸精誠，呼沱不流，水德神明，古今一也。」勱躬禱祀，水猶未減，乃列陣被杖，鼓譟歡叫，且刺且射，大戰三日，水乃回減，灌浸沃衍，胡人稱神。大田三年，積粟百萬，威服外國。

顯然，王尊之可敬勇氣，已成為後人學習效法的榜樣。又卷三十三《江水》「岷山在蜀郡氐道縣，大江所出，東南過其縣北」注寫「李冰為蜀守，開成都兩江，溉田萬頃」，「蜀人慕其氣決，凡壯健者，因名冰兒也」。可見為民造福者，人民也會把他們記在心裏的。

《水經注》還記載了一些祈雨故事。

祝良，字召卿，為洛陽令。歲時亢旱，天子祈雨不得。良乃曝身階庭，告誠引罪，自晨至中，紫雲水起，甘雨登降。人為歌曰：「天久不雨，烝人失所，天王自出，祝令特苦，精符感應，滂沱下雨〔註68〕。」

臨武張熹，字季智，為平輿令。時天大旱，熹躬禱雩，未獲嘉應，乃積薪自焚，主簿侯崇、小吏張化從熹焚焉。火既燎，天靈感應，即澍雨。此熹自焚處也。〔註69〕

漢濟北戴封，字平仲，為西華令，遇天旱，慨治功無感，乃積柴坐其上以自焚，火起而大雨暴至，遠近歎服，永元十三年徵太常焉。〔註70〕

地方久旱，官長自曝自焚以求雨，是當時的一種迷信做法，當然不足取。但這能夠體現他們捨身為民的自我犧牲精神。所以，酈道元書其事跡於《水經注》。

〔註68〕 《水經注》卷十五《洛水》「又東過洛陽縣南，伊水從西來注之」注。見陳橋驛《水經注校釋》，杭州大學出版社，1999年版，第272頁。以下引《水經注》各條版本同。

〔註69〕 《水經注》卷二十一《汝水》「又東南，過平輿縣南」注。見陳橋驛《水經注校釋》，第381頁。

〔註70〕 《水經注》卷二十二《潁水》「又東過西華縣北」注。見陳橋驛《水經注校釋》，第388頁。

　　與褒揚行德政，布教化，為民造福祈福的官吏相對照，《水經注》也記載了一些荒政害民、濫用民力、損公肥私的昏君貪官，對他們的行徑表示反感或進行斥責。如：

> 　　時有石言於魏榆，晉侯以問師曠。曠曰：「石不能言，或憑焉。臣聞之作事不時，怨讟動於民，則有非言之物言也。今宮室崇侈，民力雕盡，石言不亦宜乎？」叔向以為子野之言，君子矣。〔註71〕

> 　　霸水又北徑王莽九廟南。王莽地皇元年，博徵天下工匠，壞撤西苑、建章諸宮館十餘所，取材瓦以起九廟，算及吏民，以義入錢穀，助成九廟。廟殿皆重屋，太初祖廟，東西南北各四十丈，高十七丈，餘廟半之，為銅薄櫨，飾以金銀雕文，窮極百工之巧，褫高增下，功費數百鉅萬，卒死者萬數〔註72〕。

> 　　曹爽故宅，經始之日，於寺院西南隅得爽窟室，下入土可丈許，地壁悉累方石砌之，石作細密，都無所毀，其石悉入法用，自非曹爽，庸匠亦難複製此。桓氏有言，曹子丹生此豚犢，信矣！〔註73〕

　　從《水經注》對這類人物及事件的敘述語氣和後面的評論語言，自可看出酈道元對他們的痛恨、鄙夷和嘲諷。《水經注》所表現的儒家民本思想是相當濃厚的。

三、《水經注》中節操之士的故事

　　《水經注》還記載了一些謹持操守的人物。

　　一是廉潔之士的故事。如：

> 　　議郎張奐為安定屬國都尉，治此。羌有獻金馬者，奐召主簿張祁入，於羌前以酒酹地曰：使馬如羊，不以入廄；使金如粟，不以入懷！盡還不受，威化大行。〔註74〕

〔註71〕《水經注》卷六《滱水》「又西南過虒祁宮南」注。見陳橋驛《水經注校釋》，第106頁。

〔註72〕《水經注》卷十九《渭水》「又東過霸陵縣北，霸水從縣西北流注之」注。見陳橋驛《水經注校釋》，第339頁。

〔註73〕《水經注》卷十六《穀水》「出宏農黽池縣南墦冢林、谷陽谷」注。見陳橋驛《水經注校釋》，第294頁。

〔註74〕《水經注》卷二《河水》「又東北過安定北界麥田山」注。見陳橋驛《水經注校釋》，杭州大學出版社，1999年版，第34頁。以下引《水經注》各條版本同。

縣令王密，懷金謁東萊太守楊震，震不受，是其慎四知處也。
〔註75〕

卷三《河水》注，酈道元還記載了一則其本朝普通百姓的廉義之舉：

皇魏桓帝十一年，西幸榆中，東行代地，洛陽大賈，齎金貨隨帝後行，夜迷失道，往投津長曰：子封送之。渡河，賈人卒死，津長埋之。其子尋求父喪，發冢舉屍，資囊一無所損。其子悉以金與之，津長不受。事聞於帝。帝曰：「君子也。」即名其津爲君子濟。

二是誠信之士的故事。如：

叔虞與成王居，王援桐葉爲珪，以授之曰：「吾以此封汝。」虞以告周公。周公請曰：「天子封虞乎？」王曰：「余戲耳。」公曰：「天子無戲言。」時唐滅，乃封之於唐。〔註76〕

今徐城外有徐君墓，昔延陵季子解劍於此。所謂不違心許也。
〔註77〕

再如卷三引述了郭伋信及小兒，不違小兒之約的故事。又如卷三十一說，楚人子常非常喜愛唐成公的馬，向唐成公求取而未被獲准，唐成公的手下人偷馬獻給子常，子常卻把馬歸還給唐成公。

三是忠義梗直之士。如：

故渠又東北徑劉更始冢西。更始二年，爲赤眉所殺，故侍中劉恭夜往取而埋之，光武使司徒鄧禹收葬於霸陵縣。更始尚書僕射行大將軍事鮑永，持節安集河東，聞更始死，歸世祖，累遷司隸校尉，行縣經更始墓，遂下拜哭，盡哀而去。帝問公卿，大中大夫張湛曰：「仁不遺舊，忠不忘君，行之高者。」帝乃釋。〔註78〕

臧洪爲東郡太守，治此。曹操圍張超於雍丘，洪以情義，請袁紹救之，不許，洪與紹絕。紹圍洪城中，無食。洪呼吏士曰：「洪於大義，不得不死，諸君無事，空與此禍！」眾泣曰：「何忍捨明

〔註75〕《水經注》卷八《濟水》「又東過昌邑縣北」注。四知，即天知、地知、你知、我知。見陳橋驛《水經注校釋》，第143頁。

〔註76〕《水經注》卷六《晉水》「出晉陽縣西懸甕山」注。見陳橋驛《水經注校釋》，第112頁。

〔註77〕《水經注》卷八《濟水》「又東南過徐縣北」注。見陳橋驛《水經注校釋》，第146頁。

〔註78〕《水經注》卷十九《渭水》「又東過霸陵縣北，霸水從縣西北流注之」注。見陳橋驛《水經注校釋》，第340頁。

府也！」男女八千餘人相枕而死。洪不屈，紹殺洪。邑人陳容爲丞，謂曰：「寧與臧洪同日死，不與將軍同日生。」紹又殺之，士爲傷歎。〔註79〕

惠帝征成都王穎，戰敗，時舉輦司馬八人，輦猶在肩上，軍人競就殺舉輦者，乘輿頓地，帝傷三矢。百僚奔散，唯侍中嵇紹扶帝，士將兵之，帝曰：「吾吏也，勿害之。」眾曰：「受太弟命，惟不犯陛下一人耳。」遂斬之，血污帝袂，將洗之，帝曰：「嵇侍中血，勿洗也。」此則嵇延祖殞命之所。〔註80〕

此外，如卷七寫周苛爲劉邦盡忠事，卷十七記閻伯儉就義事，卷二十記王捷爲隗囂盡忠事，卷二十二記王淩爲魏盡忠事及田英褰裳赴鼎事等，並皆此類故事。卷五《河水》注記述漢安帝時，平原縣令劉雄和其門下小吏所輔並爲賊擒，所輔求代劉雄死的故事。酈道元就此事評論曰：「所輔可謂孝盡愛敬，義極君臣矣。」《水經注》卷六記漢末赤眉之難，郡掾劉茂背負太守孫藏匿事，卷八引述《左傳》齊晉鞌之戰，逢丑父代齊頃公任患事，亦是同類故事。《水經注》也寫到了一些梗直忠諫之士。如卷九《淇水》「又東北過廣宗縣東，爲清河」注：

清河之右有李雲墓。雲字行祖，甘陵人，好學，善陰陽，舉孝廉，遷白馬令。中常侍單超等，立掖庭民女亳氏爲后，后家封者四人，賞賜鉅萬。雲上書移副三府曰：「孔子云：帝者，諦也。今尺一拜用，不經御省，是帝欲不諦乎？」帝怒，下獄殺之。後冀州刺史賈琮使行部過祠雲墓，刻石表之。今石柱尚存，俗猶謂之李氏石柱。

從《水經注》的敘述語氣及後面「今石柱尚存，俗猶謂之李氏石柱」的話語看，酈道元對李雲的忠諫勇氣是很佩服的。卷十九記漢文帝縱馬袁盎攬轡事和卷二十一引述鄭敬不肯阿諛上司高懿事，也是這類故事。

四是記述仁孝節烈的人物故事。如：

縣有沈鄉，去江七里，姜士遊之所居。詩至孝，母好飲江水，嗜魚膾，常以雞鳴，溯流汲江。子坐取水溺死，婦恐姑知，稱託遊

〔註79〕 《水經注》卷五《河水》「又東北過高唐縣東」注。見陳橋驛《水經注校釋》，第86頁。

〔註80〕 《水經注》卷九《蕩水》「出河內蕩陰縣西山東」注引盧綝《四王起事》。見陳橋驛《水經注校釋》，第167頁。

學，冬夏衣服，寔投江流。於是至孝上通，湧泉出其舍側，而有江之甘焉。詩有田，濱江澤鹵，泉流所溉，盡爲沃野。又湧泉之中，旦旦常出鯉魚一雙，以膳焉。可謂孝悌發於方寸，徵美著於無窮者也。〔註81〕

　　沔水西又有孝子墓。河南秦氏，性至孝，事親無倦，親沒之後，負土成墳，常泣血墓側。人有詠《蓼莪》者，氏爲泣涕，悲不自勝。於墓所得病，不能食，虎常乳之，百餘日卒。今林木幽茂，號曰孝子墓也。〔註82〕

《水經注》中這類故事很多。僅卷四十就記述了孝子夏先負土成墓事，顏烏至孝感動慈烏助銜土塊爲墳的故事，曹娥投水尋父屍的故事，楊威遇虎的故事。如寫楊威與母入山採薪爲虎所逼，楊威抱母哭號，虎見其情不忍而去的故事，酈道元評論說：「自非誠貫精微，孰能理感於英獸矣？」卷三十六寫隗叔通「爲母給江膂水，天爲出平石至江膂中」，酈道元評論說：「可謂至誠發中，而休應自天矣。」這些都表示了酈道元對孝義者的同情和尊重。《水經注》還有許多地方述及婦女的節烈之行。如：

　　齊人杞梁殖襲莒戰死，其妻將赴之，道逢齊莊公，公將弔之。杞梁妻曰：「如殖死有罪，君何辱命焉；如殖無罪，有先人之敝廬在，下妾不敢與郊弔。」公旋車弔諸室，妻乃哭於城下，七日而城崩。故《琴操》云：殖死，妻援琴作歌曰：樂莫樂兮新相知，悲莫悲兮生別離。哀感皇天，城爲之墮。即是城也。〔註83〕

　　趙襄子殺代王於夏屋而並其土。襄子迎其姊於代，其姊，代之夫人也，至此，曰：「代已亡矣，吾將何歸乎？」遂磨笄於山而自殺。代人憐之，爲立祠焉，因名其山爲磨笄山。每夜，有野雞群鳴於祠屋上，故亦謂之爲鳴雞山。《魏土地記》云：代城東南二十五里，有馬頭山，其側有鍾乳穴。趙襄子既害代王，迎姊姊代夫人。

〔註81〕《水經注》卷三十三《江水》「又東過江陽縣南，洛水從三危山，東過廣魏洛縣南，東南注之」注。見陳橋驛《水經注校釋》，杭州大學出版社，1999年版，第582頁。以下引《水經注》各條版本同。
〔註82〕《水經注》卷二十八《沔水中》「又從縣東屈西南，淯水從北來注之」注。見陳橋驛《水經注校釋》，第502頁。
〔註83〕《水經注》卷二十六《沭水》「又東南過莒縣東」注引《列女傳》。見陳橋驛《水經注校釋》，第464～465頁。

夫人曰：「以弟慢夫，非仁也；以夫怨弟，非義也。」磨笄自刺而
死，使者自殺。民憐之，爲立神屋於山側，因名之爲磨笄之山。未
詳孰是？〔註84〕

此外，卷三十三記載女子先絡沈淵求父兄之屍事，張眞妻黃帛沈淵尋夫
屍事，則類同曹娥。表彰孝義節烈，是魏晉南北朝地記作品以及《先賢傳》、
《稽舊傳》中的一個重點題材。而且還出現了許多《孝子傳》、《列女傳》一
類的專門記述孝行節烈的作品。如晉蕭廣濟、徐廣、虞盤，劉宋王韶之，師
覺授、鄭緝之，南齊宋躬等都作有《孝子傳》。這些作品中的有關記述，自然
會給「集六朝地記之大成」的《水經注》以很大影響。

四、《水經注》中的隱士故事

隱士故事也是《水經注》故事的一個重要題材。《水經注》寫到了眾多隱
士，從先秦的呂望、傅說、卞隨、伯夷、叔齊、郤缺、范蠡、介子推、榮啓
期，到秦漢以後的王次仲、邵平、寶少翁、嚴子陵、徐穉、逢萌、郭文、「竹
林七賢」、孫登、葛洪、王方平、謝允舍、羅邑宰、劉凝之、范儕、陳業等，
隨篇可見。如卷七《濟水一》「又東過定陶縣南爲范蠡」注：

戰國之世，范蠡既雪會稽之恥，乃變姓名，寓於陶，爲朱公。
以陶天下之中，諸侯四通，貨物之所交易也。治產致千金，富好行
德，子孫修業，遂致鉅萬。故言富者，皆曰陶朱公也。

酈道元對於范蠡的隱居之舉是很欣賞的，在卷二十五《泗水》「又東南過
彭城縣東北」注，酈道元評論說范增不如范蠡：「增不慕范蠡之舉，而自絕於
斯可謂褊矣。」范蠡能夠「治產致千金」，但一般的隱士卻沒有這般運氣，他
們多數是「惡衣糲食，蕭散自得」〔註85〕，如：

世祖嘗宴於此臺，得鼮鼠於臺上。亦諫議大夫第五子陵之所
居。倫少子也，以清正，洛陽無主人，鄉里無田宅，寄止靈臺，或
十日不炊。司隸校尉南陽左雄、尚書廬江朱孟興等，皆倫故孝廉功

〔註84〕 《水經注》卷十三《漯水》「出雁門陰館縣，東北過代郡桑乾縣南」注引《史
記》。見陳橋驛《水經注校釋》，杭州大學出版社，1999年版，第239頁。以
下引《水經注》各條版本同。

〔註85〕 見《水經注》卷三十四《江水》「又東過枝江縣南，沮水從北來注之」注敘范
濟事。見陳橋驛《水經注校釋》，第598頁。

曹，各致禮餉，並辭不受，永建中卒。〔註86〕

貧至「或十日不炊」而能不易其節，足可欽敬。《水經注》對隱士們的安貧精神很敬重，有的故事寫到隱士自食其力：

　　縣東二里有縣人劉凝之故宅。凝之字志安，兄盛公高尚不仕。凝之慕老萊、嚴子陵之爲人，立屋江湖，非力不食。妻梁州刺史郭詮女，亦能安貧。宋元嘉中，夫妻隱於衡山，終焉不返矣。〔註87〕

《水經注》也寫到了隱士蕭散自得的精神境界：

　　琅邪王方平，性好山水，又爱宅蘭風，垂釣於此，以永終朝。行者過之不識，問曰：「賣魚師，得魚賣否？」方平答曰：「釣亦不得，得復不賣。」〔註88〕

　　孫登嘗經宜陽山，作炭人見之與語，登不應，作炭者覺其情神非常，咸共傳說。太祖聞之，使阮籍往觀，與語，亦不應。籍因大嘯。登笑曰：「復作向聲。」又爲嘯，求與俱出，登不肯，籍因別去。登上峰行且嘯，如簫韶笙簧之音，聲振山谷。籍怪而問作炭人，作炭人曰：「故是向人聲。」籍更求之，不知所止，推問久之，乃知姓名。〔註89〕

隱士安貧樂道，多以景色優美的山谷作爲棲息之所。如《水經注》卷三十九：「其山川明淨，風澤清曠，氣爽節和，土沃民逸，嘉遁之士，繼響窟岩，龍潛鳳采之賢，往者忘歸矣。」又如卷二十八《沔水中》「又東北流，又屈東南，過武當縣東北」注：

　　水導源縣南武當山，一曰太和山，亦曰參上山，山形特秀，又曰仙室。《荆州圖副記》曰：山形特秀，異於眾嶽，峰首狀博山香爐，亭亭遠出，藥食延年者萃焉。晉咸和中，歷陽謝允舍、羅邑宰隱遁斯山，故亦曰謝羅山焉。

〔註86〕　《水經注》卷十六《穀水》「又東過河南縣北，東南入於洛」注。見陳橋驛《水經注校釋》，第296頁。

〔註87〕　見《水經注》卷三十四《江水》「又東過枝江縣南，沮水從北來注之」注。見陳橋驛《水經注校釋》，第598頁。

〔註88〕　《水經注》卷四十《漸江水》「北過餘杭，東入於海」注。見陳橋驛《水經注校釋》，第702頁。

〔註89〕　《水經注》卷十五《洛水》「又東過陽市邑南」注引臧榮緒《晉書》。見陳橋驛《水經注校釋》，杭州大學出版社，1999年版，第269頁。下條引《水經注》版本同。

　　由於隱士多居山林，又每多特立獨行，所以經常被人以神仙目之。卷十三寫隱士王次仲被秦始皇強徵，次仲化為大鳥，落二翮而為大翮山和小翮山，大約就是人們因為王次仲隱居於此二山而杜撰出的故事。又如卷九寫「所謂共北山也，仙者孫登之所處」，似乎孫登是仙人，但卷十六《穀水》「又東過河南縣北，東南入於洛」注則說明了實際情況：

> 昔孫登不欲久居洛陽，知楊氏榮不保終，思欲遁跡林鄉，隱淪妄死，楊駿埋之於此橋之東，駿後尋亡矣。

　　《水經注》中也記錄了一些文學才辯之士的故跡或事跡。如齊稷下學士、屈原、宋玉、賈誼、「鄒、枚、司馬相如之徒」、曹植、劉楨、禰衡、嵇康、阮籍、陸機、潘岳、王羲之、謝安兄弟等人，在書中都曾述及。其中有些故事，如賈誼《弔屈原賦》，宋玉《高唐賦》，梁王與鄒、枚、司馬相如之徒菟園之遊，王羲之、謝安兄弟蘭亭之會等，銅雀臺陳思王下筆成章，都是習見的典事。又如卷十六《穀水》「又東過河南縣北，東南入於洛」注，引《文士傳》的一則小故事：

> 文帝之在東宮也，宴諸文學。酒酣，命甄後出拜。坐者咸伏，惟劉楨平視之。太祖以為不敬，送徒隸簿。後太祖乘步牽車乘城，降閱簿作，諸徒咸敬，而楨拒坐磨石不動。太祖曰：「此非劉楨也？石如何性？」楨曰：「石出荊山玄岩之下，外炳五色之章，內秉堅貞之志，雕之不增文，磨之不加瑩，稟氣貞正，稟性自然。」太祖曰：「名豈虛哉！」復為文學。

　　劉楨傲岸不屈的形象，被刻畫得呼之欲出，真可以給他的詩句「豈不罹凝寒，松柏有本性」作一個注腳。其他如卷三十三寫司馬相如題長安門「不乘高車駟馬，不過汝下也」，卷十六寫王弼鬼會陸機等，也饒有興味。

五、《水經注》中的文人故事和武士故事

　　《水經注》中不但有文學才辯之士的逸事遺聞，也有許多剛猛武勇之士的英雄事跡。如：

> 齊景公渡於江、沈之河，黿銜左驂，沒之，眾皆惕。古冶子於是拔劍從之，邪行五里，逆行三里，至於砥柱之下，乃黿也。左手持黿頭，右手挾左驂，燕躍鵠踴而出，仰天大呼，水為逆流三百步，

觀者皆以爲河伯也。〔註90〕

> 天子射鳥獵獸於鄭圃，命虞人掠林，有虎在於葭中，天子將至，
> 七萃之士高奔戎生捕虎而獻之，天子命之爲柙，畜之東虢，是曰虎
> 牢矣。〔註91〕

勇士斬蛟、刺虎的故事還有很多，如卷五有澹臺子羽斬蛟毀璧事；卷十
五有孫禮刺虎救魏文帝；卷十六有王戎見虎薄欄而吼並不動容事；卷十九有
朱亥虎圈瞋目視虎虎不敢動事；卷二十八有鄧遐沔水斬蛟除患事；卷三十五
有荊伙飛斬蛟於楊子洲事。此外，卷七寫李同赴死秦軍，卷十一寫荊軻刺秦
王祖道於易水，卷二十八寫龐德臨危授命，卷二十五記華元夜入楚師逼盟，
也都寄予著對勇武之士的禮贊之情。與此對比，《水經注》還寫了一個怯懦之
人的表現：

> 昔劉表之攻杜子緒於西鄂也，功曹柏孝長聞戰鼓之音，懼而閉
> 戶，蒙被自覆，漸登城而觀，言勇可習也。〔註92〕

六、《水經注》中的戰爭故事

結合山嶽、關隘、河川、渡口、橋梁、道路、聚落、倉儲等兵要地理內
容的介紹，《水經注》中記載了歷史上曾經發生的各種戰爭。據陳橋驛統計，
《水經注》記載了從秦莊公元年（前 821）到梁武帝天監四年（505）之間的
戰爭，共達五百八十七條〔註93〕。

《水經注》中的戰爭有爭霸戰爭、統一戰爭、平叛戰爭、安邊戰爭等。
這些戰爭的性質各有不同，酈道元對戰爭雙方的看法和傾向也有差別。《水經
注》所記戰爭中有一部分是自具情節的小故事。

秦末的楚漢相爭，是典型的爭霸戰爭。《水經注》中記述了其中的一些細
節場面。如：

〔註90〕《水經注》卷四《河水》「又東過砥柱間」注引《搜神記》。見陳橋驛《水經
注校釋》，第 65 頁。

〔註91〕《水經注》卷五《河水》「又東過成皋縣北，濟水從北來注之」注引《穆天子
傳》。見陳橋驛《水經注校釋》，杭州大學出版社，1999 年版，第 75 頁。以下
引《水經注》各條版本同。

〔註92〕《水經注》卷三十一《淯水》「出弘農盧氏縣攻離山，東南過南陽西鄂縣西北，
又東過宛縣南」注。見陳橋驛《水經注校釋》，第 546 頁。

〔註93〕陳橋驛《酈道元評傳》，第 99 頁，南京大學出版社 1994 年版。

榮陽縣有廣武城，城在山上，漢所城也。高祖與項羽臨絕澗對語，責羽十罪，羽射漢祖中胸處也。山下有水，北流入濟，世謂之柳泉也。濟水又東徑東廣武城北，楚項羽城之。漢破曹咎，羽還廣武，爲高壇，置太公其上，曰：「漢不下，吾烹之。」高祖不聽，將害之。項伯曰：「爲天下者不顧家，但益怨耳。」羽從之。今名其壇曰「項羽堆」。夾城之間，有絕澗斷山，謂之廣武澗，項羽叱婁煩於其上，婁煩精魄喪歸矣。〔註94〕

《水經注》以漢家爲正統，所以稱劉邦爲「漢祖」，稱劉父爲「太公」，稱劉邦「責羽十罪」，說項羽欲烹劉父爲「將害之」。但酈道元也寫項羽的英武，如上文寫項羽叱婁煩即可爲例。再如卷三十寫「漢以數千騎追羽，羽帥二十八騎引東城，因四隤山，斬將而去」，也是繼承了司馬遷的筆法，把項羽寫成了一個失敗的英雄。

漢末群雄逐鹿，《水經注》亦多述及。《水經注》以曹魏爲正統，故每稱曹操爲「太祖」。如卷二十二《渠水》「出滎陽北河，東南過中牟縣之北」注：

建安五年，太祖營官渡，袁紹保陽武，紹連營稍前，依沙堆爲屯，東西數十里，公亦分營相御，合戰不利，紹進臨官渡起土山地道以逼壘，公亦起高臺以捍之，即中牟臺也。

這是寫歷史上著名的官渡之戰的故事。《水經注》多貶袁紹，如寫其殺義士臧洪，戮謀臣田豐等事。敘戮田豐事時，《水經注》說：「袁本初慚不納其言，害之。時人嘉其誠謀，無辜見戮，故立祠於是，用表袁氏覆滅之宜矣。」對於曹操，《水經注》則時有褒揚之筆。如卷九《清水》「出河內。修武縣之北黑山」注：

漢建安四年，魏太祖斬之（指眭固）於此，以魏種爲河內太守，守之。沇州叛，太祖曰：「惟種不棄孤。」及走，太祖怒曰：「種不南走越，北走胡，不汝置也。」射犬平，禽之。公曰：「惟其才也。」釋而用之。

即叛臣而能用，曹操之愛才如此，與袁紹之忌才可爲鮮明對照。《水經注》中寫曹操逸事甚多，如寫他背董卓，戰徐榮，馬上格獅，征張繡，歸鄉里等，大都表現其英豪氣魄。卷二十四記其與橋玄戲言車過腹痛之事，也很有趣，

〔註94〕《水經注》卷七《濟水》「與河合流，又東過成皋縣北，又東過滎陽縣北，又東至北礫磎南，東出過滎澤北」注。見陳橋驛《水經注校釋》，第122頁。

蘇軾《文與可畫員當谷偃竹記》也曾以之爲典事。酈道元只是對他屠徐州甚爲反感，卷二十五《泗水》「又東南過下邳縣西」注：

> 初平四年，曹操攻徐州，破之，拔取慮睢、陵夏、丘等縣，以其父避難被害於此，屠其男女十萬，泗水爲之不流，自是數縣人無行跡，亦爲暴矣！

酈道元在此處直呼曹操之名而數之「亦爲暴矣」，表明了他對無辜民眾受害的同情。

除寫曹操逸事外，《水經注》還寫到許多三國故事，如呂布轅門射戟，劉備乘的顱馬，關羽斬顏良，張飛長阪橫矛，諸葛亮創《八陣圖》，孫權釣臺納諫，關雲長守麥城，龐士元中流矢，陸遜破劉備，鄧艾襲陰平，姜維入隴右等等，都很精彩，對後來羅貫中創作《三國演義》時對於三國故事的取捨，或有助益。但《水經注》的基本傾向是「擁曹反劉」的。如卷十七《渭水上》「又東過陳倉縣西」注：

> 青龍二年，諸葛亮出斜谷，司馬懿屯渭南，雍州刺史郭淮策亮必爭北原而屯，遂先據之，亮至果不得上。《魏氏春秋》曰：諸葛亮據渭水南原，司馬懿謂諸將曰：「亮若出武功，依山東轉者，是其勇也；若西上五丈原，諸君無事矣。」亮果屯此原，與懿相御。渭水又東徑郿縣故城南。《地理志》曰：右輔都尉治，《魏春秋》：諸葛亮寇郿，司馬懿據郿拒亮，即此縣也。

《水經注》寫足智多謀的諸葛亮屢屢在魏將面前失算，說諸葛亮「寇」郿，說司馬懿「拒」亮，容易看出酈道元的傾向。

《水經注》中敘述的統一戰爭，除了秦滅六國事外，以漢光武帝掃平公孫述、隗囂割據勢力的故事爲多。如：

> 建武八年，世祖至阿陽，竇融等悉會，天水震動。隗囂將妻子奔西城從楊廣。廣死，囂愁窮城守。時潁川賊起，車駕東歸，留吳漢、岑彭圍囂，岑等壅西穀水，以縑幔盛土爲堤灌城，城未沒丈餘，水穿壅不行，地中數丈湧出，故城不壞。王元請蜀救至，等退還上邽。〔註95〕
>
> 漢建武十一年，公孫述遣其大司徒任滿、翼江王田戎，將兵數

〔註95〕 《水經注》卷二十《漾水》「出隴西氏道縣嶓冢山，東至武都沮縣爲漢水」注。見陳橋驛《水經注校釋》，杭州大學出版社，1999年版，第362頁。以下引《水經注》各條版本同。

萬，據險爲浮橋，橫江以絕水路，營壘跨山，以塞陸道。光武遣吳漢、岑彭將六萬人，擊荊門。漢等率舟師攻之，直衝浮橋，因風縱火，遂斬滿等矣。〔註96〕

酈道元對中興漢室的劉秀頗爲敬重，除寫他昆陽之戰及平定諸部的勇武外，《水經注》還說明他的名字的由來：「光武以建平元年生於濟陽縣，是歲有嘉禾生，一莖九穗，大於凡禾，縣界大熟，因名曰秀」〔註97〕。

《水經注》也寫了一些平叛戰爭，如卷十記漢景帝時七國叛亂，酈寄攻趙；卷十四寫漢中平四年平定漁陽張純叛亂；卷三十一記晉太安二年平定張昌叛亂；卷三十七記晉末平定盧循叛亂等。卷三十四《江水》「又南過江陵縣南」注寫桓玄之敗比較有故事性：

> 元興之末，桓玄西奔，毛祐之與參軍費恬射玄於此洲。玄子升年六歲，輒拔去之。王韶之云：玄之初奔也，經日不得食，左右進麤粥，咽不下，升抱玄胸撫之，玄悲不自勝。至此，益州都護馮遷斬玄於此洲，斬陛於江陵矣。

桓玄叛亂失敗，他的六歲兒子竟對他進行安慰，而最後父子不免被殺，亦足悲矣。

《水經注》中還有了一些安邊戰爭故事。寫得較精彩的如卷二《河水》「其一源出于闐國南山，北流，與?嶺河合，東注蒲昌海」注：

> 漢永平十八年，耿恭以戊巳校尉，爲匈奴左鹿蠡王所逼，恭以此城側澗傍水，自金蒲遷居此城，匈奴又來攻之，壅絕澗水。恭於城中穿井，深一十五丈，不得水。吏士渴乏，笮馬糞汁飲之。恭乃仰天歎曰：「昔貳師拔佩刀刺山，飛泉湧出，今漢德神明，豈有窮哉！」整衣服向井再拜，爲吏士禱之。有頃，水泉奔出。眾稱萬歲，乃揚水以示之，虜以爲神，遂即引去。後車師叛，與匈奴攻恭，食盡窮困，乃煮鎧弩，食其筋革。恭與士卒同生死，咸無二心。圍恭不能下，關寵上書求救。建初元年，章帝納司徒鮑昱之言，遣兵救之。至柳中，以校尉關寵分兵入高昌壁，攻交河城，車師降，遣

〔註96〕《水經注》卷三十四《江水》「又東過夷陵縣南」注。見陳橋驛《水經注校釋》，第597頁。

〔註97〕《水經注》卷七《濟水》「又東過陽武縣南」注引《東觀漢記》。見陳橋驛《水經注校釋》，杭州大學出版社，1999年版，第127頁。

恭軍吏范羌，將兵二千人迎恭。遇大雪丈餘，僅能至，城中夜聞兵
馬，大恐，羌遙呼曰：「我范羌也！」城中皆稱萬歲，開門相持涕
泣。尚有二十六人，衣履穿決，形容枯槁，相依而還。

這則故事寫漢軍與匈奴的一場戰爭，尤其表現了戰爭的艱苦卓絕，從而
顯示了漢軍將士「同生死，咸無二心」的戰鬥氣概，很有聲色。《水經注》中
寫的安邊戰爭故事還有很多。如卷三十六就寫了檀和之討伐林邑，杜慧度大
戰林邑王范胡達，阮彌之征林邑陽邁等戰爭故事。這些故事的共同特點是極
力渲染漢軍的如摧枯拉朽般所向披靡，表現了酈道元的以漢民族為本位的民
族意識。

第三節 《水經注》所引用的詩賦謠諺

《水經注》引用了大量的詩賦謠諺。這些詩賦謠諺不但可以幫助《水經
注》對水道源流進行敘述或考辨，而且還可以對山情水貌作出生動的概括，
對所寫景物進行烘托渲染，對所記述的傳說故事進行印證。所以，它們也是
《水經注》文學性內容的有機組成部分，也是使《水經注》文采煥然的重要
因素。

一、《水經注》所引用的詩和賦

《水經注》引詩，尤以《詩經》為最多。其中選自《大雅》的有《大明》、
《韓奕》、《緜》、《嵩高》、《下武》。選自《小雅》的有《車攻》一篇。選自《國
風》的有《十畝之間》、《七月》、《式微》、《新臺》、《下泉》、《泉水》、《定之
方中》、《桑中》、《淇澳》、《太叔於田》、《小戎》、《溱洧》、《凱風》、《南山》、
《簡兮》選自《魯頌》的有《泮水》、《閟宮》。以上可見今人陳橋驛《水經注
研究二集‧文獻錄》。又有陳書失錄《詩經》文獻十一種，今補之如下：

1. 《大雅生民之什‧生民》

卷十八《渭水中》「又東過武功縣北」注：「《詩》所謂『即有邰家室』
也。」出於《大雅生民之什‧生民》。

2. 《大雅文王之什‧文王有聲》

卷十九《渭水下》「又東，豐水從南來注之」注：「《詩》云：『考卜維王，
宅是鄗京，維龜正之，武王成之。』」出於《大雅文王之什‧文王有聲》。

3. 《小雅谷風之什・蓼莪》

卷二十八《沔水中》「又從縣東屈西南，淯水從北來注之」注：「沔水西又有孝子墓。河南秦氏，性至孝，事親無倦，親沒之後，負土成墳，常泣血墓側。人有詠《蓼莪》者，氏爲泣涕，悲不自勝。於墓所得病，不能食，虎常乳之，百餘日卒。今林木幽茂，號曰孝子墓也。」

4. 《小雅鴻雁之什・白駒》

卷三十九《贛水》「又北過南昌縣西」注：「《詩》云：生芻一束，其人如玉，吾無德以堪之。」出自《小雅鴻雁之什・白駒》。

5. 《鄭風・清人》

卷二十二《渠水》「出滎陽北河，東南過中牟縣之北」注：「《詩》所謂『清人在彭』。」出於《鄭風・清人》。

6. 《陳風・宛丘》

卷二十二《渠沙水》「其一者，東南過陳縣北」注：「舜後嬀滿，爲周陶正，武王賴其器用，妻以元女太姬，而封諸陳，以備三恪。太姬好祭祀，故《詩》所謂『坎其擊鼓，宛丘之下。』」出於《陳風・宛丘》。

7. 《陳風・東門之池》

卷二十二《渠沙水》「其一者，東南過陳縣北」注：「《詩》所謂『東門之池』也。」出自《陳風・東門之池》。

8. 《齊風・載驅》

卷二十四《汶水》「過博縣西北」注：「今汶上夾水有文姜臺，汶水又西南流。《詩》云「汶水滔滔」矣。」出自《齊風・載驅》。

9. 《齊風・還》

卷二十六《淄水》「東北過臨淄縣東」注：「《詩》所謂：『子之營兮，遭我乎猛之間兮。』」出自《齊風・還》。

10. 《衛風・竹竿》

卷九《淇水》「出河內隆慮縣西大號山」注：「然斯水即《詩》所謂『泉源之水』也。故《衛詩》云『泉源在左，淇水在右，衛女思歸。』指以爲喻淇水左右，蓋舉水所入爲左右也。」出於《衛風・竹竿》。

11. 《衛風・氓》

卷九《淇水》「出河內隆慮縣西大號山」注：「《詩》所謂『送子涉淇，至

于頓丘』者也。」出於《衛風‧氓》。

《水經注》所引文獻，馬念祖《水經注等八種古籍引用書目彙編》列 375 種，鄭德坤《水經注引書考》列 437 種，以陳橋驛《水經注研究二集‧文獻錄》所引凡 480 種〔註 98〕。陳氏所錄，含《詩經》文獻二十三種，但並不包括以上十一種文獻。這樣，如果加上筆者所續補之《詩經》文獻，則《水經注》所引文獻總數應計有 491 種之多。

除引《詩經》外，《水經注》還引用了屈原的《離騷》、《天問》，《史記》記載的《夷齊之歌》、《麥秀歌》，漢武帝的《秋風辭》、《天馬之歌》和《瓠子歌》，張衡《四愁詩》，王粲《七哀詩》和《贈士孫文始詩》，阮籍《詠懷詩》、劉琨《扶風歌》，以及張協、劉程之、成公綏、謝莊、吳均等人的詩作。

《水經注》所引賦作五十多篇。其中有：西漢的劉歆《遂初賦》；東漢揚雄（子雲）的《河東賦》、《河水賦》、《蜀都賦》，張衡（平子）的《溫泉賦序》、《西京賦》、《東京賦》、《南都賦》，班彪（叔皮）的《遊居賦》，曹大家（班昭）的《東征賦》，李尤（伯仁）的《鴻池陂銘》、《盟津銘》、《平樂觀賦》，蔡邕（伯喈）的《述征賦》，馬融的《廣成頌》，傅毅的《反都賦》，王延壽的《夢賦》，馮衍（敬通）的《顯志賦》；曹魏魏武帝的《登臺賦》，魏文帝的《述征賦》，曹植的《銅雀臺賦》，王粲（仲宣）的《賦登樓》，徐幹（偉長）的《齊都賦》，應瑒（德璉）的《靈河賦》、《西征賦》，劉楨（公幹）的《黎陽山賦》、《魯都賦》，繁欽（休伯）的《避地賦》、《建章鳳闕賦》，劉劭的《趙都賦》，崔琰（季珪）的《述初賦》；西晉張協（景陽）的《玄武觀賦》，陸機（士衡）的《行思賦》，潘岳（安仁）的《都鄉碑》、《西征賦》，左思（太沖）的《三都賦》（即《齊都賦》《蜀都賦》《吳都賦》）、《魏都賦》，郭璞（景純）的《南郊賦》、《江賦》，孫楚（子荊）的《故臺賦》，袁宏（彥伯）的《北征賦》。東晉盧諶的《征艱賦》，楊泉的《五湖賦》，庾闡（仲初）的《揚都賦》，孫放的《廬山賦》，成公綏（子安）的《大河賦》；南朝劉宋謝惠連的《雪賦》，劉晃的《通津賦》，王彪之的《廬山賦敘》；南朝齊庾杲之注《揚都賦》；北魏崔浩注《西征賦》等作品。

《水經注》引用詩賦，有時是爲了輔助其對水道源流、地理沿革、名物故實等進行敘述或考辨的。尤其引《詩經》，大抵是這個目的。如：

河水又逕郃陽城東，周威烈王之十八年，魏文侯伐秦，至鄭，

〔註 98〕見陳橋驛《酈道元評傳》，南京大學出版社，1994 年 4 月版，第 111 頁。

還築雒陰、郃陽，即此城也。故有莘邑矣，爲太姒之國。《詩》云：在郃之陽，在渭之涘。又曰：纘女維莘，長子維行。謂此也。〔註99〕

黎，侯國也。《詩·式微》，「黎侯寓于衛」是也。〔註100〕

涑水又西，徑郇城。《詩》云「郇伯勞之」，蓋其故國也。〔註101〕

秦始皇觀禮於魯，登於嶧山之上，命丞相李斯以大篆勒銘山嶺，名曰晝門，《詩》所謂「保有鳧嶧」者也。〔註102〕

《水經注》引用詩賦，也有許多是對山情水貌作出生動的概括，對所寫景物進行烘托渲染的。這時，《水經注》本身的山水描寫，與詩賦中的對山水自然的狀繪融合起來，互相印證、互相彰明、互相生發，使得《水經注》對山水的表現更加完整和可信。因此在這種情況下《水經注》引用的詩賦也就成爲了山水描寫的有機組成部分。如：

小隴山，岩嶂高險，不通軌轍。故張衡《四愁詩》曰：我所思兮在漢陽，欲往從之隴阪長。〔註103〕

其水南流逕魯陽關，左右連山插漢，秀木干雲，是以張景陽《詩》云：朝登魯陽關，峽路峭且深〔註104〕。

江水東歷荊門、虎牙之間。荊門在南，上合下開，闇徹山南，有門象，虎牙在北，石壁色紅，間有白文類牙形，並以物象受名此二山，楚之西塞也。水勢急峻，故郭景純《江賦》曰「虎牙桀竪以屹崒，荊門闕竦而盤薄，圓淵九回以懸騰，溢流雷呴而電激」者也。〔註105〕

〔註99〕《水經注》卷四《河水》「又南過汾陰縣西」注。見陳橋驛《水經注校釋》，杭州大學出版社，1999年版，第56頁。以下引《水經注》各條版本同。
〔註100〕《水經注》卷五《河水》「又東北過黎陽縣南」注。見陳橋驛《水經注校釋》，第78頁。
〔註101〕《水經注》卷六《涑水》「又南過解縣東，又西南，注於張陽池」注。見陳橋驛《水經注校釋》，第109頁。
〔註102〕《水經注》卷二十五《泗水》「又西過瑕邱縣東，屈從縣東南流，漷水從東來注之」注。見陳橋驛《水經注校釋》第449頁。
〔註103〕《水經注》卷十七《渭水上》「又東過陳倉縣西」注。見陳橋驛《水經注校釋》，第320頁。
〔註104〕《水經注》卷三十一《淯水》「出弘農盧氏縣攻離山」注。見陳橋驛《水經注校釋》，第546頁。
〔註105〕《水經注》卷三十四《江水》「又東過秭歸縣之南」注。見陳橋驛《水經注校

西北行上高山，羊腸繩屈八十餘里，或攀木而升，或繩索相牽
而上，緣陟者若將階天。故袁休明《巴蜀志》云：高山嵯峨，岩石
磊落，傾側縈回，下臨峭壑，行者扳緣，牽援繩索。〔註106〕

前二段引詩，後二段引賦，或寫山高路險，或寫水急淵回，都是對《水
經注》寫景部分進行的絕妙補充和印證。有時，詩賦本身就是描述景觀的佳
筆，《水經注》也就省去自己的描述，而完全借助詩賦來表現。如《水經注》
卷一《河水》注引徐幹《齊都賦》：「川瀆則洪河洋洋，發源崑崙，九流分逝，
北朝滄淵，驚波沛厲，浮沫揚奔。」氣勢充沛，精神飽滿，筆力剛勁，繪黃
河波濤洶湧之狀如在眼前。《水經注》也就無須自身描寫，而讓讀者完全由
賦中所描寫的內容中去感受。

《水經注》引用詩賦，有時是在敘述完故事以後，作為前面所引述的史
實、逸事、神話、傳說的印證而設置的。生動的故事與詩賦的整句或韻語相
結合，更顯得饒有情趣，無疑加濃了《水經注》的文學意味。如：

漢王之困滎陽也，紀信曰：「臣詐降楚，王宜間出。」信乃乘
王車，出東門，稱漢降楚。楚軍稱「萬歲」，震動天地。王與數十騎
出西門，得免楚圍。羽見信，大怒，遂烹之。信冢在城西北三里。
故蔡伯喈《述征賦》曰：「過漢祖之所隘，弔紀信於滎陽。」〔註107〕

這一段是《水經注》抄變《史記》而成的歷史故事〔註108〕，事在漢高祖
三年。《水經注》在敘述完故事後又引蔡邕《述征賦》，既是對史實的印證，
也是對蔡《賦》的注解。再如：

說者咸云：漢武微行柏谷，遇辱竇門，又感其妻深識之饋，既
返玉階，厚賞賚焉，賜以河津，令其鬻渡，今竇津是也。故潘岳《西

釋》，杭州大學出版社，1999年版，第596～597頁。以下引《水經注》各條
版本同。
〔註106〕《水經注》卷三十六《若水》「又東北至犍爲朱提縣西。爲滬江水」注。見陳
橋驛《水經注校釋》，第622頁。
〔註107〕《水經注》卷七《濟水》「與河合流，又東過成皋縣北，又東過滎陽縣北，又
東至北礫磎南，東出過滎澤北」注。見陳橋驛《水經注校釋》，第125頁。
〔註108〕《史記》卷七《項羽本紀》：「漢將紀信說漢王曰：『事已急矣，請爲王誑楚爲
王，王可以間出。』於是漢王夜出女子滎陽東門被甲二千人，楚兵四面擊之。
紀信乘黃屋車，傅左纛，曰：『城中食盡，漢王降。』楚軍皆呼萬歲。漢王亦
與數十騎從城西門出，走成皋。項王見紀信，問：『漢王安在？』曰：『漢王
已出矣。』項王燒殺紀信。」中華書局，1959年版第326頁。

徵賦》云：酬匹婦其已泰，胡厥夫之謬官？〔註109〕

　　（青）門外舊出好瓜。昔廣陵人邵平為秦東陵侯，秦破，為布衣，種瓜此門，瓜美，故世謂之東陵瓜。是以阮籍《詠懷詩》云：昔聞東陵瓜，近在青門外，連畛拒阡陌，子母相鉤帶。指謂此門也。〔註110〕

這兩段是逸事，一敘帝王，一敘隱士，前者最早見於《漢武帝故事》，後者最早見於《史記·蕭相國世家》，都是後世文詠習用的典故。如唐代王維《老將行》：「路旁時賣故侯瓜」，即指此。再如：

　　杜伯與其友左儒仕宣王。儒無罪見害，杜伯死之，終能報恨於宣王。故成公子安《五言詩》曰：「誰謂鬼無知，杜伯射宣王。」〔註111〕

　　山廟甚神，能分風擘流，住舟遣使，行旅之人，過必敬祀而後得去。故曹毗詠云：分風為貳，擘流為兩。〔註112〕

　　晉武時，吳郡臨平岸崩，出一石鼓，打之無聲，以問張華。華云：「可取蜀中桐材，刻作魚形，扣之則鳴矣。」於是如言，聲聞數十里。劉道民《詩》曰：事有遠而合，蜀桐鳴吳石。〔註113〕

前面所引的三個故事還有一定的事實根據，所配詩賦有印證故事的作用，但上述三個故事就是富於神異色彩的傳說了。在這裡《水經注》引事引詩，目的就不再是印證，而只是為了給所要描寫的山川風物增添神奇色彩和人文內涵，以此增加讀者的閱讀興趣。這正是《水經注》文學性的突出表現。

〔註109〕《水經注》卷四《河水》「又東過河北縣南」注。見陳橋驛《水經注校釋》，第62頁。

〔註110〕《水經注》卷十九《渭水下》「又東過長安縣北」注。見陳橋驛《水經注校釋》，第335頁。

〔註111〕《水經注》卷十九《渭水下》「又東，豐水從南來注之」注。見陳橋驛《水經注校釋》，第333頁。

〔註112〕《水經注》卷三十九《廬江水》「出三天子都，北過彭澤縣，西北入於江」注。見陳橋驛《水經注校釋》，杭州大學出版社，1999年版，第686頁。以下引《水經注》各條版本同。

〔註113〕《水經注》卷四十《漸江水》「北過餘杭，東入於海」注。見陳橋驛《水經注校釋》，第696頁。

二、《水經注》中記載的歌謠和諺語

　　《水經注》還常常引用歌謠和諺語，用來輔助描繪江河峰巒的特色，配合傳說故事的介紹，表達作者的思想感情，使得《水經注》的文學色彩更濃更重。如果說《水經注》是一江綺麗的春水，那麼，書中所引的歌謠和諺語，就像是映入江水中的點點璀璨的明星，更增添了江水的風采和魅力。

　　《水經注》在寫景時比較注意引用歌謠和諺語。如：

> 太白山，在武功縣南，去長安二百里，不知其高幾何。俗云：
> 武功太白，去天三百。山下軍行，不得鼓角，鼓角則疾風雨至。杜
> 彥達曰：太白山，南連武功山，於諸山最爲秀傑，冬夏積雪，望之
> 皓然。〔註114〕

> 江水又東逕黃牛山，下有灘，名曰黃牛灘。南岸重嶺迭起，最
> 外高崖間有石色如人負刀牽牛，人黑牛黃，成就分明，既人跡所絕，
> 莫能究焉。此岩既高，加以江湍紆回，雖途徑信宿，猶望見此物，
> 故行者謠曰：朝發黃牛，暮宿黃牛，三朝三暮，黃牛如故。言水路
> 紆深，回望如一矣。〔註115〕

> 衡山東南二面，臨映湘川，自長沙至此，江湘七百里中，有九
> 向九背，故漁者歌曰：帆隨湘轉，望衡九面。山上有飛泉下注，下
> 映青林，直注山下，望之若幅練在山矣。〔註116〕

　　這三首歌謠分別寫今陝西省境內的武功山和太白山、湖北宜昌縣西黃牛山下的黃牛灘和湖南境內的南嶽衡山。這些歌謠本身就是優美雋永的詩歌。如第一首「武功太白，去天三百」，誇張地寫出太白山之高峻，李白《蜀道難》「連峰去天不盈尺」，或受其啓發。第二首「朝發黃牛，暮宿黃牛，三朝三暮，黃牛如故。」把山高、江曲、景奇諸特點全都表露出來，兩個「朝」字，兩個「暮」字，三個「黃牛」，有意重複詞語，造成一種迴環之美。李白《上三峽》：「三朝上黃牛，三暮行太遲。三朝又三暮，不覺鬢成絲」，顯然係化用此條歌謠而成。第三首「帆隨湘轉，望衡九面」，是說船隨湘水而轉，能從許多

〔註114〕《水經注》卷十八《渭水中》「又東過武功縣北」注。見陳橋驛《水經注校釋》，第324頁。

〔註115〕《水經注》卷三十四《江水》「又東過秭歸縣之南」注。見陳橋驛《水經注校釋》，第595頁。

〔註116〕《水經注》卷三十八《湘水》「又東北過重安縣東」注。見陳橋驛《水經注校釋》，第663頁。

角度領略衡山的奇異景色。三首歌謠，與《水經注》中優美的景物描寫相配合，構造了神奇秀美的意境，彰發了山水勝境的情致，也滲透著作者陶醉於山水的情懷。

但是對於長途跋涉的旅人，辛苦勞作的百姓、漁人，也有時會因爲自然條件的惡劣而蒙受災難。《水經注》中的一部分歌謠諺語就是反映這些情況的：

> 又東爲淨灘，夏水急盛，川多湍洑，行旅苦之。故諺曰：「冬潦夏淨，斷官使命。」言二灘阻礙也〔註117〕。

> 江水又東徑流頭灘。其水並峻激奔暴，魚鱉所不能游，行者常苦之，其歌曰：灘頭白勃堅相持，倏忽淪沒別無期。袁山松曰：自蜀至此，五千餘里，下水五日，上水百日也。〔註118〕

> 漢武帝時，通博南山道，渡蘭倉津，土地絕遠，行者苦之。歌曰：漢德廣，開不賓，渡博南，越倉津，渡蘭倉，爲作人。〔註119〕

> 每至晴初霜旦，林寒澗肅，常有高猿長嘯，屬引淒異，空谷傳響，哀轉久絕。故漁者歌曰：巴東三峽巫峽長，猿鳴三聲淚沾裳。
> 〔註120〕

「勞者歌其事」，《水經注》中這部分歌謠諺語，有著最濃重的平民色彩，是勞動者、跋涉者勇敢地與自然鬥爭，不屈地征服自然的見證。

人們要征服惡劣的自然，更要面對殘酷的社會。封建統治者的窮奢極欲往往是建立在對平民百姓的殘酷奴役上的。《水經注》中有一部分歌謠，反映了這方面的社會問題。如：

> 秦始皇使蒙恬築長城，死者相屬，民歌曰：「生男慎勿舉，生女哺用餔。不見長城下，屍骸相支拄。」其冤痛如此矣。蒙恬臨死

〔註117〕《水經注》卷二十八《沔水中》「又東過堵陽縣，堵水出自上粉縣，北流注之」注。見陳橋驛《水經注校釋》，杭州大學出版社，1999年版，第497頁。以下引《水經注》各條版本同。

〔註118〕《水經注》卷三十四《江水》「又東過夷陵縣南」注。見陳橋驛《水經注校釋》，第595頁。

〔註119〕《水經注》卷三十六《若水》「又東北至犍爲朱提縣西。爲瀘江水」注。見陳橋驛《水經注校釋》，第622頁。

〔註120〕《水經注》卷三十四《江水》「又東過巫縣南，鹽水從縣東南流注之」注。見陳橋驛《水經注校釋》，第593頁。

曰：「夫起臨洮，屬遼東，城塹萬餘里，不能不絕地脈，此固當死也。」
〔註121〕

前漢之末，王氏五侯大治池宅，引高都水入長安城，故百姓歌
之曰：五侯初起，曲陽最怒。壞決高都，竟連五杜，土山漸臺，像
西白虎。〔註122〕

前首歌謠寫勞動者在暴秦的殘酷奴役下「信知生男惡，反是生女好」
的反常心理，沉痛地表達了他們不堪忍受的苦痛。酈道元特地加上一句評
語「其冤痛如此矣」，以表現他對百姓苦難的同情，最後又以蒙恬臨死之語
再次說明修築長城之非。後首，揭露了西漢末，王氏五侯大治池宅，奢侈腐
化，濫用民力的卑劣行徑。《漢書》卷九十八《元后傳》：「河平二年，上悉
封舅譚爲平阿侯，商成都侯，立紅陽侯，根曲陽侯，逢時高平侯。五人同日
封，故世謂之『五侯』。」「曲陽最怒」，是說曲陽侯王根最爲囂張。「壞決高
都，竟連五杜，土山漸臺，像西白虎」，是說王根決高都水（在長安西）入
城東杜門，高築臺閣，以供享樂。

《水經注》中也有一些歌謠是褒揚善行德政的。如：

渭水又東得白渠口，大始二年，趙國中大夫白公奏穿渠引涇
水，首起谷口，出於鄭渠南，名曰白渠。民歌之曰：「田於何所，池
陽谷口，鄭國在前，白渠起後。」即水所始也。〔註123〕

慎水又東流，積爲燋陂。陂水又東南流爲上慎陂，又東爲中慎
陂，又東南爲下慎陂，皆與鴻郤郤陂水散流。其陂首受淮川，左結
鴻陂。漢成帝時，翟方進奏毀之。建武中，汝南太守鄧晨欲修復之，
知許偉君曉知水脈，召與議之，偉君言：「成帝用方進言毀之，尋而
夢上天，天帝怒曰：何敢敗我濯龍淵！是後，民失其利。時有童謠
曰：敗我陂，翟子威，反乎覆，陂當復，明府興，復廢業。童謠之
言，將有徵矣。」遂署都水掾，起塘四百餘里，百姓得其利。〔註124〕

〔註121〕《水經注》卷三《河水》「屈東過九原縣南」注。見陳橋驛《水經注校釋》，
　　　　第42頁。
〔註122〕水經注》卷十九《渭水下》「又東，豐水從南來注之」注。見陳橋驛《水經注
　　　　校釋》，第334頁。
〔註123〕《水經注》卷十九《渭水》「又東過霸陵縣北，霸水從縣西北流注之」注。見
　　　　陳橋驛《水經注校釋》，第344頁。
〔註124〕《水經注》卷三十《淮水》「又東過新息縣南」注。見陳橋驛《水經注校釋》，

漁陽太守張堪，於縣開稻田，教民種殖，百姓得以殷富。童謠
歌曰：「桑無附枝，麥秀兩岐，張君為政，樂不可支。」視事八年，
匈奴不敢犯塞。[註125]

潁陰劉陶為縣長，政化大行，道不拾遺，以病去官，童謠歌曰：
「悒然不樂，思我劉君，何時復來，安此下民。」見思如此。[註126]

前兩首歌謠表彰穿渠造陂，施福於民的行為，後兩首歌謠褒揚施行德政
的官員。《水經注》通過這些歌謠，反映了對於利民者、富民者和化民者的擁
護，與對於那些虐民者截然相反的態度。

《水經注》還引了一些與歷史傳說有關的有趣的諺語、童謠。如：

樊氏既滅，庾氏取其陂。故諺曰：陂汪汪，下田良，樊子失業
庾公昌。[註127]

又南徑麥城西，昔關雲長詐降處，自此遂叛。《傳》云，子胥
造驢、磨二城以攻麥邑，即諺所云：「東驢西磨，麥城自破者也。」
[註128]

舊樗里子葬於此。樗里子名疾，秦惠王異母弟也。滑稽多智，
秦人號曰「智囊」，葬於昭王廟西，渭南陰鄉樗里，故俗謂之樗里
子。云：「我百歲後，是有天子之宮夾我墓。」疾以昭王七年卒，葬於渭
南章臺東。至漢，長樂宮在其東，未央宮在其西，武庫直其墓。秦
人諺曰：「力則任鄙，智則樗里」是也。[註129]

由卷縣，秦時長水縣也。始皇時，縣有童謠曰：「城門當有血，
城陷沒為湖。」有老嫗聞之憂懼，旦往窺城門，門侍欲縛之，嫗

第 529 頁。
[註125] 《水經注》卷十四《沽河》「南過漁陽狐奴縣北，西南與漯餘水合為潞河」注。
　　　　見陳橋驛《水經注校釋》，杭州大學出版社，1999 年版，第 249 頁。以下引
　　　　《水經注》各條版本同。
[註126] 《水經注》卷三十《淮水》「又東過新息縣南」注。見陳橋驛《水經注校釋》，
　　　　第 529 頁。
[註127] 《水經注》卷三十一《滍水》「又南過新野縣西」注。見陳橋驛《水經注校釋》，
　　　　第 549 頁。
[註128] 《水經注》卷三十二《沮水》「出漢中房陵縣淮水，東南過臨沮縣界」注。見
　　　　陳橋驛《水經注校釋》，第 565 頁。
[註129] 《水經注》卷十九《渭水》「又東過長安縣北」注。見陳橋驛《水經注校釋》，
　　　　第 337 頁。

言其故。嫗去後，門侍殺犬，以血塗門，嫗又往見血，走去不敢顧。忽有大水長欲沒縣。主簿令幹入白令，令見幹曰：「何忽作魚？」幹又曰：「明府亦作魚。」遂乃淪陷爲谷矣，因目長水城水曰穀水也。〔註130〕

　　這些諺語、童謠與《水經注》中的故事相結合，饒有情趣，使得《水經注》文學色彩更加濃鬱。

　　《水經注》中還有一些其他方面的諺語歌謠。如《水經注》卷十一《易水》「東過范陽縣南，又東過容城縣南」注：「漢末公孫瓚害劉虞於薊下。時童謠云：燕南垂，趙北際，惟有此中可避世。」這則童謠反映了在戰亂頻仍的年代人民迫切需要有一個安定和平的生活環境的普遍心理。再如卷四十《漸江水》「北過餘杭，東入於海」注：「射的之西有石室，名之爲射堂，年登否，常占射的以爲貴賤之準，的明則米賤，的闇則米貴。故諺云：射的白，斛米百；射的玄，斛米千。」這則諺語實際上反映了人民對於豐收的期盼心理。還有一些諺語歌謠，是人民生活智慧和實踐經驗的凝練概括。如卷十三《漯水》「又東至漁陽雍奴縣西入笥溝」注：「故俗諺云：高梁無上源，清泉無下尾。蓋以高梁微涓淺薄，裁足津通，憑藉涓流，方成川甽；清泉至潞，所在枝分，更爲微津，散漫難尋故也。」卷二十五《泗水》「又屈東南過湖陸縣南，涓涓水從東北來，流注之」注：「周諺有之曰：山有木，工則度之；賓有禮，主則擇之。」

　　總之，《水經注》中的歌謠諺語，貼近平民百姓的生活，反映了平民百姓的心理和願望，語言通俗而又凝練自然。它們在《水經注》中出現，增強了《水經注》的文學表現力度，另一方面，這些生動有趣的先唐歌謠諺語，也依賴《水經注》得以保存，使我們今天還可以通過它們去瞭解當時的社會情況和人民的願望、心理。

〔註130〕　《水經注》卷二十九《沔水下》「分爲二：其一東北流，其一又過毗陵縣北」注。見陳橋驛《水經注校釋》，第515頁。

附錄一 《水經注》所用東晉與 南朝年號

一、東晉年號

建武，晉元帝司馬睿年號（317～318）：

1 宅東有郭文墓，晉建武元年，驃騎王導迎文置之。（卷四十《漸江水》「北過餘杭，東入於海」注）

太興，晉元帝司馬睿年號（318～321）：

1. 太興中，元皇果興大業於南。（卷三十九《贛水》「又北過南昌縣西」注）

太寧，晉明帝司馬紹年號（323～326）：

1. 晉明帝太寧二年，李驤等侵越嶲，攻臺登縣。寧州刺史王遜遣將軍姚岳擊之，戰於堂琅。驤軍大敗，岳追之至瀘水，赴水死者千餘人。（卷三十六《若水》「又東北至犍爲朱提縣西。爲瀘江水」注）

咸和，晉成帝司馬衍年號（326～334）：

1. 晉咸和中，歷陽謝允舍羅邑宰，隱遁斯山，故亦曰謝羅山。（卷二十八《沔水中》「又東北流，又屈東南，過武當縣東北」注）

2. 沮水又屈經其縣南。晉咸和中，爲沮陽郡治也。（卷三十二《沮水》「沮水出漢中房陵縣景山，東南過臨沮縣界」注）

3. 西北流徑汝南僑郡故城南。咸和中，寇難南逼，戶口南渡，因置斯郡，

治於塗口。（卷三十五《江水》「湘水從南來注之」注）

4. 晉咸和中，庾翼爲西陽太守，分江夏立。（卷三十五《江水》「又東過邾縣南」注）

5. 成帝咸和六年死，無胤嗣，文迎王子於外國。（卷三十六《溫水》「東北入於鬱」注）

6. 故富春地，孫權置後省併桐廬，咸和九年復立爲縣。（卷四十《漸江水》「出三天子都」注）

咸康，晉成帝司馬衍年號（335～342）：

1. 晉咸康中，梁州刺史司馬勳，斷小城東面三分之一以爲梁州。（卷二十七《沔水上》「東過南鄭縣南」注）

2. 山下有黃鶴樓其冢樹，鳴常呼子安，故縣取名焉。晉咸康四年，改曰廣陽縣。（卷二十九《沔水下》「分爲二：其一東北流，其一又過毗陵縣北，爲北江」注）

3. 咸康中，郡民張魴爲縣，有善政，白鹿來遊，故城及岡並即名焉。（卷三十九《洭水》「東南過含洭縣」注）

建元，晉康帝司馬岳年號（343～344）：

1. 建元二年，（范文）攻日南、九德、九眞，百姓奔迸，千里無煙，乃還林邑。（卷三十六《溫水》「東北入於鬱」注）

永和，晉穆帝司馬聃年號（345～356）：

1. 永嘉中丹水浸沒，至永和中，徙治南鄉故城。（卷二十《丹水》「又東南過商縣南，又東南至于丹水縣，入於均」注）

2. （王氏墓）暨於永和之元年冬十二月當臘之時，夜上有哭聲，其音甚哀。（卷二十三《汳水》「東至梁郡蒙縣爲獲水，餘波南入睢陽城中」注）

3. 自永和中，江都水斷，其水上承歐陽。（卷三十《淮水》「又東過淮陰縣北，中瀆水出白馬湖，東北注之」注）

4. 永和中，患湖道多風，陳敏因穿樊梁湖北口，下注津湖徑渡。（卷三十《淮水》「」注）

5. 永和五年，晉大司馬桓溫築。（卷三十一《潕水》「又南過江夏安陸縣西」注）

6. 永和五年，征西桓溫遣督護滕畯，率交廣兵伐范文於舊日南之盧容縣，為文所敗。（卷三十六《溫水》「東北入於鬱」注）

昇平，晉穆帝司馬聃年號（357～361）：

1. 溫以昇平五年，與范汪眾軍北討所營。（卷三十一《淯水》「出弘農盧氏縣攻離山，東南過南陽西鄂縣西北，又東過宛縣南」注）
2. 昇平三年，溫放之征范佛於灣。（卷三十六《溫水》「東北入於鬱」注）
3. 昇平二年，交州刺史溫放之殺交趾太守杜寶、別駕阮朗，遂征林邑。（卷三十六《溫水》「東北入於鬱」注）

興寧，晉哀帝司馬丕年號（363～365）：

1. 丹水又東徑南鄉縣北。興寧末，太守王靡之改築。（卷二十《丹水》「又東南過商縣南，又東南至于丹水縣，入於均」注）
2. 興寧中，復以津湖多風，又自湖之南口沿東岸二十里穿渠入北口，自後行者不復由湖。（卷三十《淮水》「又東過淮陰縣北，中瀆水出白馬湖，東北注之」注）

太和，晉廢帝司馬奕年號（366～371）：

1. 濟水與河渾濤東注，晉太和中，桓溫北伐，將通之。（卷七《濟水一》「與河合流，又東過成皐縣北，又東過滎陽縣北，又東至北礫磝南，東出過滎澤北」注）
2. 蓋宋世牢虎所在矣。晉太和中，大司馬桓溫入河，命豫州刺史袁眞開石門，鮮卑堅戍此臺，眞頓甲堅城之下。（卷二十四《睢水》「東過睢陽縣南」注）

太元，晉孝武帝司馬曜年號（376～396）：

1. 太元十五年，晉征虜將軍朱序破慕容永於太行。（卷九《沁水》「又東過野王縣北」注）
2. 晉太元九年，左將軍謝玄於呂梁遣督護聞人奭，用工九萬，擁水立七拓以利運漕者。（卷二十五《泗水》「又東南過呂縣南」注）
3. 晉太元二年又崩。當崩之日，水逆流百餘里，湧起數十丈。（卷三十四《江水》「又東過巫縣南，鹽水從縣東南流注之」注）
4. 晉大元中，符堅之寇荊州也，刺史桓沖徙渡江南使劉波築之。（卷三十四《江水》「又東過枝江縣南，沮水從北來注之」注）

5. 晉太元十四年，寧州刺史費統言：晉寧郡滇池縣兩神馬，一白一黑，盤戲河水之上。（卷三十六《溫水》「溫水出牂柯夜郎縣」注）

6. 銘，太元中車武子立。（卷三十七《沅水》「又東北過臨沅縣南」注）

7. 晉太元十八年，崩十餘丈。於是懸澗瀑掛，傾流注壑，頹波所入，灌於瀧水。（卷三十八《溱水》「東至曲江縣安聶邑東，屈西南流」注）

8. 晉太元初，民封驅之家僕密竊三餅。（卷三十八《溱水》「東至曲江縣安聶邑東，屈西南流」注）

9. 太元中，沙門釋慧遠所建也。（卷三十九《廬江水》「出三天子都，北過彭澤縣，西北入於江」注）

隆安，晉安帝司馬德宗年號（397～401）：

1. 水上有大橋。隆安三年，桓玄襲殷仲堪於江陵。仲堪北奔，縊於此橋。（卷二十八《沔水》「又東過荊城東」注）

2. 晉隆安末，沙門竺曇顯建精舍於山南，僧徒自遠而至者相繼焉。（卷三十九《贛水》「又北過南昌縣西」注）

元興，晉安帝司馬德宗年號（397～401）：

1. 元興之末，桓玄西奔，毛祐之與參軍費恬射玄於此洲。（卷三十四《江水》「又南過江陵縣南」注）

義熙，晉安帝司馬德宗年號（402～418）：

1. 義熙中，乞佛於此河上，作飛橋。橋高五十丈，三年乃就。（卷二《河水》「又東過隴西河關縣北，洮水從東南來流注之」注）

2. 義熙十三年，王師曾據此壘。（卷四《河水》「又南至華陰潼關，渭水從西來注之」注）

3. 義熙十三年，劉公西征，又命寧朔將軍劉遵考仍此渠而漕之。（卷七《濟水》「與河合流，又東過成皋縣北，又東過滎陽縣北，又東至北礫磎南，東出過滎澤北」注）

4. 義熙十三年，劉武帝西入長安，又廣其功。自洪口已上，又謂之桓公瀆。（卷八《濟水》「其一水東南流，其一水從縣東北流，入鉅野澤」注）

5. 義熙中，劉公西入長安，舟師所屆，次於洛陽。（卷十五《洛水》「東北過盧氏縣南」注）

6. 晉義熙中，劉公遣周超之，自彭城緣汳故溝，斬樹穿道七百餘里，以開水路，停泊於此，故茲塢流稱矣。（卷二十三《汳水》「出陰溝於濬儀縣北」注）

7. 義熙十二年，霖雨驟澍，汳水暴長，城遂崩壞。冠軍將軍彭城劉公之子也，登更築之。（卷二十三《汳水》「出陰溝於濬儀縣北」注）

8. 義熙五年，劉武帝伐慕容超於廣固也。（卷二十六《淄水》「又東過利縣東」注）

9. 義熙中，晉青州刺史羊穆之築此。（卷二十六《淄水》「又東過利縣東」注）

10. 義熙十五年，城上有密雲，五色昭彰，人相與謂之「慶雲」。（卷二十七《沔水》「東過南鄭縣南」注）

11. 義熙初，分新城立，西表悉重山也。（卷三十二《沮水》「出漢中房陵縣景山，東南過臨沮縣界」注）

12. 義熙九年，索邈爲果州刺史，自成固治此，故謂之南城。（卷三十二《涔水》「出漢中南鄭縣東南旱山，北至安陽縣，南入於沔」注）

13. 義熙初，烈武王斬桓謙處。（卷三十四《江水》「又東過枝江縣南，沮水從北來注之」注）

14. 義熙九年，交趾太守杜慧度造九眞水口，與林邑王范胡達戰，擒斬胡達二子，虜獲百餘人。（卷三十六《溫水》「東北入於鬱」注）

15. 晉義熙中，改從今名，俗謂之移溪。（卷三十七《浪水》「南至鬱林潭中縣，與鄰水合」注）

16. 晉義熙中，沙門釋僧律葺宇岩阿，猛虎遠跡，蓋律仁感所致，因改曰靈鷲山。（卷三十八《溱水》「東至曲江縣安聶邑東，屈西南流」注）

元熙，晉恭帝司馬德文年號（419～420）：

1. 晉元熙二年，竟陵郡巾水戌得銅鐘七口，言之上府。（卷二十八《沔水》「又東過荊城東」注）

二、劉宋年號

永初，宋武帝劉裕年號（420～422）：

1. 南岸道東有文學，始文翁爲蜀守，立講堂作石室於南城。永初後，學

堂遇火，後守更增二石室。後州奪郡學，移夷里。（卷三十三《江水》「岷山在蜀郡氏道縣，大江所出，東南過其縣北」注）

景平，宋少帝劉義符年號（423～424）：

1. 宋少帝景平中，拜吐谷渾阿豺爲安西將軍澆河公，即此城也。（卷二《河水》「又東過隴西河關縣北，洮水從東南來流注之」注）

2. 宋景平二年，迎文帝於江陵，法駕頓此，因以爲名。（卷三十五《江水》「湘水從南來注之」注）

3. 每於夏月，江水溢塘而過，民居多被水害。至宋景平元年，太守蔡君西起堤開塘爲水門，水盛旱則閉之，內多則泄之，自是居民少患矣。（卷三十九《贛水》「又北過南昌縣西」注）

4. 景平元年，校尉豫章因運出之力，於渚次聚石爲洲，長六十餘丈，洲裏可容數十舫。（卷三十九《贛水》「又北過南昌縣西」注）

元嘉，宋文帝劉義隆年號（424～453）：

1. 宋元嘉中，遣輔國將軍蕭斌率寧朔將軍王玄謨北入，宣威將軍垣護之以水軍守石濟。（卷五《河水》「又東，過燕縣北，淇水自北來注之」注）

2. 宋元嘉中，右將軍到彥之、留建威將軍朱修之守此城。（卷五《河水》「又東，過燕縣北，淇水自北來注之」注）

3. 宋元嘉二十七年，以王玄謨爲寧朔將軍，前鋒入河，平碻磝，守之。都督劉義恭以沙城不堪守，召玄謨，令毀城而還，後更城之。（卷五《河水》「又東北過茌平縣西」注）

4. 元嘉十九年，宋太祖遣龍驤將軍裴方明伐楊難當。（《漾水》「出隴西氏道縣嶓冢山，東至武都沮縣爲漢水」注）

5. 元嘉六年，大水破墳，墳崩，出銅不可稱計，得一磚，刻云：「項氏伯無子，七女造塚。」世人疑是項伯冢。（卷二十七《沔水》「東過南鄭縣南」注）

6. 宋元嘉中，通路白湖，下注揚水，以廣運漕。（卷二十八《沔水》「又東過荊城東」注）

7. 舊冢莫不夷毀，而是墓至元嘉初尚不見發，六年大水，蠻饑，始被發掘。（卷二十九《沔水》「湍水出酈縣北芬山，南流過其縣東，又南過冠軍縣東」注）

8. （劉）凝之，字志安，兄盛公，高尚不仕。凝之慕老萊、嚴子陵之為人，立屋江湖，非力不食。妻，梁州刺史郭銓女，亦能安貧。宋元嘉中，夫妻隱於衡山，終焉不返矣。（卷三十四《江水》「又東過枝江縣南，沮水從北來注之」注）

9. 縣南，故長沙舊縣，王莽之閏雋也。宋元嘉十六年，割隸巴陵郡。（卷三十五《江水》「湘水從南來注之」注）

10. 縣，本江夏之沙羨矣，晉太康中改曰沙陽縣。宋元嘉十六年，割隸巴陵郡。（卷三十五《江水》「湘水從南來注之」注）

11. 元嘉二十年，以林邑頑凶，歷代難化，恃遠負眾，慢威背德，北寶既臻，南金闕貢，乃命偏將與龍驤將軍、交州刺史檀和之，陳兵日南，修文服遠。（卷三十六《溫水》「東北入於鬱」注）

12. 元嘉元年，交州刺史阮彌之征林邑，陽邁出婚不在。（卷三十六《溫水》「東北入於鬱」注）

13. 元嘉二十三年，交州刺史檀和之破區粟已，飛旐蓋海，將指典沖，於彭龍灣上鬼塔，與林邑大戰，還渡典沖、林邑入浦，令軍大進，持重故也（卷三十六《溫水》「東北入於鬱」注）

14. 元嘉中，檀和之征林邑，其王陽邁舉國夜奔竄山藪。據其城邑，收寶巨億，軍還之後，陽邁歸國，家國荒殄，時人靡存，躊躕崩擗，憤絕復蘇，即以元嘉二十三年死。（卷三十六《溫水》「東北入於鬱」注）

15. 沅水又徑寶應明城側，應明以元嘉初伐蠻所築也。（卷三十七《沅水》「出牂柯且蘭縣，為旁溝水，又東至鐔成縣，為沅水」注）

16. 宋元嘉十六年立巴陵郡。（卷三十八《湘水》「又北至巴丘山入於江」注）

泰始，宋明帝劉彧年號（465～471）：

1. 宋泰始初，豫州司馬劉順，帥眾八千，據其城地，以拒劉勔，趙叔寶以精兵五千送糧死虎，劉勔破之此塘。（卷三十二《淝水》「北過其縣西，北入芍陂」注）

2. 泰始元年，豫州刺史殷琰反，明帝假勔輔國將軍討之，琰降，不犯秋毫。（卷三十二《淝水》「北入於淮」注）

元徽，宋後廢帝劉昱年號（473～477）：

1. 道北有宋司空劉勔廟，宋元徽二年建於東鄉孝義里。（卷三十二《淝

水》「北入於淮」注）

三、蕭齊年號

永明，齊武帝蕭賾年號（483～493）：

1. 山即以八公爲目。余登其上，人馬之跡無聞矣，惟廟像存焉。廟中圖安及八士像皆坐床帳如平生，被服纖麗，咸羽扇裙，帔巾壺枕物一如常居。廟前有碑，齊永明十年所建也。（卷三十二《淝水》「北入於淮」注）

2. （劉勔廟）廟前有碑時年碑功方創，齊永明元年方立。（卷三十二《淝水》「北入於淮」注）

四、蕭梁年號

天監，梁武帝蕭衍年號（502～519）：

1. 梁氏天監中，立堰於二山之間，逆天地之心，乖民神之望，自然水潰壞矣。（卷三十《淮水》「又東過鍾離縣北」注）

附錄二　本書所考文學性文獻在《水經注》中的引用情況

一、《三秦記》

《水經注》標明引辛氏《三秦記》者凡四則。其中卷四《河水注》有一條：

《三秦記》曰：桃林塞在長安東四百里，若有軍馬經過，好行則牧華山，休息林下；惡行則決河漫延，人馬不得過矣。〔註1〕

卷十九《渭水注》有三條：

1. 《三秦記》曰：麗山西有白鹿原，原上有狗枷堡，秦襄公時有大狗來，下有賊則狗吠之，一堡無患，故川得厥目焉。〔註2〕

2. 《三秦記》曰：麗山西北有溫水，祭則得入，不祭則爛人肉。俗云：始皇與神女遊而忤其旨，神女唾之生瘡，始皇謝之，神女為出溫水。後人因以澆洗瘡。〔註3〕

〔註1〕此條又見於唐李吉甫《元和郡縣志》及《資治通鑑》梁武帝大同三年元胡三省音注。

〔註2〕《藝文類聚》卷九十四：引秦氏《三秦記》曰：有白鹿原，周平王時，白鹿出此原，原上有狗枷堡，秦襄公時，有天狗來下其上，有賊，天狗吠而護之，故一堡無懼心。《太平御覽》九百五並引《三秦記》此條，亦作「天狗」。殘宋本、《大典》本並作「天狗」，殿本訛。

〔註3〕《太平寰宇記》稱，溫泉在驪山之西北。《漢武帝故事》云：驪山湯，初始皇砌石起宇，至漢武又加修飾焉。《初學記》卷七《地部下》引《辛氏三秦記》云：驪山湯，舊說，以三牲祭乃得入，可以去疾消病。俗云，秦始皇與神女

3.《三秦記》曰：長城北有平原，廣數百里，民井汲巢居。井深五十尺。
〔註4〕

二、羅含《湘中記》

《水經注》卷三十八引羅含《湘中記》八條：

1. 羅君章《湘中記》曰：湘水之出於陽朔，則觴爲之舟；至洞庭，日月若出入於其中也。

2. 羅含《湘中記》云：屈潭之左有玉笥山，道士遺言，此福地也。

3.《湘中記》曰：湘川清照五六丈，下見底石如挐蒱矢，五色鮮明，白沙如霜雪，赤崖若朝霞，是納瀟湘之名矣。〔註5〕

4. 衡山縣東山在西南，有三峰，一名紫蓋，一名石囷，一名芙容。芙容峰最爲竦傑，自遠望之，蒼蒼隱天，故羅含云：望若陣雲，非清霽素朝，不見其峰，丹水湧其左，澧泉流其右。

5. 資水之殊目矣。然此縣之左右，處處有深潭，漁者咸輕舟委浪，謠詠相和。羅君章所謂其聲綿邈者也。〔註6〕

6.（石燕山）其山有石紺而狀燕，因以名山。其石或大或小若母子焉，及

遊而忤其旨，神女唾之則生瘡。始皇怖謝，神女爲出溫泉而洗除。後人因爲驗。又，《太平御覽》卷七十一《地部三十六》引《辛氏三秦記》曰：始皇生時，作閣道至驪山八十里，人行橋上，車行橋下，金石柱見存。西有溫水，俗云始皇與神女戲，不以禮，女唾之則生瘡，始皇怖謝，神女爲出溫泉後人因洗浴。宋敏求《長安志》亦引此條。

〔註4〕 《太平御覽》卷五十七、《太平寰宇記》卷二十七《興平縣下》引《三秦記》並同。《太平御覽》卷五十七《地部二十二》接有「有伯夷墓，人食薇可長生，或云夷、叔食三年，顏色如故」數語。

〔註5〕 《藝文類聚》卷八引《湘中記》曰：湘水至清，雖深五六丈，見底了了，石子如樗蒱矢，五色鮮明，白沙如霜雪，赤岸如朝霞。《太平御覽》卷六十五《地部三十》引《湘中記》曰：湘水至清，雖深五六丈，見底了然，石子如樗蒱矣，五色鮮明，白沙如雪，赤岸如朝霞，綠竹生焉，上葉甚密，下疏寥，常如有風氣。《太平御覽》卷七十四引《湘中記》曰：白沙如霜雪，赤岸似朝霞。《升菴詩話》卷一：「青崖若點黛，素湍如委練。（羅含《湘中記》）；白沙如霜雪，赤岩若朝霞（上）；沿庭對岳陽，修眉鑒明鏡。（上）」《太平御覽》卷四十三《地部八》引《南兗州記》曰：瓜步山東五里，江有赤岸山，南臨江中。羅君章云，赤岸若朝霞，即此是也。

〔註6〕 《太平御覽》卷三百九十二引《湘中記》：「涉湘千里，但聞漁聞漁父吟，中流相和，其聲綿邈也。」

其雷風相薄,則石燕羣飛,頡頏如真燕矣。羅君章云:今燕不必復飛也。〔註7〕

7. 縣有石鼓,高六尺,湘水所徑,鼓鳴則土有兵革之事。羅君章云:扣之,聲聞數十里。此鼓今無復聲。

8. 鼓鳴則土有兵革之事。羅君章云:扣之,聲聞數十里,此鼓今無復聲。〔註8〕

三、袁山松《宜都記》

《水經注》共有十二次引用了《宜都記》的內容,其中引《宜都記》者四,引袁山松者八。其中,卷三十四《江水注》共引十條:

1. 《宜都記》曰:渡流頭灘十里,便得宜昌縣。

2. 江水又東徑西陵峽。《宜都記》曰:自黃牛灘東入西陵界,至峽口,百許里山水紆曲,而兩岸高山重障,非日中夜半不見日月。絕壁或千許丈,其石彩色,形容多所象類,林木高茂,略盡冬春。猿鳴至清,山谷傳響,泠泠不絕,所謂三峽,此其一也。〔註9〕

〔註7〕　《藝文類聚》九十二引《湘中記》:「零陵有石燕,形似燕,得雷風則飛,頡頏如真燕。」《太平御覽》四十九引羅含《湘中記》:「石燕在泉陵縣,雷風則群飛翩翩然,其土人未有見者。」

〔註8〕　《藝文類聚》卷八云「舊說泉陵縣有石鼓,舊聞數十里,今無聲。」與此全同。舊說疑即羅含說,而泉陵或是誤字。

〔註9〕　《藝文類聚》卷六《地部》、《州部》、《郡部》均引袁山松《宜都記》曰:「自西陵溯江西北行三十里,入峽口,其山行周回隱映,如絕復通,高山重嶂,非日中夜半,不見日月也。」《太平御覽》卷五十三引袁山松《宜都記》曰:「楚之世有三峽,高山重鄣,非日中半夜,不見日月,猿鳴至清,諸山谷傳其響,泠泠不絕也。」《藝文類聚》卷九十五《獸部下》引《宜都山川記》曰:「峽中猿鳴至清,諸山谷傳其響,泠泠不絕,行者歌之曰:巴東三峽猿鳴悲,猿鳴三聲淚沾衣。」又,《事類賦》卷十一《歌》、《太平御覽》卷五百七十二、《太平御覽》卷九百十引同。再,《太平御覽》卷五十三引盛弘之《荊州記》曰:「舊云自二峽取蜀數千里中,恒是一山,此蓋好大之言也。惟三峽七百里中,兩岸連山,略無闕處,重岩疊嶂,隱天蔽日,自非亭午夜分,不見日月。至於夏水襄陵,沿溯阻絕,或王命急宣,有時云朝發白帝,暮至江陵,其間千二百里,雖乘奔御風,不為疾也。春冬之時,則素湍淥潭,回清到影,絕巘多生檉,懸泉瀑布,飛漱其間,清榮峻茂,良多雅趣。每晴初霜旦,林寒澗肅,常有高猿長嘯,屬引淒異,空岫傳響,哀轉久絕。故漁者歌曰:巴東三峽巫峽長,猿鳴三聲淚沾裳。」係本《宜都記》生發而來。《水經注》卷三十四《江水注》:「每至晴初霜旦,林寒澗肅,常有高猿長嘯,屬引淒異,空

3. 山松言：常聞峽中水疾，書記及口傳，悉以臨懼相戒，曾無稱有山水之美也。及余來踐躋此境，既至欣然，始信耳聞之不如親見矣。其疊崿秀峰，奇構異形，固難以辭敘；林木蕭森，離離蔚蔚，乃在霞氣之表。仰矚俯映，彌習彌佳，流連信宿，不覺忘返，目所履歷，未嘗有也。既自欣得此奇觀，山水有靈，亦當驚知己於千古矣。

4. 袁山松曰：屈原有賢姊，聞原放逐，亦來歸，喻令自寬，全鄉人冀其見從，因名曰秭歸，即《離騷》所謂「女嬃嬋媛以詈餘」也。

5. 縣東北數十里有屈原舊田宅，雖畦堰糜漫，猶保屈田之稱也。縣北一百六十里有屈原故宅，累石爲室基，名其地曰樂平里。宅之東北六十里有女嬃廟，搗衣石猶存。故《宜都記》曰：秭歸，蓋楚子熊繹之始國，而屈原之鄉里也。原田宅於今具存。指謂此也。

6. 江水又東徑歸鄉縣故城北。袁山松曰：父老傳言，原既流放，忽然暫歸，鄉人喜悅，因名曰歸鄉。抑其山秀水清，故出儁異；地險流疾，故其性亦隘。《詩》云：惟嶽降神，生甫及申。信與！余謂山松此言，可謂因事而立證，恐非名縣之本旨矣。

7. 其水並峻激奔暴，魚鼇所不能游，行者常苦之，其歌曰：灘頭白勃堅相持，倏忽淪沒別無期。袁山松曰：自蜀至此，五千餘里。下水五日，上水百日也。

8. 江水又東徑狼尾灘而歷入灘。袁山松曰：二灘相去二里，人灘水至峻峭，南岸有青石，夏沒冬出，其石嶔崟，數十步中悉作人面形，或大或小，其分明者鬚髮皆具，因名曰人灘也。

9. 所謂陸抗城也。城即山爲墉，四面天險。江南岸有山孤秀，從江中仰望，壁立峻絕。袁山松爲郡，嘗登之矚望焉。故其《記》云：今自山南上至其嶺，嶺容十許人，四面望諸山，略盡其勢。俯臨大江如縈帶焉，視舟如鳧雁矣。〔註10〕

10. 袁山松言：江北多連山，登之望江南諸山數十百重，莫識其名，高者

谷傳響，哀轉久絕。故漁者歌曰：巴東三峽巫峽長，猿鳴三聲淚沾裳。」又本盛弘之《荊州記》。

〔註10〕 《太平御覽》卷六十《江》引同。《太平御覽》卷四十九、《太平御覽》卷七百七十並嘗引之。《初學記》卷六《地部中‧江》引袁山松《宜都記》曰：「對西陵南岸有山，其峰孤秀。人自山南上至頂，府臨大江如縈帶，視舟船如鳧雁。」所引文詞稍有不同處。

千仞，多奇形異勢，自非煙褰雨霽，不辨見此遠山矣。

卷三十七《夷水注》引二條：

1. 夷水又東徑石室，在層岩之上，石室南向，水出其下，懸崖千仞，自水上徑望見。每有陟山嶺者，扳木側足而行，莫知其誰。村人駱都，小時到此室邊探蜜，見一仙人坐石床上，見都，凝矚不轉。都還招村人，重往，則不復見。鄉人今名爲仙人室。袁山松云：都孫息尚存。

2. 袁山松云：夏則風出，冬則風入，春秋分則靜。余往觀之，其時四月中，去穴數丈，須臾寒飆卒至，六月中尤不可當。

四、盛弘之《荊州記》

《水經注》明言引自盛弘之或其《荊州記》者凡十二節。茲列如下：

1. 盛弘之曰：南蠻府東有三湖，源同一水，蓋徙治西府也。宋元嘉中，通路白湖，下注揚水，以廣運漕。抬水又東歷天井北，井在方城北里餘，廣圓二里，其深不測。井有潛室，見輒兵。西岸有天井臺，因基舊堤，臨際水湄，遊憩之佳處也。（卷二十八）〔註 11〕

2. 盛弘之以爲，樊重之母畏雷室，蓋傳疑之謬也。（卷二十九）〔註 12〕

3. （水北有張平子墓。墓之東側墳，有平子碑文。字悉是古文篆，額是崔瑗之辭。盛弘之、郭仲產並云：）夏侯孝若爲郡，薄其文，復刊碑陰爲銘。（然碑陰二銘，乃是崔子玉及陳翁耳，而非孝若。）（卷三十一）〔註 13〕

4. 城南三十里有一城，甚卑小，相承名三公城，漢時鄧禹等歸鄉餞離處也。盛弘之著《荊州記》，以爲三公置。（卷三十一）

〔註 11〕　《藝文類聚》卷九《水部·溪》，《太平寰宇記》卷一百四十六《江陵縣》引盛弘之《荊州記》：「江陵有潛室，人時見之輒有兵寇。」。宋程公說《春秋分記》卷三十《書十二·疆理書第六》引盛弘之《荊州記》云：「江陵縣東三里餘，有三湖。湖東有水，名曰荒谷。」

〔註 12〕　《藝文類聚》卷二《天部下》引盛弘之《荊州記》曰：「胡陽縣，春秋蓼國，樊重之邑也，重母畏雷，爲石室避之，悉以文石爲階砌，今猶存。」《初學記》卷一《天部上》引孟奧《北征記》曰：「凌臺南角一百步有白石室，名避雷室。」又引《荊州記》曰：「湖陽縣樊重母畏雷，爲石室避之，悉以石爲階。」《太平御覽》卷十三引盛弘之《荊州記》曰：朝陽縣樊重母畏雷，重爲母立石室以避之，悉以文石爲階砌，至今猶存。

〔註 13〕　按《晉書·夏侯湛傳》，夏侯湛字孝若，武帝時，出補南陽相。

5. 盛弘之云：葉東界有故城，始犨縣東，至灊水達此。陽界南比，聯聯數百里，號爲方城，一謂之長城云。酈縣有故城，一面未詳里數，號爲長城，即此。城之西隅，其間相去六百里，北面雖無基築，皆連山相接，而漢水流其南。故屈完答齊桓公云：楚國方城以爲城，漢水以爲池。（卷三十一）

6. 山之東有濫泉，即青溪之源也。口徑數丈，其深不測，其泉甚靈潔，至於炎陽有亢，陰雨無時，以穢物投之，輒能暴雨。其水導源東流，以源出青山，故以青溪爲名。尋源浮溪，奇爲深峭。盛弘之云：稠水傍生，淩空交合，危樓傾崖，恒有落勢，風泉傳響於青林之下，岩猨流聲於白雲之上，遊者常若目不周玩，情不給賞，是以林徒棲託，雲客宅心，泉側多結道士精廬焉。（卷三十二）

7. 云是越之范蠡。《晉太康地記》、盛弘之《荊州記》、劉澄之《記》並言在縣之西南，郭仲產言在縣東十里。（卷三十二）

8. 江水自建平至東界峽，盛弘之謂之空泠峽。峽甚高峻，即宜都建平二郡界也。其間遠望，勢交嶺表，有五六峰，參差互出。上有奇石如二人像，攘袂相對，俗傳兩郡督郵爭界於此，宜都督郵厥勢小東傾，議者以爲不如也。（卷三十四）

9. （郭仲產云：尋楚御巴人枝江是其塗便此津鄉殆即其地也。）盛弘之曰：縣舊治沮中，後移出。百里洲西去郡百六十里，縣左右有數十洲，盤布江中，其百里洲最爲大也。中有桑田甘果，映江依洲。自縣西至上明東及江津，其中有九十九洲。楚諺云：洲不百，故不出王者。桓玄有問鼎之志，乃增一洲以充百數。僭號數旬，宗滅身屠。及其傾敗，洲亦消毀。今上在西，忽有一洲自生，沙流回薄，成不淹時。其後未幾，龍飛江漢矣。（卷三十四）〔註14〕

10. 盛弘之《荊州記》云：興安縣水邊有平石，上有石履，言越王渡溪，脫履於此。賀水又西南流至臨賀郡東，右注臨水，郡對二水之交會，

〔註14〕清顧炎武《日知錄》卷二十：「凡引前人之言必用原文。《水經注》引盛宏之《荊州記》曰：『江中有九十九洲，楚諺云：洲不百，故不出王者。桓玄有問鼎之志，乃增一洲，以充百數。僭號數旬，宗滅身屠。及其傾敗、洲亦消毀，今上在西，忽有一洲自生，沙流回薄，成不淹時。其後未幾，龍飛江漢矣。』注乃北魏酈道元作，而記中所指今上則南宋文帝，以宜都王即帝位之事，古人不以爲嫌。」

故郡縣取名焉。（卷三十六）〔註15〕

11. 因名難留城也。昔巴蠻有五姓，未有君長，俱事鬼神。乃共擲劍於石穴，約能中者奉以為君，巴氏子務相乃中之。又令各乘土舟，約浮者當以為君，惟務相獨浮，因共立之，是為廩君。乃乘土舟，從夷水下，至鹽陽。鹽水有神女，謂廩君曰：此地廣大，魚鹽所出，願留共居。廩君不許。鹽神暮輒來宿，旦化為蟲，群飛蔽日，天地晦暝，積十餘日，廩君因伺便射殺之，天乃開明。廩君乘土舟，下及夷城。夷城石岸險曲，其水亦曲。廩君望之而歎，山崖為崩。廩君登之，上有平石，方二丈五尺，因立城其傍而居之，四姓臣之。死，精魂化而為白虎，故巴氏以虎飲人血，遂以人祀。鹽水即夷水也。又有鹽石，即陽石也。盛弘之以是推之，疑即廩君所射鹽神處也。將知陰石是對陽石立名矣。事既鴻古，難為明徵。夷水又東徑石室，在層岩之上，石室南向，水出其下，懸崖千仞，自水上徑望見，每有陟山嶺者，扳木側足而行，莫知其誰。村人駱都，小時到此室邊採蜜，見一仙人坐石床上，見都，凝矚不轉。都還招村人重往，則不復見。鄉人今名為仙人室。袁山松云，都孫息尚存。（卷三十七）〔註16〕

12. 按盛弘之云：眾山水出注於大溪，號曰橫流溪。溪水甚小，冬夏不乾，俗亦謂之為貪泉，飲者輒冒於財賄，同於廣州石門貪流矣，廉介為二千石則不飲之。昔吳隱之挹而不亂，貪豈謂能渝其貞乎？蓋亦惡其名也。（卷三十七）〔註17〕

〔註15〕《初學記》卷五《地理上》引盛弘之《荊州記》：「興安縣水邊有平石，其上有石櫛石履各一具，俗云越王渡溪，脱履墮櫛於此。」《太平御覽》卷五十一、《太平御覽》卷七百一十四引同。

〔註16〕《太平御覽》卷七百八十五引盛弘之《荊州記》曰：「昔廩君浮夷水，射鹽神於陽石之上。」今按，今施州清江縣江水，一名夷水，一名鹽水，源出清江縣西都亭山。盛弘之時無清江縣，縣名始於隋今施州，後文蓋《後漢書‧南蠻傳》章懷太子注語，《太平御覽》誤。《後漢書‧南蠻傳》章懷太子注：《世本》曰：廩君使人操青縷以遺鹽神，曰：「纓此，即相宜。」云與女俱生宜將去。鹽神受而嬰之。廩君即立陽石上，應青縷而射之，中鹽神。鹽神死，天乃大開也。

〔註17〕《藝文類聚》卷九《水部下》引盛弘之《荊州記》曰：「桂陽郡西南宿山，水出注大溪，號曰橫溪，水甚深，冬夏不乾，俗謂之貪泉，飲者輒冒於財賄。」

五、《湘州記》

《水經注》卷三十八《溱水注》：

王歆之《始興記》曰：林水源裏有石室，室前磐石上行羅十甕，中悉是餅銀，採伐遇之不得取，取必迷悶。晉太元初，民封驅之家僕密竊三餅歸，發看有大蛇，螫之而死。《湘州記》曰：其夜，驅之夢神語曰：「君奴不謹，盜銀三餅，即日顯戮，以銀相償。」覺視，則奴死銀在矣。〔註18〕

六、戴延之《西征記》

《水經注》凡引戴延之《西征記》二十四條，今輯錄如下：

1. 《西征記》曰：（曹公壘）沿路逶迤，入函道六里，有舊城，城周百餘步，北臨大河，南對高山，姚氏置關以守峽。（卷四）
2. 戴延之所謂風蟲追者也。（卷四）〔註19〕
3. 戴延之云：（黃眉）城南倚山原，北臨黃河，懸水百餘仞，臨之者咸悚惕焉。（卷四）〔註20〕
4. 戴氏《西征記》曰：今見祠（般祠）在東岸，臨河累石為壁，其屋宇容身而已，殊似無靈。（卷五）
5. 戴延之謂之逯明壘，周二十里，言逯明，石勒十八騎中之一，城因名焉。（卷五）
6. 戴延之謂之武水也。（卷五）
7. 戴延之所云：新築城周城三百步，滎陽太守所鎮者也。水南帶三山，即三皇山，亦謂之為三室山也。（卷七）〔註21〕
8. （濟水又北，汶水注之）戴延之所謂清口也。（卷八）
9. 戴延之《西征記》曰：焦氏山北數里，漢司隸校尉魯峻，穿山得白蛇白兔，不葬，更葬山南，鑿而得金，故曰金鄉山。山形峻峭，冢前有

〔註18〕是王歆之《始興記》與《湘州記》並引此事。事又見《太平廣記》卷二百九十四《封驅之》。

〔註19〕《太平御覽》作「風堆」。又引戴延之《西征記》：「伏羲、女媧，風姓也，此當是女媧之墓。」

〔註20〕戴延之云云乃《西征記》文。唐李吉甫《元和郡縣志》卷七《河南道二》：「州里城即古虢國城。《西征記》曰：陝縣周召分職處，南倚山原，北臨黃河，懸水百餘仞，臨之者皆為悼栗。」《太平寰宇記》亦引之。

〔註21〕又見《郡國志》注引。

石祠、石廟，四壁皆青石隱起，自書契以來，忠臣、孝子、貞婦，孔子及弟子七十二人形象，像邊皆刻石記之，文字分明。又有石床，長八尺，磨瑩鮮明，叩之聲聞遠近。時太尉從事中郎傅珍之、諮議參軍周安穆，拆敗石床，各取去，爲魯氏之後所訟，二人並免官。（卷八）〔註22〕

10. （洛水自枝瀆，又東出關，惠水右注之，世謂之八關水。）戴延之《西征記》謂之八關澤。（卷十五）

11. 戴延之《西征記》曰：（谷）塢在川南，因高爲塢，高十餘丈，劉武王西入長安，舟師所保也。（卷十五）〔註23〕

12. 戴延之《從劉武王西征記》曰：有此屍，屍今猶在。（卷十五）

13. 戴延之《西征記》云：次至白超壘，去函谷十五里，築壘當大道，左右有山夾立，相去百餘步，道從中出，此乃故關城，非所謂白超壘也。是壘在缺門東一十五里。壘側舊有塢，故冶官所在。（卷十六）

14. （呂忱曰：孝水在河南郡。）而戴延之言在函谷關西。（卷十六）

15. （渭水又東逕定城北）《西征記》曰：城因原立。（卷十九）

16. （余謂此乃梁氏之臺門，魏惠之都居，非吹臺也，當是誤證耳。）《西征記》論儀封人即此縣，又非也。（卷二十二）〔註24〕

17. 戴延之所謂西北有大梁亭，非也。（卷二十二）

18. （逕陽樂城南。）《西征記》曰：城在汳北一里，周五里，雍丘縣界。（卷二十三）

19. （俗名之爲落架口。）《西征記》曰：落架，水名也。（卷二十三）

20. 《西征記》曰：龍門，水名也。門北有土臺，高三丈餘，上方數十步。〔註25〕（卷二十三）

〔註22〕　宋洪适《釋卷》卷二十《魯恭碑》引至「文字分明」，元胡三省《通鑑釋文辯誤》卷八《資治通鑑》卷一百六十八引至「故曰金鄉山」。宋趙明誠《金石錄》卷十六《跋尾六・漢》轉引《水經注》至「皆刻石記之」。

〔註23〕　「因高爲塢」，《太平寰宇記》引戴延之《西征記》，作「因原爲塢」，又云「塢西有二寺，亦原上」，則「高」誤，應爲「原」。「高十餘丈」，《太平寰宇記》引原書作「高數丈」，《資治通鑑》晉義熙十二年《注》引此，則與《水經注》同。

〔註24〕　《續漢志》濟儀，劉《注》引晉《地道記》：「儀封人，此縣也。」此爲《西征記》所本。

〔註25〕　《太平寰宇記》：「龍門臺在考城縣西南十五里。戴延之《西征記》，龍門，水

21.（俗謂之小蒙城也。）《西征記》：城在汳水南十五六里，即莊周之本邑也。爲蒙之漆園吏，郭景純所謂「漆園有傲吏」者也。（卷二十三）

22.《西征記》：城在汳水南十五六里，即莊周之本邑也。（卷二十三）

23.戴延之《西征記》亦言湖陸縣之東南有涓涓水，亦無記於南梁謂是吳王所道之瀆也。（卷二十五）

24.（泗水又東徑陵柵南。）《西征記》曰：舊陵縣之治也。（卷二十五）

七、郭緣生《述征記》

《水經注》凡明引《述征記》文二十六處：

1.《述征記》曰：盟津河，津恒濁，方江爲狹，比淮濟爲闊，寒則冰厚數丈，冰始合，車馬不敢過，要須狐行，云此物善聽，冰下無水乃過，人見狐行方渡。〔註26〕

2.《述征記》所謂潼穀水者也。（或說，因水以名地也。河水自潼關北東流，水側有長阪，謂之黃巷阪），傍絕澗，涉此阪以升潼關，所謂溯黃巷以濟潼矣。〔註27〕

3.《述征記》曰：全節，地名也，其西名桃原，古之桃林，周武王克殷，休牛之地矣。（卷四）

4.郭緣生《記》曰：漢末之亂，魏武征韓遂、馬超，連兵此地。今際河之西有曹公壘，道東原上云李典營。義熙十三年，王師曾據此壘。〔註28〕

5.《述征記》曰：踐土，今冶阪城。是名異《春秋》焉。（卷五《河水注》）

6.高祖即帝位於是水之陽，今不復知舊壇所在。〔註29〕

名也。臺南渠岸有門，與臺下水相連。」

〔註26〕見《水經注》卷一《河水》。酈氏據《風俗通》，以爲「亦未必一如緣生之言也」，知所引《述征記》係郭緣生之作。《初學記》二十九略引郭緣生《述征記》，無「冰下」，有「聲」字。《太平御覽》九百九引作伏滔《北征記》，亦云「聽水無聲乃過」。宋陸佃《埤雅》卷四《釋獸》亦引作「冰下無水聲乃過」，據此。《水經注》當增「聲」字。又，《顏氏家訓》，狐多猜疑，故聽河冰無流水聲，然後渡，今俗云狐疑。

〔註27〕《水經注》卷四《河水注》引。括號中後三句爲《西征記》文，引見《文選·西徵賦》李善注。「傍絕澗」以下三句，《述征記》文，引見《北堂書鈔》一百五十七。

〔註28〕《水經注》卷四《河水注》引。郭緣生《記》，當指《述征記》。

〔註29〕《水經注》卷五《河水注》：「郭緣生《述征記》、劉澄之《永初記》並言高祖

7.（逢明壘）城，袁紹時築。〔註30〕

8.《述征記》曰：涼城到長壽津六十里，河之故瀆出焉。（卷五《河水注》）

9.《述征記》曰：倉亭津在范縣界，去東阿六十里。（卷五《河水注》）

10.《述征記》曰：碻磝，津名也。自黃河泛舟而渡者，皆為津也。其城臨水，西南崩於河。宋元嘉二十七年，以王玄謨為寧朔將軍，前鋒入河，平碻磝，守之。都督劉義恭以沙城不堪守，召玄謨，令毀城而還。（卷五《河水注》）

11. 郭緣生《述征記》曰：濟水河內溫縣注於河。（卷七）〔註31〕

12. 郭緣生《述征記》曰：清河首受洪水，北注濟，或謂清即濟也。（卷八）〔註32〕

13. 郭緣生《述征記》所云：白鹿山東南二十五里，有嵇公故居，以居時有遺竹焉。（卷九）〔註33〕

14. 郭緣生《述征記》曰：河之北岸，河內懷縣，有殷城，或謂楚漢之際，殷王印治之。（卷九）

15. 劉澄之又云出檀山。檀山在宜陽縣西，在穀水南，無南入之理。考尋茲說，當承緣生《述征》謬志耳。緣生從戍行旅，征途訊訪，既非舊土，故無所究，今川瀾北注，澄映泥濘，何得言枯涸也。（卷十六）

16.《述征記》曰：谷洛二水，本於王城東北合流，所謂谷洛鬥也。（卷十六）

17.《述征記》曰：鄭城東西十四里，各有石梁。（卷十九）

18. 郭著《述征記》，指證魏之立長城。長城在後，不得在斯，斯為非矣。（卷十九）

即帝位於是水之陽，今不復知舊壇所在。」

〔註30〕《水經注》卷五《河水注》：「戴延之謂之逢明壘，周二十里，言逢明石勒十八騎中之一，城因名焉。郭緣生曰：城，袁紹時築。皆非也。」

〔註31〕《太平寰宇記》溫縣下引《述征記》作「水經河內溫縣，注於河」，則當據增「水逕」二字。

〔註32〕《初學記》八引《述征記》，鉅野縣有清水。明王禕《大事記續編》卷三十引同。

〔註33〕《藝文類聚》卷六十四、《太平御覽》卷一百八十並引《述征記》：「山陽縣城東北二十里，魏中散大夫嵇康園宅，今悉為邱墟，而父老猶謂嵇公竹林地，以時有遺竹也。」《藝文類聚》八十九、《太平御覽》九百六十二、《事類賦注》二十四亦引，皆與此《注》不全同，蓋酈氏鈔變其詞。

19.《述征記》曰：定城去潼關三十里，夾道各一城。（卷十九）〔註34〕

20. 郭緣生《述征記》：或云，霸城南門曰鴻門也，項羽將因會危高祖，羽仁而弗斷，范增謀而不納，項伯終護高祖以獲免。既抵霸上，遂封漢王。（卷十九）〔註35〕

21. 故《述征記》曰：踐縣境，便睹斯卉，窮則知踰界，今雖不能，然諒亦非謬。詩所謂「東有圃草」也。（卷二十二）〔註36〕

22. 郭緣生《述征記》：自漢迄晉，二千石及丞尉，多刊石述敘。堯即位至永嘉三年，二千七百二十有一載，記於堯妃祠。見漢建寧五年五月，成陽令管遵所立。（卷二十四）

23.《述征記》曰：城極大，四周壍通豐水。豐水於城南東注泗，即泡水也。（卷二十五）

24. 郭緣生言，泗水在城南。（卷二十五）

25. 郭緣生《述征記》曰：齊桓公冢，在齊城南二十里，因山爲墳。大冢東有女水，或云齊桓公女冢在其上，故以名水也。（卷二十六）

26.《述征記》：淮陽太守治，自後置戍縣，亦有時廢興也。（卷三十）

八、伏滔《北征記》

《水經注》卷八《濟水》引一條：

伏韜《北征記》曰「濟水又與清河合流，至洛當」者也。宋武帝西征長安，令垣苗鎮此，故俗又有垣苗城之稱。〔註37〕

九、王隱《晉書地道記》

王隱《晉書地道記》是《水經注》引用次數最多的地理文獻之一，其中

〔註34〕《資治通鑑》晉義熙十三年，劉裕伐秦，檀道濟等攻潼關，破秦將姚紹，紹退屯定城。胡《注》引《述征記》同。《太平寰宇記》又引《述征記》：「或云段熲所造。」

〔註35〕宋程大昌撰《雍錄》卷七《郡縣》：「《述征記》，緣生或云延生，其語轉耳，實一人也。緣生道聽途說，不及詳審，乃曰高帝自霸門而至鴻門。夫霸門者，長安城東面三門，從東來第一門也，即邵平種瓜之青門也。」

〔註36〕宋王應麟撰《詩地理考》卷三《雅》引《述征記》曰：「踐縣境便睹斯卉，窮則知踰界。《詩》所謂東有圃草也。」

〔註37〕《續漢書·郡國志》注、《文選·謝靈運〈初發石首城詩〉》李善注、《文選·謝靈運〈擬劉楨詩〉》李善注、《太平御覽》等並引伏滔《北征記》。《水經注》作「韜」，蓋「滔」之誤。

注明爲王隱或《晉書地道記》所引者凡五十六次，今掇拾《水經注》中所引
《晉書地道記》條目如下：

1. （順夏）縣有禹廟，禹所出也。（卷二）
2. 荊山在馮翊，首山在蒲?，與胡縣相連。（卷四）
3. 曹陽亭在弘農縣東十三里。（卷四）
4. 子推逃隱於介山。（卷六）
5. 西河有中陽城舊縣也。（卷六）
6. 晉水出龍山，一名結紲山，在縣西北。（卷六）
7. 濟自大伾入河，與河水鬪，南泆爲滎澤。（卷七）
8. 河決爲滎，濟水受焉，故有濟堤矣。（卷七）
9. 京有大索、小索亭。（卷七）
10. 晉始啓南陽，今南陽城是也，秦始皇改曰修武。（卷九）
11. 朝歌城，本沬邑也。（卷九）
12. 樂陵國有新樂縣。（卷九）
13. 縣有太行關，丹溪爲關之東谷，途自此去，不復由關矣。（卷九）
14. 肥鄉縣，太康中立，以隸廣平也。（卷十）
15. 鴻上關。（卷十一）
16. 望都縣有委粟關。（卷十一）
17. 望都縣有馬溺關。（卷十一）
18. 蒲陰縣有陽安關，蓋陽安關都尉治，世俗名斯川爲陽安壙。（卷十一）
19. 郡在谷之頭故，因以上谷名焉。（卷十二《聖水》）
20. （安樂縣），晉封劉禪爲公國。（卷十四）
21. 遼西人見遼水有浮棺，欲破之。語曰：「我，孤竹君也，汝破我何爲？」
　　因爲立祠焉。（卷十四）
22. 坎欲聚在鞏西。（卷十五）
23. 尸鄉亭，田橫死於是。（卷十六）
24. 新興縣，南安之屬縣也。（卷十七）
25. 烏水出焉。（卷十七）
26. 雍縣，西虢地也。（卷十八）
27. 嶢關，當上洛縣西北。（卷十九）
28. 西鄭爲友之始封。（卷十九）

29. 天水，始昌縣故城西也，亦曰清崖峽。（卷二十）

30. 郡在洛上，故以為名。（卷二十）

31. 襄城，楚靈王築。（卷二十一）

32. 宛邱在陳城南道東，漸欲平，今不知所在矣。（卷二十二）

33. 王隱言祠在城北，（畢沅輯《地道記》，失採此條。）（卷二十二）

34. 城北有故沙，名之為死沙。（卷二十二）

35. 陽翟，本櫟也。（卷二十二）

36. 廩丘者，春秋之所謂齊邑矣。（卷二十四）

37. 葬孔子於魯城北泗水上。（卷二十五）

38. 仲虺城在薛城西三十里。（卷二十五）

39. 吳有鹽官縣。（卷二十九）

40. 有義陽郡，以南陽屬縣為名。（卷三十）

41. 雩婁縣，在安豐縣之西南。（卷三十二）

42. 陶朱冡在華容縣，樹碑云是越之范蠡。（卷三十二）

43. 安豐縣，安豐郡之屬縣也，俗名之曰安城矣。（卷三十二）

44. 入湯口四十三里，有石，煮以為鹽。石大進如升，小者如拳，煮之，水竭鹽成。（卷三十三）

45. 西陽，弦子國也。（卷三十五）

46. 梁州南至桓水，西抵黑水，東限扞關。（卷三十六）

47. 劉禪建興三年，分牂柯置興古郡，治溫縣。（卷三十六）

48. 九德郡有浦陽縣。（卷三十六）

49. （日南郡）郡去盧容浦口二百里，故秦象郡象林縣治也。（卷三十六）

50. 有九德縣。（卷三十六）

51. 九德郡有南陵縣，晉置也。（卷三十六）

52. 九德郡有南陵縣，晉置也。（卷三十六）

53. 九真郡有松原縣。（卷三十六）

54. 朱吾縣屬日南郡，去郡二百里。此縣民，漢時不堪二千石長吏調求，引屈都乾為國。（卷三十六）

54. 南越侯織封贏婁侯。（卷三十七）

55. （白土）縣有香茅，氣甚芬香，言貢之以縮酒也。（卷三十八）

56. 王隱曰：應陽縣本泉陵之北部。（卷三十八）

又，《水經注》卷九：《晉書·地理志》曰，魏郡有長樂縣也。《水經注》卷三十七：《晉書·地理志》曰：縣東去郡五百里，刺史夏避毒，徙縣水居也。楊守敬以爲，此《晉書·地理志》，或即王隱《晉書地道記》，「酈氏每引《晉書地道記》，此當亦《地道記》之文，則理志二字誤。」

十、《晉太康地記》

《水經注》共引《晉太康地記》二十五條，多作《晉太康地記》，時作《太康地記》（卷九、卷十二、卷十九等），或《晉太康記》（卷六、卷十六等），或《太康記》（卷三十），或《太康地道記》（卷二十九）。

其中，卷四引三條：「桃林在閿鄉南谷中，其水又北流注於河。」「北虞。」「荊山在馮翊，首山在蒲坂，與湖縣相連。」

卷五引一條：「河陽別縣，非溫邑也。」

卷六引三條：「西河有中陽城舊縣也。」「樂平郡有受陽縣，盧諶《征艱賦》所謂歷受陽而總轡者也。」「子推所逃隱於介山。」

卷七引一條：「澤在酸棗之東南，昔曹太祖納許攸之策，破袁紹運處也。」

卷九引一條：樂陵國有新樂縣。即此城矣。

卷十引一條：「樂平縣舊名沾縣，漢之故縣矣。」

卷十二引一條：「涿有長鄉而無陽鄉矣。」

卷十五引一條：「在鞏西。」

卷十八引一條：「虢叔之國，有虢宮，平王東遷叔，自此之上陽爲南虢。」

卷十六引一條：「田橫死於是亭，故改曰尸鄉。」

卷十九引一條：「（王莽之千春），《太康地記》謂之曰高陸也。」

卷二十五引三條：「奚仲冢在城南二十五里，山上百姓謂之神靈也。」「水出磐石，《書》所謂泗濱浮磬者也。」「奚仲遷於邳，仲虺居之，以爲湯左相。其後當周爵，稱侯，後見侵削，霸者所絀，爲伯任姓也。

卷二十九引一條：「吳有鹽官縣。」

卷三十引兩條：「義陽郡，以南陽屬縣爲名。」「漢武帝元狩四年，封北地都尉衛山爲侯國也。」

卷三十一引一條：「縣有龍泉水，可以砥礪刀劍，特堅利，故有堅白之論矣。是以龍泉之劍爲楚寶也。縣出名金，古有鐵官。」

卷三十二引一條：「陶朱冢在華容縣西，樹碑云是越之范蠡。」

卷三十五引一條：「鄂縣故城，舊樊楚地，東鄂也」

卷三十七引一條：「武寧縣縣屬交趾，越逐服諸雒將。馬援以西南治遠，路徑千里，分置斯縣，治城郭，穿渠通，導溉灌，以利其民。」

卷四十引一條：「舜避丹朱於此，故以名縣，百官從之。故縣北有百官橋，亦云禹與諸侯會事訖，因相虞樂，故日上虞。」

十一、庾仲雍《漢水記》

《水經注》僅卷二十八引庾仲雍《漢水記》一處：

縣西北四十里，漢水中有洲，名滄浪洲。庾仲雍《漢水記》謂之千齡洲。非也。〔註38〕

但《水經注》卷二十七又有引庾仲雍者二處，亦當是《漢水記》文：

1. 東北流得獻水口。庾仲雍云：是水南至關城，合西漢水。〔註39〕
2. 瀘水又南逕張魯治東。水西山上，有張天師堂，於今民事之。庾仲雍謂山爲白馬塞，堂爲張魯治〔註40〕。

十二、段國《沙州記》

《水經注》卷二《河水注》凡引《沙州記》五條：

1. 按段國《沙州記》，吐谷渾於河上作橋，謂之「河厲」，長百五十步，兩岸累石作基陛，節節相次，大木從橫更鎮壓，兩邊俱平，相去三丈，並大材以板橫次之，施鈎欄甚嚴飾。〔註41〕
2. 段國曰：澆河西南百七十里有黃沙，沙，南北百二十里，東西七十里，西極大楊川。望黃沙，猶若人委乾糒於地，都不生草木，蕩然黃沙，周迴數百里，沙州於是取號焉。〔註42〕
3. 《沙州記》曰：洮水與墊江水俱出強臺山，山南即墊江源，山東則洮水

〔註38〕《括地志》引庾仲雍《漢水記》，「西」下無「北」字。《元和郡縣志》有「北」字。《太平御覽》六十九引《荊州圖經》，洲長四里，廣十三里。當以《水經注》說爲是，在均州西北。

〔註39〕此水即《漾水》篇之通穀水也。

〔註40〕《太平寰宇記》稱《漢水記》西縣有白馬山不如此詳。又稱：「《張衡家傳》衡於瀘口升仙時，乘白馬，後人遙望山上，往往有白馬，因名。」

〔註41〕《初學記》卷七亦引稍略。

〔註42〕《太平御覽》卷七十四《地部三十九》《通鑑》晉義熙元年注並引段國《沙州記》此條。

源。〔註43〕

4. 《沙州記》曰：嵹城東北三百里有曾城，城臨洮水者也。建初二年。羌攻南部都尉於臨洮，上遣行車騎將軍馬防與長水校尉耿恭救之，諸羌退聚洮陽，即此城也。〔註44〕

5. 《沙州記》曰：從東洮至西洮百二十里者也。〔註45〕

十三、《錢唐記》

《水經注》卷四十兩引《錢唐記》：

1. 《錢唐記》曰：防海大塘在縣東一里許，郡議曹華信家議立此塘以防海水。始開募，有能致一斛土者，即與錢一千。旬月之間，來者雲集。塘未成而不復取，於是載土石者皆棄而去，塘以之成，故改名錢塘焉。〔註46〕

2. 《錢唐記》曰：桓玄之難，湖水色赤，熒熒如丹。湖水上通浦陽江，下注浙江，名曰東江，行旅所從以出浙江也。

十四、《林邑記》

《水經注》明引《林邑記》者十四條，其中卷三十六十二條：

1. 日南，故秦象郡。漢武帝元鼎六年開日南郡，治西卷縣。《林邑記》曰：城去林邑，步道四百餘里。

2. 《林邑記》曰：其城治二水之間，三方際山，南北瞰水，東西潤浦，流湊城下。城西折十角，周圍六里一百七十步，東西度六百五十步，磚城二丈，上起磚牆一丈，開方隙孔。磚上倚板，板上五重層閣，閣上架屋，屋上架樓，樓高者七八丈，下者五六丈。城開十三門，凡宮殿南向屋宇二千一百餘間。市居周繞，阻峭地險，故林邑兵器、戰具，悉在區粟。多城壘，自林邑王范胡達始，秦餘徙民，染同夷化，日南

〔註43〕《初學記》卷八《州郡部》、《太平御覽》卷六十五《地部三十》並引。

〔註44〕此條胡三省《通鑑釋文辯誤》卷五《通鑑九十七》亦引，與《水經注》同。

〔註45〕《後漢書‧馬防傳》注引《沙州記》同。

〔註46〕《後漢書‧朱儁傳》注、《太平御覽》卷七十四、卷一百七十、卷四百七十二、卷八百三十六，《太平寰宇記》及《資治通鑑》漢建安二年注、晉太元二十年注並引《錢唐記》此條。「能致一斛土者」或作「能致一斛土石者」；「旬月之間」或作「旬日之間」。

舊風，變易俱盡。巢棲樹宿，負郭接山，榛棘蒲薄，騰林拂雲，幽煙冥緬，非生人所安。區粟建八尺表，日影度南八寸，自此影以南在日之南，故以名郡。日在北，故開北戶以向日。

3. 故《林邑記》曰：盡紘滄之徼遠，極流服之無外。地濱滄海，眾國津徑。

4. 《林邑記》曰：浦通銅鼓、外越、安定、黃岡心口，蓋藉度銅鼓，即駱越也。

5. 《林邑記》曰：外越、紀粟、望都。紀粟出浦陽。渡便州，至典由；渡故縣，至咸驩。咸驩屬九眞。咸驩以南，麞麂滿岡，鳴咆命疇，警嘯聒野，孔雀飛翔，蔽日籠山。渡治口，至九德。

6. 《林邑記》曰：九德，九夷所極，故以名郡。

7. 《林邑記》曰：義熙九年，交趾太守杜慧度造九眞水口，與林邑王范胡達戰，擒斬胡達二子，虜獲百餘人，胡達遁。五月，慧度自九眞水歷都粟浦，復襲九眞，長圍跨山，重柵斷浦，驅象前鋒，接刃城下，連日交戰，殺傷乃退。〔註47〕

8. 《林邑記》曰：松原以西，鳥獸馴良，不知畏弓，寡婦孤居，散髮至老，南移之嶺，崒不踰仞，倉庚懷春於其北，翡翠熙景乎其南。雖嚶讙接響，城隔殊非，獨步難遊，俗姓塗分故也。

9. 《林邑記》曰：渡比景至朱吾。朱吾縣浦，今之封界。朱吾以南，有文狼人，野居無室宅，依樹止宿，食生魚肉，採香為業，與人交市，若上皇之民矣。〔註48〕

10. 《林邑記》曰：屈都，夷也。

11. 《林邑記》曰：漢置九郡，儋耳與焉。民好徒跣，耳廣垂以為飾，雖男女褻露，不以為羞，暑褻薄日，自使人黑，積習成常，以黑為美，《離騷》所謂玄國矣。

12. 《林邑記》曰：建武十九年，馬援樹兩銅柱於象林南界，與西屠國分，

〔註47〕《宋書‧杜慧度傳》，義熙七年，除交州刺史，其弟兄慧期則交趾太守也。故《梁書》以義熙九年與林邑戰為杜慧期事。至《通鑑》稱，是年林邑范胡達，寇九眞，杜慧度擊斬之。是本《晉書‧安帝紀》指交州刺史杜慧度，非謂交趾太守，太守自慧期也。

〔註48〕《太平御覽》卷九百八十一引《林邑記》朱吾以南云云，與此段同。是酈所本。

　　漢之南疆也。土人以之流寓，號曰馬流，世稱漢子孫也。

　　又卷三十七二條：

13.《林邑記》曰：自交趾南行，都官塞浦出焉。

14. 江水對安定縣。《林邑記》所謂外越、安定、紀粟者也。

十五、鄭緝之《東陽記》

　　《水經注》卷四十《漸水注》引《東陽記》：

　　信安縣有懸室阪。晉中朝時，有民王質，伐木至石室中，見童子四人，彈琴而歌，質因留倚柯聽之。童子以一物如棗核與質，質含之便不復饑。俄頃，童子曰其歸，承聲而去，斧柯漼然爛盡。既歸，質去家已數十年，親情凋落，無復向時比矣。〔註49〕

十六、《始興記》

　　《水經注》引《始興記》者二處：

1.《始興記》曰：林水源裏有石室，室前磐石上，行羅十甕，中悉是餅銀。採伐遇之，不得取，取必迷悶。晉太元初，民封驅之家僕，密竊三餅，歸發看，有大蛇螫之而死。（卷三十八）〔註50〕

2. 涯水又逕含洭縣西。王歆《始興記》曰：縣有白鹿城，城南有白鹿岡。咸康中，郡民張魴為縣，有善政，白鹿來遊，故城及岡並即名焉。（卷

〔註49〕《太平御覽》卷五百七十九引鄭緝之《東陽記》曰：「晉中朝時，有王質者，常入山伐木，至石室，見童子四人彈琴而歌，質因留斧柯而聽之。童子以一物與質，狀如棗核，質取而含之，便不復饑，遂復少留亦謂。俄頃，童子曰：汝來已久，何不速去？質承而起，所坐斧柯爛盡。既歸，計離家已數十年矣，舊宅遷移，室宇靡存，遂號慟而絕。」《太平御覽》卷七百六十三引《東陽記》曰：「晉中朝時，有民王質者，入山伐木，至石室中，見童子數人，彈琴而歌。因留跂斧柯而聽之。童子以物與之，狀如棗核，質含之便不復饑也。童子曰：汝來已久，宜去。質承聲起，斧柯漼然爛盡。既歸，去家已數十年。」《太平御覽》卷九百六十五《棗》引《東陽記》曰：「信安縣有懸室阪。晉中朝時，有民王質，伐木至石室中，見童子四人彈琴而歌，質因留倚柯聽之。童子以一物如棗核與質，含之便不復饑。俄頃，童子令其歸，質承聲而去，斧柯漼然盡爛。既歸，質去家已數十年，親舊凋落，無復此時矣。」

〔註50〕《初學記》卷八《州郡部》、《太平御覽》卷五十二《地部十七》、《太平御覽》卷五十九《地部二十四》、《太平御覽》卷三百九十七、《太平御覽》卷七百五十八、《太平御覽》卷八百十二並引《始興記》此條。

三十九）〔註 51〕

《水經注》中又有引王韶之者二處，實際上也是《始興記》所記：

1. 巨洋水，即《國語》所謂具水矣，袁宏謂之巨蔑，王韶之以爲巨蔑，亦或曰朐彌，皆一水也，而廣其目焉。（卷二十六）

2. 縣北有洲，號曰枚回洲，江水自此兩分而爲南北江也。北江有故鄉洲，元興之末，桓玄西奔，毛祐之與參軍費恬射玄於此洲。玄子升年六歲，輒拔去之。王韶之云：玄之初奔也，經日不得食，左右進麤粥，咽不下。升抱玄胷撫之，玄悲不自勝。至此，益州都護馮遷斬玄於此洲，斬陛於江陵矣。（卷三十四）

十七、鄧德明《南康記》

《水經注》卷三十九引有鄧德明《南康記》一段：

昔有盧耽，仕州爲治中，少樓仙術，善解雲飛。每夕輒凌虛歸家，曉則還州。嘗於元會至朝，不及朝列，化爲白鵠至闕前，迴翔欲下，威儀以石擲之，得一隻履，耽驚還就列，內外左右莫不駭異。時步騭爲廣州，意甚惡之，便以狀列聞，遂至誅滅。〔註 52〕

十八、雷次宗《豫章記》

《水經注》卷三十九共明引雷次宗或《豫章記》者三：

1. 東北逕昌邑城而東出豫章大江。《豫章記》以廬爲姓，因廬以氏，周氏

〔註 51〕　《北堂書鈔》卷一百五十七、《藝文類聚》卷六、《初學記》卷二十四、《太平御覽》亦並引《始興記》此條。《初學記》、《太平御覽》卷一百九十二作「咸康」，而《北堂書鈔》、《藝文類聚》、《太平御覽》卷五十三等作「咸和」。

〔註 52〕　《藝文類聚》卷四引鄧德明《南康記》曰：「昔有盧耽，仕州爲治中，少學仙術，解飛騰，每夕，輒凌虛歸家，曉則還州，嘗元會至晚，不及朝列，化爲白鵠，至闕前，徊翔欲下，威儀以帚擲之，得一隻履，耽驚還就列，內外左右，莫不駭異，時步騭爲廣州刺史，意甚惡之，便以狀列聞，遂至誅滅。」《太平御覽》卷二十九《時序部十四》引鄧德明《南康記》曰：「昔有盧耽，仕州爲治中，少學仙術，身能奮飛，每夕輒凌虛歸家，曉則還州。嘗赴元會，至晚不及預朝列，化爲白鶴，至闕前迴翔欲下，威儀以筆擲之，得一隻履，耽乃驚還就列，內外左右，莫不駭異。時步騭爲廣州刺史，意甚惡之，便狀聞，遂至誅滅。」又《太平御覽》卷三十七引作「以石擲之」，《太平御覽》卷二百六十三、《太平御覽》卷六百九十七引作「威儀以箒擲之」，情節略同。

遠師，或託廬慕爲辭，假憑廬以託稱。（卷三十九《廬江水注》）〔註53〕

2. 雷次宗云：似因此水爲其地名，雖十川均流，而此源最遠，故獨受名焉。（卷三十九《贛水注》）〔註54〕

3. 有二崖，號曰「大蕭」、「小蕭」，言蕭史所遊萃處也。雷次宗云，此乃係風捕影之論，據實本所未辯，聊記奇聞以廣井魚之聽矣。（卷三十九《贛水注》）

十九、孔靈符《會稽記》

《水經注》卷四十：

又有秦望山，在州城正南，爲眾峯之傑，陟境便見。《史記》云，秦始皇登之以望南海。自平地以取山頂七里，懸隥孤危，徑路險絕。《記》云：扳蘿捫葛，然後能升。山上無甚高木，當由地迥多風所致。山南有嶕峴，峴裏有大城，越王無余之舊都也。〔註55〕

二十、劉澄之《永初記》

《水經注》凡引劉澄之《永初記》二十四條，爲各徵引劉《記》之書引用條數最多者：

1. 高祖即帝位於汜水之陽。（卷五）〔註56〕

〔註53〕《太平寰宇記》卷一百六《南昌縣》，昌邑城在洪州北，水路一百三十七里。引雷次宗《豫章記》云：「昌邑王賀既廢之後，宣帝封爲海昏侯，東就國，築城於此。」

〔註54〕朱《箋》曰：「十川者，贛、廬、牽、淦、盱、濁、餘、鄱、僚、循，是爲十。此源謂贛水也。」

〔註55〕此《記》當指劉宋孔靈符《會稽記》。《文選·顏延年〈和謝靈運詩〉注》引孔曄《會稽記》，秦望山在州城正南。孔曄即孔靈符。「陟境便見」，戴、趙本《水經注》同。《太平寰宇記》引《記》，作「入境便見。」但《太平御覽》卷四十七、《事類賦注》卷七引此條，均作「涉境便見」。《漢書·高帝紀贊》，涉魏而東，顏《注》引晉灼曰，涉猶入也。故原字當爲「涉」。《史記·卷六·秦始皇本紀》：「三十七年十月癸丑，始皇出遊。左丞相斯從，右丞相去疾守。少子胡亥愛慕請從，上許之。十一月，行至雲夢，望祀虞舜於九疑山。浮江下，觀籍柯，渡海渚。至錢唐，臨浙江，乃西百二十里從狹中渡。上會稽，祭大禹，望於南海，而立石刻，頌秦德。」《明地理志》，會稽山東接秦望，在今會稽縣東南四十里。

〔註56〕《水經注》卷五《河水》注：「郭緣生《述征記》、劉澄之《永初記》並言高祖即帝位於是水之陽，今不復知舊壇所在。」

2. （黎陽）有白馬塞，孟達登之長歎。（卷五）〔註57〕

3. 譙郡酇縣東北有棘津亭故邑，呂尙所困處也。（卷五）〔註58〕

4. 介山即汾山，子推所逃隱於是山。（卷六）〔註59〕

5. 劉澄之引是山以證梁父，爲不近情矣。（卷八）〔註60〕

6. （陸渾縣有孤山。）劉澄之《永初記》稱「陸渾縣西有伏流阪」者也。
   （卷十五）

7. 而劉澄之言（大石山）在洛東北，非也。（卷十五）

8. 劉澄之云：新安有澗水源，出縣北。又有淵水，未知其源。（卷十六）

9. 劉澄之又云（孝水）出檀山。（卷十六）〔註61〕

10. 劉澄之《永初記》言，（洛陽）城之西面有陽渠，周公制之也。（卷十
    六）

11. 劉澄之云：有水從阿陽縣南至梓潼漢壽，人大穴，暗通岡山。（卷二十）
    〔註62〕

12. 劉澄之著《永初記》云，水經濮水，源出大騩山，東北流注泗，衛靈
    聞音於水上。殊爲乖矣。（卷二十二）〔註63〕

13. 劉澄之《永初記》所謂「城之西南有彌黎城」者也。（卷二十三）
    〔註64〕

14. 劉澄之云：（蕭縣）縣南有冒山。（卷二十三）

15. 白溝水。（《水經注》卷二十九）〔註65〕

〔註57〕 《水經注》卷五《河水》注：「劉澄之云，有白馬塞，孟達登之長歎。可謂於
川土疎妄矣。」

〔註58〕 《水經注》卷五《河水》注：「劉澄之云：譙郡酇縣東北有棘津亭故邑也，呂
尙所困處也。余按《春秋左傳》伐巢克棘入州來，無『津』字。杜預《春秋
釋地》又言：棘亭在酇縣東北。亦不云有『津』字矣，而竟不知澄之於何而
得是說。」

〔註59〕 《水經注》卷六：「《晉太康記》及《地道記》與《永初記》並言子推所逃隱
於是山。」

〔註60〕 王謨本不輯此條。

〔註61〕 《水經注》卷十六：「劉澄之又云（孝水）出檀山。檀山在宜陽縣西，在穀水
南，無南入之理。」

〔註62〕 王謨本不輯此條。

〔註63〕 「殊爲乖矣」，當爲酈元評劉《記》語。

〔註64〕 王謨本不輯此條。

〔註65〕 《水經注》卷二十九：「劉澄之稱白水入溝。然白水與羌水合入漢，是猶漢水
也。」

16. 安陂水旁有淩冢。（《水經注》卷二十三）

17. 彭城之西南有彌黎城。（《水經注》卷二十三）

18. 劉澄之以爲（東莞縣）許由之所隱也，更爲巨謬矣。（卷二十六）

19. 劉澄之著《永初山川記》云，夏水，古文以爲滄浪，漁父所歌也。（卷三十二）

20. 陶朱冢在華容縣之西南。（《水經注》卷三十二）〔註66〕

21. 劉澄之曰：沅水自壺頭枝分跨三十三渡，徑交趾龍編縣東北入於海。（卷三十七）

22. （黃水東北流）劉澄之謂爲一涯溪通四會。殊爲孟浪而不悉也。（卷三十九）

23. 劉澄之曰：（贛）縣東南有章水，西有貢水，縣治二水之間，二水合「贛」字，因以名縣焉。（卷三十九）

24. 三筮在竟陵縣界。（卷四十）

按，《水經注》卷四十：「惟鄭玄及劉澄之言在竟陵縣界，經云邔縣北泏。然泏流多矣，論者疑焉而不能辨其所在。」

《水經注》引劉澄之《永初記》，往往指謫其誤。如上述第 2 條、第 3 條、第 5 條、第 7 條、第 9 條、第 12 條、第 18 條、第 22 條、第 23 條，《水經注》均明言其非。《水經注》引諸地記，多爲晉宋作品，惟《永初記》爲南齊之作，與酈元時代較切近。酈氏批評《永初記》並指出其錯誤最多。疑酈氏作注，有意正《永初記》之誤。

二十一、《漢武帝故事》

《水經注》卷十九引《漢武帝故事》三條：

1. 《漢武帝故事》云：（建章宮東鳳闕）闕高二十丈。〔註67〕

2. 沆水又徑漸臺東。《漢武帝故事》曰：建章宮北有太液池，池中有漸臺，三十丈，漸浸也，爲池水所漸。一說星名也。南有璧門三層，高三十餘丈，中殿十二間，階陛咸以玉爲之，鑄銅鳳五丈，飾以黃金。

〔註66〕《水經注》卷三十二：「王隱《晉書地道記》曰：『陶朱冢在華容縣，樹碑云是越之范蠡。』《晉太康地記》、盛弘之《荊州記》劉澄之《記》並言在縣之西南。」

〔註67〕《太平御覽》卷四百九十三引《漢武帝故事》同。又《封禪書》云：「高二十餘丈。」

樓屋上椽首，薄以玉璧，因曰璧玉門也。〔註68〕

3. 《漢武帝故事》曰：帝崩後見形，謂陵令薛平曰：吾雖失勢，猶爲汝君，奈何令吏卒上吾陵磨刀劍乎？自今以後，可禁之。平頓首謝，因不見。推問，陵傍果有方石，可以爲礪，吏卒常盜磨刀劍。霍光欲斬之，張安世曰：神道茫昧，不宜爲法。乃止。故阮公《詠懷詩》曰：失勢在須臾，帶劍上吾丘。〔註69〕

二十二、《玄中記》

1. 《玄中記》曰：天下之多者水也，浮天載地，高下無所不至，萬物無所不潤。及其氣流屈石，精薄膚寸，不崇朝而澤合靈宇者，神莫與並矣。是以達者不能測其淵沖而盡其鴻深也。（《水經注》序）

2. 故豫章之屬縣矣，地多女鳥。《玄中記》曰：陽新男子於水次得之，遂與共居，生二女，悉衣羽而去。豫章間養兒不露其衣，言是鳥落塵於兒衣中，則令兒病，故亦謂之夜飛遊女矣。（《卷三十五》）〔註70〕

3. 《玄中記》曰：蝙蝠百歲者倒懸，得而服之，使人神仙。（卷三十七）

二十三、《列士傳》

《水經注》卷十九引《列士傳》一條：

《列士傳》曰：秦昭王會魏王，魏王不行，使朱亥奉璧一雙。秦王大怒，置朱亥虎圈中。亥瞋目視虎，眥裂血出濺虎，虎不敢動，即是處也。〔註71〕

〔註68〕《初學記》卷二十四、《太平御覽》卷四百九十三引《漢武帝故事》，並有「高」字。《初學記》作「三十丈」，《太平御覽》作「二十丈」，又《封禪書》、《郊祀志》作「高二十餘丈」。

〔註69〕《北堂書鈔》卷一百六十、《太平御覽》卷八十八引《漢武故事》稍略。

〔註70〕宋曾慥編《類說》卷十三《樹萱錄‧天地少女姑獲》：「《玄中記》云，夜飛晝藏，一名天女，一名夜行遊女，一名隱飛，好取人家小兒養之。今小兒衣不欲夜露，此物以血漸其衣爲志，即取兒也。」《小兒衛生總微論方》卷十二：「按《玄中記》有無辜之禽，一名姑護，一名鉤星鬼，但喜夜飛，人有暴露小兒衣袂褓包，其禽飛立在上，令兒患此疾也。予性好尋閱異書，十餘年間竟不知《玄中記》之所出。又此禽既云夜飛，必有形狀，世間亦莫之曾見，是必巫覡假以鬼名而僞言者也。今詳其證而對其病，實乃疳疾之類耳。特爲破其邪說，以袪惑亂矣。」

〔註71〕《三輔黃圖》、《太平御覽》卷一百九十七、卷四百八十三、《事類賦注》卷二十引《列士傳》此條，會並作「召」，「魏王」並作「魏公子無忌」，與此異。

二十四、王粲《英雄記》

《水經注》引《英雄記》二條：

1. 《英雄記》曰：公孫瓚擊青州黃巾賊，大破之，還屯廣宗。袁本初自往征瓚，合戰於界橋南二十里。紹將曲義破瓚於界城橋，斬瓚冀州刺史嚴綱，又破瓚殿兵於橋上。（卷九）〔註72〕

2. 《英雄記》曰：曹操於是擊馬鞍於馬上，作十片。即於此也。（卷十四）〔註73〕

二十五、《列異傳》

《水經注》卷十七引述了一段《列異傳》故事：

《列異傳》曰：武都故道縣有怒特祠，雲神本南山大梓也。昔秦文公二十七年伐之，樹瘡隨合。秦文公乃遣四十人持斧斫之，猶不斷，疲士。一人傷足，不能去，臥樹下，聞鬼相與言曰：勞攻戰乎？其一曰：足為勞矣。又曰：秦公必持不休。荅曰：其如我何？又曰：赤灰跋於子，何如？乃默無言。臥者以告。令士皆赤衣，隨所斫，以灰跋。樹斷，化為牛入水。故秦為立祠。〔註74〕

二十六、《文士傳》

《水經注》卷十六引《文士傳》：

文帝之在東宮也，宴諸文學。酒酣，命甄后出拜。坐者咸伏，惟劉楨平視之。太祖以為不敬，送徒隸簿。後太祖乘步牽車，乘城降閱簿作，諸徒咸

《史記・藺相如傳》曰，請得以頸血濺大王，是其義也。《文選》卷二十一《盧子諒覽古詩》注引《列士傳》曰：「朱亥瞋目視虎，眥裂血出濺虎。」《藝文類聚》卷八十四、《太平御覽》卷一百九十七、《太平御覽》卷四百三十六、《太平御覽》卷四百八十三、《太平御覽》卷八百九十一併引《列士傳》。

〔註72〕《太平御覽》卷七十三引。

〔註73〕《水經注》卷十四又引《博物志》曰：「魏武於馬上逢獅子，使格之，殺傷甚眾。王乃自率常從健兒數百人擊之，獅子吼呼奮越，左右咸驚，王忽見一物從林中出，如狸超，上王車軛上，獅子將至，此獸便跳上獅子頭上，獅子即伏不敢起，於是遂殺之，得獅子而還。未至洛陽四十里，洛中雞狗皆無鳴吠者也。」

〔註74〕《藝文類聚》卷九十四引《列異經》曰：「秦文公伐梓樹，梓樹化為牛，文公遣騎擊之，騎墜地被髮，牛畏之，入豐水中不出。秦乃立怒特祠。」《列異經》，蓋即《水經注》所稱《列異傳》，然敘述略異。

敬，而楨拒坐磨石不動。太祖曰：此非劉楨也？石如何性？楨曰：石出荊山玄岩之下，外炳五色之章，內秉堅貞之志。雕之不增文，磨之不加瑩，稟氣貞正，稟性自然。太祖曰：名豈虛哉？復為文學。〔註75〕

二十七、《四王起事》

《水經注》卷九引盧綝《四王起事》曰：

惠帝征成都王穎，戰敗時，舉輦司馬八人，輦猶在肩上。軍人競就殺舉輦者，乘輿頓地，帝傷三矢，百僚奔散，唯侍中嵇紹扶帝，士將兵之，帝曰：「吾吏也，勿害之。」眾曰：「受太弟命，惟不犯陛下一人耳。」遂斬之。血污帝袂，將洗之，帝曰：「嵇侍中血，勿洗也。」

二十八、《晉八王故事》

《水經注》卷五《河水注》：

《晉八王故事》曰：東海王越治鄄城，城無故自壞七十餘丈。越惡之，移治濮陽。

二十九、《汝南先賢傳》

《水經注》卷二十一：

《汝南先賢傳》曰：新蔡鄭敬，字次都，為郡功曹。都尉高懿廳事前有槐樹，白露類甘露者，懿問掾屬，皆言是甘露。敬獨曰：明府政未能致甘露，但樹汁耳。懿不悅，託疾而去。〔註76〕

三十、《長沙耆舊傳》

《水經注》共兩引《長沙耆舊傳》：

《長沙耆舊傳》稱：桓楷為趙郡太守，嘗有遺囊粟於路者，行人掛囊粟

〔註75〕 《世說新語‧言語篇》注、《北堂書鈔》卷一百六十、《太平御覽》卷五十一引略同。又《北堂書鈔》卷一百六十、《藝文類聚》卷八十三、《太平御覽》卷四百六十四引《文士傳》亦互有詳略，當是鈔變。

〔註76〕 鄭敬，《後漢書》附《郅惲傳》。《北堂書鈔》卷三十七，《太平御覽》卷十二、卷二百六十四、卷五百二、卷九百五十四，《名勝志》並引《汝南先賢傳》，略同，惟《太平御覽》卷五百二「次都」獨作「次卿」，《北堂書鈔》「高懿」獨作「高臺」，誤。

於樹，莫敢取之。即於是處也。（卷十）

　　《長沙耆舊傳》云：祝良，字召卿，爲洛陽令。歲時亢旱，天子祈雨不得，良乃曝身階庭，告誠引罪，自晨至中。紫雲水起，甘雨登降。人爲歌曰：天久不雨，烝人失所，天王自出，祝令特苦，精符感應，滂沱下雨。（卷十五）

附錄三 《水經注》所引重要文獻 《說郛》輯本佚文出處補

一、《三秦記》

　　輯錄辛氏《三秦記》佚文，自元末陶宗儀《說郛》已始。今存商務印書館本《說郛》卷四《墨娥漫錄》輯採僅一條，即宛委山堂本《說郛》首條，未注出處。宛委山堂本《說郛》卷六十一凡輯採十九條，也未注明出處。今略補足其出處，以備參核：

　　《山陵》條，出於《文選·潘安仁〈西徵賦〉》李善注並《故唐律疏義》卷七《衛禁》；《地市》條，出《初學記》卷五《地部》並《太平御覽》卷八百二十七；《太白山》條，出《太平御覽》卷四十《地部五·太白山》、《太平寰宇記》卷三十《眉縣》及《資治通鑒》晉光熙元年胡注；《隴阪》條，出《北堂書鈔》卷一百五十七《隴》、《後漢書·郡國志》漢陽郡注及《太平御覽》卷五十六《地部二十一》、《樂府詩集》卷二十一等；《沙角》條，出《太平御覽》卷五十《地部十五》及《太平寰宇記》卷一百五十三《敦煌縣》；《溫泉》條，出《水經·渭水注》及《初學記》卷七《地部下》；《蘭池》條，出《初學記》卷七《地部下·昆明池》及劉昭《郡國志補注》；《城赤色》條，出《後漢書·郡國志·京兆尹》注；《織錦城》條，出《太平御覽》卷四十《地部五》，《太平寰宇記》卷二十八《韓城縣》引稍異；《未央》條，出《文選》卷二《甘泉賦》注；《桂宮》條，出《初學記》卷二十五《器物部》，《太平御覽》卷七百、卷八百三及《太平寰宇記》卷二十五《長安縣》；《鳳闕》條，出《史記》

張守節《正義》，又宋敏求《長安志》引較詳；《子午》條，出《史記》卷九十五《樊酈滕灌列傳》司馬貞《索隱》；《始平》條，出《太平御覽》卷五十七《地部二十二》及《太平寰宇記》卷二十七《興平縣》；《白鹿》條，出《藝文類聚》卷九十四；《桃林》條，出《水經注》卷四、《元和郡縣志》及《資治通鑒》梁武帝大同三年胡注。另外，「豹林谷在子午谷」、「韋曲在皇子陂西」、「杜門即青門」三條，不知輯自何書。

二、羅含《湘中記》

《說郛》宛委山堂本所輯共十七節，原未注出處。今補其中部分條目之出處：

1. 九疑山在營道縣，與北山相似，行者疑惑，故名之。

按，《藝文類聚》卷七《山部上・九疑山》並《太平御覽》卷四十一《地部六》引《湘中記》。

2. 衡山近望如陣雲，沿湘千里，九向九背。

按，《初學記》卷五《地理上》九向條引羅含《湘中記》。《藝文類聚》卷七《山部上・衡山》及《太平御覽》卷三十九《地部四》引同，《後漢書・郡國志》長沙條梁劉昭補注：「《湘中記》曰：衡山有玉牒，禹案其文以治水。遙望衡山如陣雲，沿湘千里，九向九背，乃不復見。」《水經注》卷三十八《湘水》「又東北過重安縣東。又東北過酃縣西，承水從東南來注之」注引羅含語：「（芙蓉峰）望若陣雲，非清霽素朝，不見其峰。丹水湧其左，澧泉流其右。」

3. 衡山，九嶷皆有舜廟，太守至，常遣戶曹致祀，則如玄歌之聲也。

按，《太平御覽》卷三十九《地部四》引羅含《湘中記》。

4. 湘水至清，雖深五六丈，見底了了然，石子如樗蒲大，五色鮮明，白沙如霜雪，赤岸若朝霞。

按，《水經注》卷三十八《湘水》「又北過羅縣西，溈水從東來流注之」注引《湘中記》。《藝文類聚》卷八《水部上・總載水》、《太平御覽》卷六十五《地部三十》、《太平御覽》卷七十四等引《湘中記》。《太平御覽》卷四十三《地部八》引《南兗州記》曰：「瓜步山東五里，江有赤岸山，南臨江中。羅君章云，赤岸若朝霞，即此是也。」

5. 有營水，有洮水，有灌水，有祁水，有宜水，有舂水，有烝水，有耒水，有米水，有淥水，有連水，有瀏水，有溈水，有汨水，有資水，皆注湘。

按，《後漢書・郡國志》零陵郡梁劉昭注引羅含《湘中記》。（第 3482 頁）

6. 屈潭之左，有玉笥山。道士遺言，此福地也。

按，《水經注》卷三十八《湘水》「又北過羅縣西，漉水從東來流注之」注引羅含《湘中記》。

7. 宿當軫翼，度應機衡，故曰衡山。山有錦石，斐然成文，衡山有懸泉，滴瀝，聲泠泠如弦；有鶴迴翔其上，如舞。

按，「宿當軫翼，度應機衡，故曰衡山。山有錦石，斐然成文」句，未知出處。後數句，見《初學記》卷五《地理上》鶴舞條引羅含《湘中記》。

8. 君山有地道。樝渚對岸古城，孫權遣程普所立。

按，《初學記》卷八《州郡部・江南道》及《初學記》卷八《州郡部》引《湘中記》引《湘中記》。

9. 益陽有昭潭，其下無底，湘水最深處也。或謂周昭王南征而不復，沒於此潭，因以為名。

按，《太平御覽》卷六十九《地部三十四》引《湘中記》。

10. 祝融峰上有青玉壇方五丈，有蓋香峰行道處。

按。《太平寰宇記》卷一百一十四引《湘中記》。

「銀山」條〔註 1〕，「菁口」條〔註 2〕，「義帝廟」條〔註 3〕，「石床」條〔註 4〕，「鄮湖」條〔註 5〕，「臨水」條〔註 6〕，「蔡倫宅」條〔註 7〕，則未知出處。或許，陶宗儀所見引有《湘中記》的書籍，後來也亡佚，致使今不得見。

〔註 1〕原作：曲江縣有銀山，山常多素霧。
〔註 2〕原作：都溪又西北流入營水謂之菁口。
〔註 3〕原作：郴縣南有義帝廟，百姓祭之。
〔註 4〕原作：文斤山上有石床，方高一丈，四面綠竹扶疏，隨風委拂。
〔註 5〕原作：衡陽縣東二十里有鄮湖，周二十里，深八尺，湛然綠色，土人取以釀酒，其味醇美。
〔註 6〕原作：臨水經臨賀縣東，又南至郡左合賀水。
〔註 7〕原作：耒陽縣北有蔡倫宅，宅西有一石臼，云是倫舂紙臼也。

商務印書館本《說郛》卷四《墨娥漫錄》，所輯凡五節，即上面所引宛委山堂本前五節。《五朝小說大觀・魏晉小說外乘家》所輯十七節係抄錄宛委山堂本《說郛》，順序同。黃奭《漢學堂知足齋叢書・子史鈎沈》係抄錄宛委山堂本《說郛》。

三、袁山松《宜都記》

商務印書館本《說郛》卷四《墨娥漫錄》所輯僅一條：

> 自西陵溯江西北行三十里，入峽口，其山行周回隱映，如絕復通，高山重嶂，非日中夜半，不見日月也。

按，出《藝文類聚》卷六《地部》、《州部》、《郡部》。《太平御覽》卷五十三「不見日月」後有「猿鳴至清，諸山谷傳其響，泠泠不絕也」數語。此條亦見宛委山堂本《說郛》。

宛委山堂本《說郛》卷六十一所輯凡七節，未注明出處，今並予補足：《溫泉》條，出《初學記》卷七《地部下》；《獸牙山》條，出《初學記》卷八《州郡部・山南道》及《太平御覽》卷四十九；《下魚城》條，出《初學記》卷二十四《居處部》，又見《太平御覽》卷六十七《池》及《太平御覽》卷一百九十二；《猿鳴》條，出《藝文類聚》卷九十五《獸部下・猿》，《太平御覽》卷九百十，《事類賦》卷十一《歌》同；《不見日月》條，見上；《縈帶鳧雁》條，出《水經注》卷三十四《江水注》，《初學記》卷六《地部中・江》、《太平御覽》卷六十《江》引同，《太平御覽》卷四十九、《太平御覽》卷七百七十並嘗引之；《插竈崖》條，出《太平御覽》卷一百八十六。

四、盛弘之《荊州記》

《說郛》宛委山堂本所輯共二十節，未注出處，今補：

> 《雁塞》條，出《藝文類聚》卷九十一《鳥部中》，又《初學記》卷三十《鳥部》及《太平御覽》卷九百一十七並引。《石帆山》條，出《藝文類聚》卷八《山部下》、《水部上》。《黃牛山》條，出《藝文類聚》卷七《山部上》，《太平御覽》卷五十三、卷六十九、《太平寰宇記》卷一百四十七並引，《水經注》卷三十四暗引之。《柏柱孤植》條，出《太平御覽》卷一百八十七。

按，以上四條，並見輯於商務印書館本《說郛》卷四《墨娥漫錄》。宛委山堂本又有：

> 《芙蓉峰》條，出《藝文類聚》卷七《山部上》，《初學記》卷三十《鳥部》及《太平御覽》卷三十九並引。《青草湖》條，出《初學記》卷七《地部下》，又見《史記》卷六《秦始皇本紀第六》。《細柳》條，出《藝文類聚》卷八十九《木部下》，《太平御覽》卷九百五十七引同。《九井自穿》條，出《藝文類聚》卷九《水部下》，《初學記》卷七《地部下》、《太平御覽》卷一百八十九並引之。《石室》條，《北堂書鈔》卷一百五十二、《藝文類聚》卷二天部下，《太平御覽》卷十三及《水經注》卷二十九並嘗引之。《陽石陰石》條，《雨母山》條，《雨瀨》條，三條並出《太平御覽》卷十一。《小酉山》條，出《太平御覽》卷四十九。《菊水》條，引見《藝文類聚》卷八十一《藥香草部上》、《太平御覽》卷六十七及《太平御覽》卷一百六十八、《太平御覽》卷九百九十六等。《粉水》條，出《初學記》卷六《地部中》，《太平御覽》卷五十九引同。《九十九洲》條，出《水經注》卷三十四及《太平御覽》卷六十九。《溫泉》條，出《藝文類聚》卷九《水部下》及《太平御覽》卷七十一。《富陽縣城樓》條，出《文選》卷十一。《荊門》條，出《文選》卷十二《江賦》注。《江陵有潛室》條，《藝文類聚》卷九《水部·溪》，《太平寰宇記》卷一百四十六《江陵縣》引。

黃奭《漢學堂知足齋叢書·子史鈎沈》輯本係抄自宛委山堂本《說郛》。《五朝小說·魏晉小說外乘家》、《五朝小說大觀·魏晉小說外乘家》所輯不出《說郛》宛委山堂本外。

五、段國《沙州記》

宛委山堂本《說郛》卷六十一共輯得七條，原未注明出處，今補：

> 《龍涸》條，見引於《北堂書鈔》卷一百五十六《寒》；《白馬關》，見引於《藝文類聚》卷六；《河厲》，見引於《水經注》卷二《河水注》；《洮水》，見引於《水經注》卷二《河水注》，《初學記》卷八《州郡部》及《太平御覽》卷六十五《地部三十》亦引；《麻壘》，見引於《水經注》卷二；《仇池山》，見引於《初學記》；《鳥鼠》，見

引於《太平御覽》卷四十《地部五》。

六、《林邑記》

《林邑記》，僅《說郛》宛委山堂本卷六十一輯有八條，此外未見其他輯本。《說郛》本未注明出處，今補其中部分：

1. 檳榔樹大圍丈餘，高十餘丈，皮似青桐，節如桂竹，下本不大，上末不小，調直亭亭，千萬若一，森秀無柯。端頂有葉，葉似甘蕉，條派開破，仰望沙沙，如錦蔽蕉於竹杪；風至獨動，似舉羽扇之掃天。葉下繫數房，房綴十數子。家有數百樹，雲疎如墜繩也。

按，《說郛》採自《太平御覽》卷九百七十一。又《藝文類聚》卷八十七引《林邑記》略同。

2. 西南遠界有靈鷲，能知吉凶，覘人將死，食屍肉盡乃去。家人取骨，燒為灰，投之於水。

按，未知所出。

3. 飛魚翼如蟬，飛則淩空，沉泳海底。

按，未知所出。

4. 延袤六十里多香木，金寶物產大抵與交趾同，以磚為城，炭塗之，皆開北戶以向日年，或東西不定。

按，未知所出。

5. 林邑王范文，鑄銅為牛，銅屋行宮。

按，《說郛》採自《太平御覽》卷八百一十三。《藝文類聚》卷八十五引《林邑記》曰：「林邑王范文，鑄銅屋。」

6. 林邑王范明達，獻金鋼指鐶。

按，《說郛》採自《太平御覽》卷八百一十三。

7. 從林邑往金山，三十日至。遠望金山，嶒峨如赤城，照耀似天光。潤壑谷中，亦有生金，形如蟲豸，細者似蒼蠅，大者若蜂蟬夜行，耀熠光如螢火。

按，《說郛》採自《太平御覽》卷八百一十一。

8. 林邑王范文，先是臧獲，初，收牛洞中，得鱧魚，私將還，欲食之。其主撿求，文恐，因曰：將礪石還，非魚也。主往看，果是石。文知異，看石有鐵，鑄石為兩刀，呪曰：魚為刀，若斫石入者，文當為此國王。斫石即入，人情漸附之。

按，《說郛》採自《太平御覽》卷三百四十五。

七、《始興記》

宛委山堂本《說郛》所輯共十節，原未注出處，今補其九：

1. 郡東有玉山，草木滋茂，泉石澄潤。

按，《藝文類聚》卷七引王韶之《始興記》。

2. 秦貴陽縣閣下鼓奔逸於臨武，因名聖鼓，今臨武有聖鼓城也。

按，《初學記》卷十六《樂部下·鼓》「秦貴陽縣」作「秦鑿楊山」。《白貼》卷六十二引王韶之《始興記》：「秦鑿桂陽縣，閣下鼓便自奔逸於臨武，遂之洛陽，因名聖鼓。今臨武有聖鼓城。」《太平御覽》卷五百八十二引王韶之《始興記》云：「息於臨武，遂之洛陽，因名聖鼓城，今在臨武。」《水經注疏》三十九：「追號聖鼓，自陽山達乎桂是之武。步驛，所至循聖鼓道也。其道如塹，迄於鼓城矣。」宋陳暘《樂書》卷一百四十《樂圖論·俗部·聖鼓》：「盛宏之《荊州記》：陽山縣有豫章木，可二丈號，為聖木，秦人伐為鼓纇。纇成，忽奔逸至桂陽。又王韶之《始興記》：息於臨武，遂之洛陽，因名聖鼓城。」《水經注》卷三十九：「洭水又東南入陽山縣，右合漣口，水源出到西北一百一十里石塘村，村之流水側，有豫章木，本徑可二丈，其株根猶存，伐之積載，而掘跡若新。羽族飛翔不息。其旁眾枝，飛散遠集，鄉亦不測所如，惟見一枝，猶在含洭水矣。」蓋本《始興記》為文（見於《北堂書鈔》）。

3. 城西百餘步有樓霞樓，臨川王營置，清暑遊焉，羅君章居之，因名為羅公洲。樓下洲上，果竹交蔭，長楊傍映，高梧前竦，雖即城隍，趣同丘壑。

按，《太平御覽》卷六十九《地部三十四》引王韶之《始興記》。

4. 含洭有三城：白沙城、馬鞍城、白鹿城。城南有白鹿岡。

按，《初學記》卷二十四+《居處部·城郭》引王韶之《始興記》。

5. 含洭有白鹿城，城南有白鹿岡。咸康中，郡民張魴作令十年，甚有惠政，白鹿群遊，取一而獻之，故以為名。

按，《太平御覽》卷一百九十二《城》引王韶之《始興記》。《水經注》卷三十九：「王歆《始興記》曰：縣有白鹿城，城南有白鹿岡。咸康中，郡民張魴為縣，有善政，白鹿來遊，故城及岡並即名焉。」又，《北堂書鈔》卷一百五十七《崗》、《藝文類聚》卷六、《初學記》卷二十四《居處部・城郭》、《太平御覽》卷五十三亦引及。但《北堂書鈔》《藝文類聚》《太平御覽》卷五十三作「咸和」，未知所從。

6. 含洭縣有堯山，堯巡狩至於此，立行臺也。

按，《初學記》卷二十四《居處部》引王韶之《始興記》。又引《左傳》曰：「夏啓有鈞臺之享。」

7. 懸下流有石室，內有懸石，扣之聲若磬，響十餘里。

按，《初學記》卷十六《樂部下》引王韶之《始興記》。又，《太平御覽》卷五百七十六引王韶之《始興記》同。

8. 秦鑿楊山，桂陽縣閣下鼓，便自奔逸，息於臨武，遂之始興、洛陽，遂名聖鼓。

按，《初學記》卷十六《樂部下・鼓》引王韶之《始興記》。

9. 桂陽貞女峽，傳云秦世有數女，取螺於此，遇風雨，一女忽化為石，今形高七尺。狀如女子。

按，《藝文類聚》卷九十七引王韶《始興記》。又《藝文類聚》卷六引王韶之《始興記》曰：「梁鮮二水口下流，有滇陽峽，長二十餘里，山嶺紆鬱，叢流曲勃，中宿縣有貞女峽，峽西岸水際，有石，如人形，狀似女子，是曰貞女，父老相傳，秦世有女數人，取螺於此，遇風雨晝昏，而一女化為此石。」《太平御覽》卷五十三《地部十八》引王韶之《始興記》曰：「宿縣有觀峽，橫巒交枕，絕崖壁竦。護水口有貞女峽，峽西岸水際有石如人形，高可七尺，狀似女子，是曰貞女。父老相傳，秦世有女數人，取螺於此，遇風雨晝昏，而一女化為此石。」《太平廣記》卷三百九十八《石女》引王韶《始興記》：「桂陽有貞女峽，傳云，秦世數女，取螺於此，遇雨，一女化為石人。今石人形高七尺，狀似女子。」《水經注》卷三十八：「名之為觀峽。連山交枕，絕崖壁竦。」《水經注》卷三十九：「峽西岸高岩，名貞女山。山

下際有石，如人形，高七尺，狀如女子，故名貞女峽。古來相傳，有數女取螺於此，遇風雨書晦，忽化爲石。」本王韶之《始興記》文。

10. 英德一名滇陽峽，崖壁千仞，猿猱所不能攀，有樵者見飛仙於此。

　　按，未知所出。

　　商務印書館本《説郛》卷四《墨娥漫錄》所輯僅二節，即宛委山堂本所輯中的前二節。

　　黃奭《漢學堂知足齋叢書·子史鈎沈》全抄自《説郛》宛委山堂本。

八、鄧德明《南康記》

　　宛委山堂本《説郛》所輯共八節，原未標注出處，今補其七條出處：

1.《神闕》：南康縣歸義山，去縣七百里，下有石城，高數丈，遠望嵯峨，靈闕騰空。故老謂之神闕。

　　按，《藝文類聚》卷六十二引鄧德明《南康記》。「歸義山」或作「歸美山」。《初學記》卷五《地理上》引鄧德明《南康記》曰：「歸美山高數百丈，遠望嵯峨，靈闕騰空，故老謂之神闕。」《太平御覽》卷一百七十九引鄧德明《南康記》曰：「南康縣歸美山，去縣七百里，下有石城，高數丈，遠望嵯峨，靈闕騰空，故老謂之神闕。」《太平御覽》卷一百九十三引鄧德明《南康記》曰：「歸美山下有石城，高數丈，有一門，門外有二石夾左右，高數百丈，遠望嵯峨，雲闕騰空，故老謂之神仙遊焉。」

2.《金雞》：於都縣有金雞石，傍有穴。宋永初中，見金雞棲翔此穴，頗時飛鳴。又雲覆笥山。平湖有石雁，浮在水，每至炎氣代序，則飛翔若知感候。

　　按，《藝文類聚》卷六引鄧德明《南康記》。又《藝文類聚》卷九引鄧德明《南康記》曰：「平固縣覆笥山上，有太湖，周數十里，靈果異物，皆不可識。又有石雁，浮在湖中，每至秋天，石雁飛鳴，如候時也。」《藝文類聚》卷九十一引鄧德明《南康記》曰：「平固縣有覆笥山，上有湖，周回數十里，有石雁浮在湖中，每至秋天，石雁飛鳴，如候時也。」《初學記》卷八《州郡部》引《南康記》曰：「雲都縣有金雞石，傍有穴。宋永初中，見金雞棲翔此穴，頗時飛鳴。又云：覆笥山平湖中有石雁，浮在水。每至炎氣代序則飛翔，若知感候。」《太平御覽》卷二十四《時序部九》引鄧明德《南康記》曰：「平

固縣有湖，中有石雁，浮在湖中，每至秋，石雁飛鳴如候時也。」《太平御覽》卷四十八《地部十三》引《南康記》曰：「金雞山，臨貢水，石色如霞，其傍有穴廣四尺，一石正當穴口如彈丸，嘗有金雞出入此穴。晉義熙中，再三出見，有人挾彈放丸於穴口，化爲石，其雞至今不見，因號曰金雞穴。宋永初中，又見棲翔於此。」《太平御覽》卷九百十七引鄧德明《南康記》曰：「平固縣有覆笥山，上有湖，周回十里，有一石雁浮出湖中，每至秋天，石雁飛鳴，如候時也。」宋陳元靚《歲時廣記》卷三《秋》：「《南康記》：平固縣覆笥山上有湖，中有石雁，浮在湖上，每至秋飛鳴，如候時也。」諸引文可參驗。

3.《梓樹》：梓潭昔有梓樹巨圍，葉廣丈餘，垂柯數畝。吳王伐樹作船，使童男女挽之。船自飛下，男女皆溺死。至今潭中時有歌唱之音。

按，《太平御覽》卷六十六《地部三十一》引《南康記》曰：「梓潭有梓樹，洪直巨圍，葉廣丈餘，垂柯數畝。」又引曰：「梓潭山在雩都縣之東南六十九里，其山有大梓樹，吳王令都尉蕭武伐爲龍舟，艡斫成而牽引不動。占云，須童男女數十人爲歌樂乃當得下。依其言以童男女牽拽，艡沒於潭中，男女皆溺。其後每天晴朗淨，彷彿若見人船焉，夜宿潭邊，或聞歌唱之聲，因號梓潭焉。」《太平御覽》卷四十八《地部十三》引《南康記》同。

4.《石桃》：南康玉山有石桃，故老云，古有寒桃，生於巔顛隱淪之上。將大取其實，因變成石焉。

按，《藝文類聚》卷八十六引《南康記》曰：「南康王（《太平御覽》卷九百六十七作『玉』）山有石桃，故老云，古有寒桃，生於嶺巔，隱淪之士，將大取其實，因變成石焉。」《初學記》卷二十八《果部》、《太平御覽》卷九百六十七引鄧德明《南康記》同。

5.《鸚鳥》：歸美山有石室，色如黃金，號為金室。有鸚鳥，形色鮮潔，自愛羽毛。其隻者，或鑒水向影，悲鳴自絕。方知孤鸞對鏡，為不虛矣。

按，《太平御覽》卷第四十八《歸美山》引《南康記》曰：「歸美山，高數百丈，遠望嵯峨，靈闕騰空，故老謂之神闕。其山有水出焉。西面嶮峻，自然有石城，高數十丈，周廻三百步。又有石峽，左右高五六十丈，勢若雙闕，其狀入雲。復有古石室，色如黃金，號爲金室，有鸚鳥，形色鮮絜，自

愛毛羽。其隻者，或鑒水向影，悲鳴自絕，方知孤鸞對鏡，爲不虛矣。山頂有杉枋數百片，高危懸絕，非人力所及焉。」

6.《玉臺》：雩都君山上有玉臺，方廣數丈。周回盡是白石柱，自然石覆，如屋形也。四面多松杉，遙眺峨峨，響像羽人之館。風雨之後，景氣明淨。頗聞山上有鼓吹之聲。山都木客，為舞唱之節。

按，《藝文類聚》卷六十二引鄧德明《南康記》。《太平御覽》卷一百七十七、卷五百六十七引鄧德明《南康記》略同。《初學記》卷五《地理上》引鄧德明《南康記》曰：「雩都君山有玉臺，方廣數丈。」《太平廣記》卷三九七：「虔州贛臺，縣東南三百六十三里。《南康記》云：山上有臺，方廣數丈，有自然霞，如屋形。風雨之後，景氣明淨，頗聞山上有鼓吹聲，即山都木客，爲其舞唱。」明楊慎《升菴集》卷八十一：「鄧德明《南康記》云：山都，形如崑崙奴，通身生毛，見人輒閉目張口如笑，好在深澗中翻石，覓蟹蝦噉之。」

7.《青竹杖》：南野縣有漢監匠陳鄰，其人通靈。夜嘗乘龍還家，其婦懷身。母疑與外人通，密看乃知是鄰乘龍。龍至家輒化青竹杖，鄰內致戶前，母不知，因將杖去。須臾，光彩滿堂，俄爾飛失。憐失杖，乃御雙鵠還。

按，《太平御覽》卷七百一十引鄧德明《南康記》。

8.《潯陽四隱》：晉翟莊，字祖休，湯之子，以孝友著名，守父操。州致禮命，並不就。莊子矯，亦高節，家居無事，好種竹。辟命屢至，歎曰：「吾焉能易吾種竹之心，以從事於籠鳥盆魚之間哉！」竟不就。矯子法，賜節概尤佳。武帝以散騎郎召容，勉之就聘。乃正色曰：「吾家不仕四世矣！使白璧點污可乎？」亦不從之。祖父子孫皆有行義，世稱潯陽四隱。

按，未知所出。

黃奭《漢學堂知足齋叢書・子史鉤沈》所輯與宛委山堂本《說郛》卷六十一同。商務印書館本《說郛》卷四《墨娥漫錄》所輯僅一節，即宛委山堂本所輯中的《神闕》一節。

九、雷次宗《豫章記》

商務印書館本《說郛》卷四《墨娥漫錄》凡輯兩條，原未標注出處，今補之：

1. 望秦縣有一石室，入室十餘里，有水廣數十步，清淺，遊者伐竹為筏以過水，幽邃無極，莫能究其源，出好鍾乳。

按，《藝文類聚》卷六十四引雷次宗《豫章記》。又《太平御覽》卷七百七十一引雷次宗《豫章記》曰：「望蔡縣有一石室，入室十餘里，得水廣數十步，清深不測，邊有筏竹，遊者伐竹爲筏過水，莫能究其源，出好鍾乳。」稍異。

2. 松陽門內有大梓樹，大四十五圍，舉樹盡枯死，永嘉中，一旦忽更榮茂，太興中，元皇帝果繼大業，

按，《藝文類聚》卷十引《豫章記》。《太平御覽》卷九百五十八引《豫章記》同。永嘉爲西晉懷帝年號，即 307～313 年；元皇帝，當指東晉元帝司馬睿；大興，即 318～321 年。

十、孔靈符《會稽記》

宛委山堂本《說郛》卷六十一所輯共五節，原未標注出處，今補：

1. 四明山高峰軼雲，連岫蔽日。

按，《初學記》卷五引孔曄《會稽記》。

2. 會稽秦望山，在州城正南，為眾峰之傑，涉境便見。《史記》云：「秦始皇登之，以望南骸繇自平地至山頂七里，懸磴孤危，峭路險絕。《記》云，攀蘿捫葛，然後能升。山上無甚高木，當由地迥多風所致。山南有嶕峴，峴裏有大城，越王無余之舊都也。

按，見《水經注》卷四十。此「《記》云」，當爲《會稽記》文。《文選·顏延年〈和謝靈運詩〉注》引孔曄《會稽記》，秦望山在州城正南。孔曄即孔靈符。「陟境便見」，戴、趙本《水經注》同。《太平寰宇記》引《記》，作「入境便見。」但《太平御覽》卷四十七、《事類賦注》卷七引此條，均作「涉境便見」。

3. 會稽郡特多名山，峰峨隆峻，吐納雲霧，松（木舌）楓柏，擢幹竦

條，潭壑鏡澈，清流寫注。王子敬見之，曰：「山水之美，使人應接不暇。」

按，《世說新語・言語篇》注引《會稽記》。

4. 漢江夏太守宋輔於重山南立學教授，今白樓亭處是也。

按，《太平御覽》卷四十七引也孔曄《會稽記》：「漢江夏太守宋輔於重山南立學教授，今白樓亭處是也。（則宋輔時亭尚未移）。」《太平御覽》卷四十七《重山》：「孔曄《會稽記》曰：重山，大夫種墓，語訛成重。漢江夏太守宋輔於山南立學教授，今白樓亭處是也。」《太平御覽》卷一百九十四：「孔蹕《會稽記》云：江夏太守宋輔於重山南白樓亭立學教授。」「蹕」當爲「曄」之訛寫。

5. 沛國桓儼避地至會稽，聞陳業賢，往候之，不見。臨去入交州，留書系白樓亭柱而別。

按，《太平寰宇記》卷九十六引，又《嘉泰會稽志》同。

6. 孫興公、許玄度共在白樓亭，共商略先往名達。林公既非所關，聽訖云：二賢故自有才情。亭在山陰，臨流映壑也。〔註8〕

黃奭《漢學堂知足齋叢書・子史鈎沈》全同《說郛》本，係從《說郛》本抄來無疑。

十一、《文士傳》

宛委山堂本《說郛》卷五十八題張隱撰載十七人事跡，原未注明出處，今略補：

《成公綏》條，引見《太平御覽》卷四百六十四；《張儼》條，引見《三國志》卷五十六《吳書十一》裴注，又《初學記》卷二十五《器物部》，《太平御覽》卷三百八十五、卷七百九並引；《孔融》條，引見《藝文類聚》卷八十六；《江統》條，引見《太平御覽》卷二百四十六；《束皙》條，引見《初學記》卷十二《職官部下》及《太平御覽》卷二百三十四；《張純》條，引見《初學記》卷十七《人部上》，《太平御覽》卷三百八十五引更詳；《張衡》條，

〔註8〕 《說郛》誤將《世說新語》文與注文相混淆。《世說新語》卷之下宋臨川王義慶撰、梁劉孝標注《賞譽第八》（下）：「孫興公、許玄度共在白樓亭（下注：《會稽記》曰：亭在山陰，臨流映壑也），共商略先往名達。林公既非所關，聽訖云：二賢故自有才情。」

引見《藝文類聚》卷四十八及《初學記》卷十二《職官部下》;《劉楨》條,引見《藝文類聚》卷八十三及《太平御覽》卷五十一《地部十六》、《太平御覽》卷八百五、卷三百八十五、卷四百六十四;《潘尼》條,引見《太平御覽》卷六百、卷七百六十;《張秉》條,引見《太平御覽》卷五百八十六;《孔煒》條,引見《太平御覽》卷五百八十三;《桓驎》條,引見《藝文類聚》卷三十一,《太平御覽》卷三百八十五、卷五百一十二;《顧榮》條,引見《初學記》卷二十《政理書》及《太平御覽》卷六百三十四。

又《孫盛》、《王肅》、《武帝》三條,未知所出。

《古今說部叢書二集》、《五朝小說大觀・魏晉小說雜傳家》所輯與宛委山堂本《說郛》同。黃奭《漢學堂知足齋叢書・子史鉤沈》輯本從劉楨至顧榮間缺一頁,但從前文所記諸人事跡及順序,應係從《說郛》本抄來。

十二、《晉八王故事》

《說郛》宛委山堂本卷五十九,共輯得四條,未注明出處,今補其三:

1. 夷甫容貌整嚴,妙於談玄,恒捉白玉柄麈尾,與手都無分別。王戎云:「太尉神姿高徹,如瑤林瓊樹,自然是風塵外物。」王公目太尉:「嚴嚴清峙,壁立千仞。」王敦稱太尉:「處眾人中,似珠玉在瓦石間。」

按,敘王衍事,不見他書輯錄。

2. 石勒見夷甫,謂長史孔萇曰:「吾行天下多矣,未嘗見如此人,當可活不?」萇曰:「彼晉三公,不為我用。」勒曰:「雖然,要不可加以鋒刃也。」夜使推牆殺之。

按,引自《世說新語・賞譽篇》劉注。

3. 張方將移惠帝於長安,入殿奉迎,自領五千騎,皆捉鐵金釐槊二節,髮繫兜鍪,皆用涼州白鶴毛,天子望之大驚。

按,引自《太平御覽》卷九百二十四。

4. 太康七年正旦,日蝕。詔公卿大臣各上封事,其咎安在。汝南王亮與司徒舒、司空者上言:「三司之任,天、地、人也。乾道不普,故水旱為災;人倫失序,故奸凶不禁。乃者荊州之城妖災仍興,任城國都水流變赤;延三朝之始,日有蝕之,孟陽節過,堅冰未消。臣等瑣才,

叨優高位，可謂小人而乘君子之器，宜就顯戮，以答天意，謹免冠徒跣，上所假章綬。」詔曰：「夫陰陽失序，朕干天道，刑政失中之所致也。其使冠履勿復道。」

按，引自《北堂書鈔》卷五十。

十三、《長沙耆舊傳》

宛委山堂本《說郛》卷五十八所輯凡四條，未標明出處，今補：

1. 劉　壽

太尉壽，少遇相師，曰：凡鼻為氣戶，君鼻大貴之相。順帝時為洛陽令，時亢旱，天子祈雨不得。壽曝身階庭，告誠引罪，自晨至中，紫雲沓起，甘雨登降。民為之歌曰：天久不雨，烝民失所。大王自出，祝令特苦，精符感應，滂沱下雨。

按，「太尉壽，少遇相師，曰：凡鼻為氣戶，君鼻大貴之相」句，未知所出。但《太平御覽》卷三百六十六引《長沙耆舊傳》曰：「太尉劉壽，少遇相師。相師曰：耳為天柱，今君耳城郭，必典家聲。」又，《太平御覽》卷三百六十四引《長沙耆舊傳》曰：「劉壽少時，遇相師，曰：君腦有玉枕，必至公也。後至太尉。」「順帝時為洛陽令」後應為祝良事。《水經注》卷十五：「《長沙耆舊傳》云：祝良，字召卿，為洛陽令，歲時亢旱，天子祈雨不得。良乃曝身階庭，告誠引罪，自晨至中。紫雲水起，甘雨登降。人為歌曰：天久不雨，烝人失所，天王自出，祝令特苦，精符感應，滂沱下雨。」《太平御覽》卷五百二十九引《長沙郡耆舊傳》同。又《太平御覽》卷二百六十八引《長沙耆舊傳》，「時亢旱」前有「祝良，字邵卿，為洛陽令，貴戚斂手，桴鼓稀鳴」數語。《太平御覽》卷八《天部八》、卷十一，《樂府詩集》卷八十五《洛陽令歌》亦引《長沙耆舊傳》此條，均作祝良事。可見《說郛》誤引。

2. 文　虔

文虔字仲孺，時霖雨廢民業，太守憂色，虔補戶曹掾，虔奉教齋戒，在社三日，夜夢見白頭翁謂曰：爾來何遲，虔具白所夢，太守曰：昔禹夢繡衣男子，稱滄水使者，禹知水脈當通，若掾此夢，將可比也，明日，果大霽。

按，《藝文類聚》卷二、《初學記》卷二《天部下》並引《長沙耆舊傳》此條。

3. 徐 偉

徐偉奴善叛，知識欲爲偉售之。偉曰：不得奴往，當復逃亡，豈可虛受其價。廉平義正若此。

按，引見《太平御覽》卷四百二十六。

4. 虞 芝

虞芝州命部南陽從事，太守張忠連姻王室，罪名入重，芝依法執按。刺史畏勢，召芝。芝曰：年往志盡，譬如八百錢馬，死生同價，且欲立效於明時耳。遂投傳去。

按，《太平御覽》卷八百九十七引《長沙耆舊傳》。

黃奭《漢學堂知足齋叢書‧子史鈎沈》係抄錄宛委山堂本《說郛》。

商務印書館本《說郛》卷七《諸傳摘玄》所輯僅二條，原未標出處：

1. 南陽太守張忠曰：吾年往志盡，譬如八百錢馬，死生同價。

按，《藝文類聚》卷九十三引《長沙耆舊傳》。

2. 太尉壽，少遇相師，曰：凡鼻為氣戶，君鼻大貴之相。

按，未知所出。宛委山堂本《說郛》輯有此條。

十四、《列士傳》

商務印書館本《說郛》卷七《諸傳摘玄》採錄兩條，原未標明出處，今補：

1. 秦召魏公子無忌，無忌不行，使朱亥奉璧一雙，秦王大怒，將朱亥著虎圈中。亥瞋目視虎，眥裂血出濺虎，虎不敢動。

按，《太平御覽》卷四百八十三引《列士傳》。又《藝文類聚》卷八十四：「《列士傳》曰：秦召魏公子無忌，無忌不行，使朱亥奉璧一雙，秦王大怒，將朱亥著猛獸圈中，亥瞋目視之，眥裂血出，濺猛獸，猛獸終不敢動。」又《水經注》卷十九、《太平御覽》卷一百九十七、卷四百三十六、卷八百九十一、《文選》卷二十一《盧子諒覽古詩》李善注並嘗引之，事略同。

2. 荊軻為燕太子謀刺秦王，白虹貫日。

按，《藝文類聚》卷二《天部》引《列士傳》。又《初學記》卷二《天部下》引《列士傳》曰：「荊軻發後，太子見虹貫日，不徹，曰：吾事不成

矣！」《文選》卷三十九「昔者荊軻慕燕丹之義，白虹貫日，太子畏之」李善注曰：「畏，畏其不成也。列士傳曰：荊軻發後，太子相氣，見白虹貫日，不徹，曰：吾事不成矣。後聞軻死，太子曰：吾知其然也。」

十五、王粲《英雄記》

　　《說郛》宛委山堂本卷五十七有《英雄記》輯本，所輯共四十餘人事跡，未注出處；《五朝小說大觀‧魏晉小說雜傳家》、《增訂漢魏叢書‧別史》亦同。其中有爲黃奭《漢學堂知足齋叢書‧子史鈎沈‧史部雜史類》等所不輯收者，如劉表一事、劉備二事、袁紹一事、諸葛亮一事、張遼二事、文聘一事、許楮一事、王修一事、孔融一事、華歆一事、張昭一事、顧雍一事、張一事、周瑜一事、魯肅一事、黃蓋二事、甘寧三事、丁奉一事、虞翻一事，共十九人二十四則事跡。以上諸條，現在則多不知陶宗儀氏據何書輯採。陶氏所採之書元代或許還有，今則亡佚，未可得知。因而，黃氏本不輯收。其中不乏描寫生動的小故事，如：

　　（劉）備在荊州數年，嘗於表坐起至廁，見髀裏肉生，慨然流涕還坐。表怪問備，備曰：「吾常身不離鞍，髀肉盡消，今不復騎，髀裏肉生，日月若馳，老將至矣，而功業不建，是以悲矣。」

　　（諸葛）亮在荊州，以建安初與穎川石廣元、徐元直，汝南孟公威等俱游學。三人務於精熟，而亮獨觀其大略，每晨夜從容抱膝長嘯，而謂三人曰：「卿三人仕進可至刺史郡守也。」三人問其所至，亮但笑而不言。後公威思鄉里，欲北歸，亮謂之曰：「中國饒土，丈夫遨遊，何必故鄉耶？」

　　孫權嘗自將數萬眾卒至，時大雨，城棚崩壞，人民散在田野，未及補治。（文）聘聞權至，不知所施，乃思惟，莫若潛默，可以疑之。乃敕成中人，使不得見，又自臥舍中不起。權果疑之，語其部黨曰：「北方以此人忠臣也，故委之以此郡，今我至而不動，此不有秘圖，必有補救。」遂不攻而去。

　　大戰既征孫權還，使遼與樂進、李典等將七十餘人屯合肥。太祖征張魯，教與護軍薛悌署函邊曰：「賊至乃發。」俄而，權卒十萬眾圍合肥，乃共發教。教曰：「若孫權至者，張、李將軍出戰，樂將軍守護軍，勿得與戰。」眾皆疑。遼曰：「公遠征在外，比救至，彼破我必矣。是以教指及其未合逐擊之，折其盛勢以安眾心，然後可守也。成敗之機，在此一戰，諸君何疑！」李典亦與遼同。於是遼夜募敢從之士，得八百人，椎牛饗將士。明日大戰，遼被甲持

戟先登陷陣，殺數十人，斬二將，大呼是名，衝壘入至權麾下，權大驚，眾不知所爲，速登高冢，以長戟自守。遼敕權下戰，權不敢動，望見權遼所將眾少，乃聚圍遼數重。遼左右麾圍直前急擊，圍開，遼將麾下數十人得出，餘眾號呼曰：「將軍棄我乎？」遼復還突圍，拔出餘眾。權人馬皆披靡，無敢當者。自旦戰至日中，吳人奪氣，還修守備，眾心乃安，諸將威服。故守合肥十餘日，城不可拔，乃引退。遼率諸軍追擊，幾復獲權。太祖大壯遼，拜征東將軍。

孔融在郡八年，僅以身免。帝初都許，融以爲宜略依舊制定王畿，正司隸所部爲千里之封，乃引公卿上書言其意。是時天下草創，曹、袁之權未分，融所建明，不識時務。又天性氣爽，頗推平生之意，狎侮太祖。太祖制酒禁，而融調之曰：「天有酒旗之星，地列酒泉之郡，人有旨酒之德，故不飲以無成其聖。且桀紂以色亡國，今令不禁婚姻也。」太祖雖外寬容而內不能平。御史大夫郤慮知旨，以法免融官。歲餘，拜太中大夫，雖居高失勢，而賓客日滿其門。愛才樂酒，常歎曰：「坐上客常滿，樽中酒不空，吾無憂矣。」虎賁之士有貌似蔡邕者，沒酒酣，輒引與同坐，曰：「雖無老成人，尚有典型。」其好士如此。

權於武昌臨釣臺，使人以水灑群臣，曰：「今日酣飲，惟醉墮臺中乃止耳。」昭正色不言，外出車中坐。權遣人呼昭還，謂曰：「爲共作樂耳，公何爲怒乎？」昭對曰：「紂爲糟丘之池、長夜之飲，當時以爲樂，不以爲惡也。」權默然有慚色，遂罷酒。

權嫁從女。女，顧氏甥，故請雍父子及孫潭。潭時爲選曹尙書，見任貴重。是日權極歡。潭醉酒，三起舞，舞不復止。雍內怒之，明日召潭，詞責之曰：「君王以含垢爲恥，臣下以恭謹爲節，若蕭何、吳漢並有大功，何每見高帝若不能言，漢奉光武亦信克勤。汝之於國，寧有汗馬之勞、可書之事乎？但階門戶之資，遂見崇寵耳。何有舞而不知止？雖爲酒後，亦由恃恩無敬、謙虛不足，損吾家者必爾也。」因背嚮壁臥。潭立過一時，乃見遣。

太祖將北渡，臨濟河，先渡兵，獨與褚及虎士七百人留南阪斷後。超將步騎萬餘人來奔太祖軍，矢下如雨。褚白太祖曰：「賊來多，今兵渡已盡，宜去。」乃扶太祖上船。賊戰急，軍爭濟船，船重欲沒。褚斷攀船者左手，舉馬鞍蔽太祖。船工爲流矢所中，死。褚右手並溯船，僅乃得渡。是日微褚幾危。其後，太祖與遂、超等單馬會，語左右曰：「皆不得從。」惟將褚。

超負其力，陰欲前突太祖，素聞褚勇，疑從騎是褚，乃問太祖：「公有虎侯者安在？」太祖顧指褚。褚嗔目盼之，超不敢動，乃各罷。後數日戰，大破超等，褚身斬首級，遷武衛中郎將，武衛之號自此始也。軍中以褚力如虎而癡，故號曰「虎癡」。

華歆淡於財欲，前後寵賜，諸公莫及，然終不殖產業。陳群嘗歎曰：「若華公可謂通而不泰，清而不介者矣。」

但此輯本也有一些明顯的錯誤。如其本中有張瓚二事、楊性一事，乃明顯舛誤。張瓚當爲公孫瓚，已見前論。楊性則當爲張楊，見《三國志》卷八《魏書八》裴注：

《英雄記》曰：楊性仁和，無威刑。下人謀反，發覺，對之涕泣，輒原不問。

《魏志》此節敘張楊事。張楊字稚叔，雲中人也。裴注所引是說張楊生性仁和，但《說郛》本誤將「楊性」二字作人名。

《說郛》本還有時將裴注引他書者誤作《英雄記》文，如孔伷條後「孔公緒能清談高論，噓枯吹生。」本張峯漢紀載鄭泰說卓語，《說郛》誤作《英雄記》文。袁遺條後「太祖稱『長大而能勤學者，惟吾與袁伯業耳。』語在文帝《典論》」，《說郛》亦誤作《英雄記》文。

十六、《玄中記》

商務印書館本《說郛》卷四《墨娥漫錄》所輯共四條，原未標明出處，今補：

《天下之強者》條，引見《藝文類聚》卷八，又《文選》卷十二「大壑與沃焦」句注，《太平御覽》卷六十《地部二十五》、《太平御覽》卷五十二《地部十七》亦引；《東南有桃都山》條，引見《藝文類聚》卷九十一；《南方有炎山焉》條，引見《藝文類聚》卷八十及《太平御覽》卷八百六十八；《君子之國》條，引見《藝文類聚》卷八十九。

宛委山堂本《說郛》卷六十所輯共十五條，原也未標明出處，今補：

除商務印書館本《說郛》卷四所引四條外，《東方之大者》條，引見《太平廣記》卷四百六十四及《太平御覽》卷九百三十六；《霹靂尖》條，引見《太平御覽》卷十三《天部十三》及《太平御覽》卷七百九十七；《東方有柴都焉》條，引見《太平御覽》卷七十《地部三十五》及《太平廣記》卷三

百九十九；《洞庭室》條，引見《初學記》卷八《州郡部》及《太平御覽》卷四十六《地部十一》；《松脂淪入地中》條，引見《藝文類聚》卷八十八及《初學記》卷二十八《木部》、《太平御覽》卷九百五十三；《萬歲樹精爲青牛》《千歲之樹精爲青羊》條，引見《藝文類聚》卷九十四、《藝文類聚》卷八十八、《初學記》卷二十九《獸部》、《太平御覽》卷八百八十六、《太平御覽》卷九百二；《木子之大者》條，引見《藝文類聚》卷八十六、《初學記》卷二十八《果部》及《太平御覽》卷九百六十七；《北海之蟹》條，引見《太平御覽》卷九百四十二；《終南公梓樹》條，引見《太平御覽》卷六百八十；《千歲之狐》條，引見《初學記》卷二十九《獸部》、《太平御覽》卷九百九及《太平廣記》卷四百四十七。

主要參考文獻

1. 《十三經》，吳樹平等點校，北京燕山出版社，1991 年版。

2. 《詩地理考》，〔宋〕王應麟撰，文淵閣《四庫全書》本。

3. 《詩經譯注》，程俊英譯注，上海古籍出版社，1985 年版。

4. 《禹貢錐指》，〔清〕胡渭撰，文淵閣《四庫全書》本。

5. 《大戴禮記解詁》，〔清〕王聘珍撰，中華書局，1983 年版。

6. 《禮記集解》，〔清〕孫希旦撰，沈嘯寰,王星賢點校，中華書局，1989 年版。

7. 《春秋左傳注》，楊伯峻編注，中華書局，1990 年版。

8. 《春秋繁露》，〔漢〕董仲舒撰，上海古籍出版社，1989 年版。

9. 《論語正義》，〔清〕劉寶楠撰，高流水點校，中華書局，1982 年版。

10. 《孟子正義》，焦循撰，沈從倬點校，中華書局，1987 年版。

11. 《四書章句集注》，朱熹著，中華書局，1983 年版。

12. 《十七史商榷》，〔清〕王鳴盛撰，中國書店，1987 年版。

13. 《史記》〔漢〕司馬遷撰，中華書局，1959 年版。

14. 《史記》〔漢〕司馬遷撰，〔南朝宋〕裴駰《集解》，〔唐〕司馬貞《索隱》，〔唐〕張守節《正義》，文淵閣《四庫全書》本。

15. 《漢書》，〔漢〕班固撰，〔唐〕顏師古注，中華書局，1962 年版。

16. 《後漢書》，〔南朝宋〕范曄撰，〔唐〕李賢等注，中華書局，1965 年版。

17. 《後漢書集解》，〔清〕王先謙撰，中華書局，1984 年版。

18. 《三國志》，〔晉〕陳壽撰，〔南朝宋〕裴松之注，中華書局，1959 年版。

19. 《晉書》，〔唐〕房玄齡等撰，中華書局，1974 年版。

20. 《魏書》，〔北齊〕魏收著，中華書局，1974 年版。

21. 《北史》，〔唐〕李延壽著，中華書局，1974 年版。

22. 《南史》，〔唐〕李延壽著，中華書局，1974 年版。

23. 《宋書》，〔梁〕沈約著，中華書局，1974 年版。

24. 《南齊書》，〔梁〕蕭子顯著，中華書局，1972 年版。

25. 《梁書》，〔唐〕姚思廉著，中華書局，1974 年版。

26. 《隋書‧經籍志》，〔唐〕魏徵著，中華書局，1973 年版。

27. 《舊唐書‧經籍志》，〔宋〕劉昫著，中華書局，1988 年版。

28. 《新唐書‧藝文志》，〔宋〕歐陽修著，中華書局，1975 年版。

29. 《宋史‧藝文志》〔元〕脫脫等撰，中華書局，1977 年版。

30. 《二十四史》，中華書局編輯部編，中華書局，2000 年版。

31. 《廿二史札記校證》，〔清〕趙翼著，王樹民校證，中華書局，1984 年版。

32. 《廿二史考異》，〔清〕錢大昕著，商務印書館 1958 年版。

33. 《資治通鑒》，〔宋〕司馬光著〔元〕胡三省音注，上海古籍出版社，1987 年版。

34. 《讀通鑒論》，〔清〕王夫之著，中華書局，1975 年版。

35. 《通鑒地理通釋》，〔宋〕王應麟撰，文淵閣《四庫全書》本。

36. 《讀史方輿紀要》，〔清〕顧祖禹著，商務《國學基本叢書》本。

37. 《日知錄集釋》，〔清〕黃汝成集釋，欒保群、呂宇力校點，花山文藝出版社 1990 年版。

38. 《通典》，〔唐〕杜佑著，中華書局，1988 年版。

39. 《史通通釋》，〔唐〕劉知幾撰，〔清〕浦起龍釋，上海古籍出版社，1978 年版。

40. 《水經注校釋》，〔北魏〕酈道元撰，陳橋驛校釋，杭州大學出版社，1999 年版。

41. 《水經注刪》，〔明〕朱之臣著，北京圖書館藏萬曆刊本。

42. 《宋本御覽所引水經注》，〔清〕竇弧齋輯，北京圖書館藏。

43. 《水經注釋》，〔清〕趙一清釋，乾隆趙氏小山堂刊本，北京圖書館藏。

44. 《水經注疏》，〔北魏〕酈道元注，〔民國〕楊守敬、熊會貞疏，段熙仲點校，江蘇古籍出版社，1989 年版。

45. 《水經注校》，王國維點校，袁英光、劉寅生整理，上海人民出版社，1984 年版。

46. 《水經注研究》，陳橋驛著，天津古籍出版社，1985 年版。

47. 《水經注研究二集》，陳橋驛著，山西人民出版社，1987 年版。

48. 《水經注選注》，譚家健、李知文選注，中國社會科學出版社，1989 年版。

49. 《酈道元評傳》，陳橋驛著，南京大學出版社，1994 年版。

50. 《酈道元》，陳橋驛著，花山文藝出版社，2000 年版。

51. 《酈道元與〈水經注〉》，陳橋驛著，上海人民出版社，1987 年版。

52. 《浣江酈氏宗譜》，北京圖書館分館方志家譜閱覽室藏民國戊子年（1948）輯。

53. 《嘉慶重修一統志》，〔清〕嘉慶敕撰，上海書店，1984 年版。

54. 《涿州志》，北京圖書館分館方志家譜閱覽室藏。

55. 《河北省涿縣志》，北京圖書館分館藏。

56. 《補涿州志》，北京圖書館分館方志家譜閱覽室藏，正德、萬曆修。

57. 《重修涿縣志》，北京圖書館分館方志家譜閱覽室藏，同治十一年修。

58. 《重修曲周縣志》，北京圖書館分館方志家譜閱覽室藏，同治十一年修。

59. 《中國史學上之正統論》，饒宗頤著，上海遠東出版社，1996 年版。

60. 《水經注等八種古籍引用書目彙編》，馬念祖編，中華書局，1959 年版。

61. 《古佚書輯本目錄》，孫啟治、陳建華編，中華書局，1999 年版。

62. 《冊府元龜》，〔北宋〕王欽若等編，中華書局，1960 年版。

63. 《崇文總目》，〔北宋〕王堯臣、王洙、歐陽修等奉敕編纂，文淵閣《四庫全書》本。

64. 《郡齋讀書志校正》，〔宋〕晁公武撰，孫猛校正，上海古籍出版社，1990 年版。

65. 《直齋書錄解題》，〔宋〕陳振孫撰，徐小蠻、顧美華點校，上海古籍出版社 1987 年版。

66. 《通志》，〔宋〕鄭樵撰，中華書局，1987 年版。

67. 《遂初堂書目》，〔宋〕尤袤著，文淵閣《四庫全書》本。

68. 《文獻通考·經籍考》〔元〕馬端臨著，華東師大古籍研究所標校，上海華東師範大學出版社，1985 年版。

69. 《文淵閣書目》，〔明〕楊士奇著，文淵閣《四庫全書》本。

70. 《百川書志古今書刻》，〔明〕高儒等著，古典文學出版社，1957 年版。

71. 《四庫全書簡明目錄》，〔清〕永瑢等著，上海古典文學出版社，1987 年版。

72. 《四庫全書總目》，〔清〕永瑢等著，中華書局，1965 年版。

73. 《四庫全書目錄索引》，上海古籍出版社，1989 年版。

74. 《增訂四庫全書簡明目錄標注》，邵懿臣撰，邵章續錄，上海古籍出版社，1979 年版。

75. 《藏園群書經眼錄》，〔清〕傅增湘撰，中華書局，1983 年版。

76. 《千頃堂書目》，〔清〕黃虞稷撰，瞿鳳起、潘景鄭整理，上海古籍出版社，
    1990 年版。

77. 《唐代政治史述論稿》，陳寅恪撰，上海古籍出版社，1980 年版。

78. 《金明館叢稿初編》，陳寅恪撰，上海古籍出版社，1980 年版。

79. 《隋唐制度淵源略論稿》，陳寅恪著，中華書局，1963 年版。

80. 《魏晉南北朝史》，王仲犖著，上海人民出版社，1979 年版。

81. 《魏晉南北朝史論集》，周一良著，北京大學出版社，1997 年版。

82. 《魏晉南北朝史論叢續編》，唐長孺著，三聯書店出版社，1959 年版。

83. 《魏晉南北朝史論拾遺》，唐長孺著，中華書局，1983 年版。

84. 《中國學術思想史論叢》，錢穆撰，臺灣東大圖書公司，1977 年版。

85. 《老子校釋》，朱謙之撰，中華書局，1984 年版。

86. 《莊子集釋》，〔清〕郭慶藩輯，王孝魚整理，中華書局，1961 年版。

87. 《列子集釋》，楊伯峻撰，中華書局，1979 年版。

88. 《三輔黃圖》，不著撰人，文淵閣《四庫全書》本。

89. 《編珠》，（隋）杜公瞻撰；附《補遺》、《續編珠》，〔清〕高士奇撰，文淵
    閣《四庫全書》本。

90. 《北堂書鈔》，〔唐〕虞世南著，南海孔氏三十有三萬堂重刻本。

91. 《初學記》，〔唐〕徐堅等著，司義祖點校，中華書局，1962 年版。

92. 《藝文類聚》，〔唐〕歐陽詢等編，汪紹楹校，中華書局，1965 年版。

93. 《元和郡縣圖志》，〔唐〕李吉甫撰，中華書局，1983 年版。

94. 《白孔六帖》，〔唐〕白居易原本，〔宋〕孔傳續撰，文淵閣《四庫全書》
    本。

95. 《封氏聞見記》，〔唐〕封演撰，文淵閣《四庫全書》本。

96. 《太平御覽》，〔宋〕李昉著，中華書局，1960 年版。

97. 《太平寰宇記》，〔宋〕樂史著，乾隆五十八年刊本。

98. 《長安志》，〔北宋〕宋敏求著，文淵閣《四庫全書》本。

99. 《玉海》，〔宋〕王應麟撰，文淵閣《四庫全書》本。

100. 《路史》，〔宋〕羅泌撰，文淵閣《四庫全書》本。

101. 《海錄碎事》，〔宋〕葉廷珪撰，文淵閣《四庫全書》本。

102. 《事類賦》，〔宋〕吳淑撰並注，文淵閣《四庫全書》本。

103. 《方輿勝覽》，〔宋〕祝穆撰，文淵閣《四庫全書》本。

104. 《丹鉛總錄》，〔明〕楊慎撰，文淵閣《四庫全書》本。

105. 《日知錄集釋》，〔清〕顧炎武著，〔清〕黃汝成釋，上海古籍出版社，1985年版。

106. 《世說新語》，〔南朝〕劉義慶撰，〔南朝梁〕劉孝標注，上海古籍出版社，1982年版。

107. 《世說新語箋疏》，余嘉錫撰，周祖謨整理，中華書局，1983年版。

108. 《說郛》〔元〕陶宗儀輯，張宗祥校，民國十六年商務印書館排印。

109. 《說郛》〔元〕陶宗儀纂，北京市中國書店，1986年版（據涵芬樓1927年11月版影印）。

110. 《說郛》〔元〕陶宗儀輯，宛委山堂本，北京圖書館普通古籍閱覽室藏。

111. 《續古逸叢書》，張元濟編，1922年至1957年商務印書館影印本。

112. 《四部叢刊》（初編、續編、三編），張元濟編，1919年至1936年商務印書館影印本。

113. 《玉函山房輯佚書》，〔清〕馬國翰輯，上海古籍出版社，1990年版。

114. 《玉函山房輯佚書續編三種》，〔清〕王仁俊輯，上海古籍出版社，1989年版。

115. 《漢唐方志輯佚》，劉緯毅編，北京圖書館出版社，1997年版。

116. 《魯迅輯錄古籍叢編》，人民文學出版社，1999年版。

117. 《漢唐地理書鈔》，〔清〕王謨輯，北京圖書館普通古籍閱覽室藏。

118. 《晉書地理志新補正》，〔清〕畢沅輯，北京圖書館藏（《叢書集成初編》本）。

119. 《五朝小說大觀》，中州古籍出版社，據1926年上海掃葉山房印本影印。

120. 《舊小說甲集》，北京圖書館普通古籍閱覽室藏。

121. 《十笏園叢刊·伏氏佚書》，北京圖書館普通古籍閱覽室藏。

122. 《古謠諺》，〔清〕杜文瀾輯《曼陀羅華閣叢書》本，北京圖書館普通古籍閱覽室藏。

123. 《黃氏逸書考·子史鈎沈》，〔清〕黃奭輯，北京圖書館普通古籍閱覽室藏。

124. 《漢學堂知足齋叢書·子史鈎沈·史部地理類》，〔清〕黃奭輯，北京圖書館普通古籍閱覽室藏。

125. 《二酉堂叢書》，〔清〕張澍輯，北京圖書館普通古籍閱覽室藏。

126. 《月河精舍叢鈔·讀書雜識》，〔清〕勞格輯，北京圖書館普通古籍閱覽室藏。

127. 《會稽郡故書雜集》，魯迅著，魯迅先生紀念委員會編纂，魯迅全集出版社，1950年版。

128. 《麓山精舍叢書第一輯·荊湘地記二十九種》，〔清〕陳運溶輯，北京圖書

館普通古籍閱覽室藏。

129. 《魯迅輯錄古籍叢編》第一卷《古小說鉤沈》，人民文學出版社，1999 年版。

130. 《箋經室遺集》，〔清〕曹元忠輯，北京圖書館普通古籍閱覽室藏。

131. 《全上古三代秦漢三國六朝文》，〔清〕嚴可均編著，中華書局，1958 年版。

132. 《六臣注文選》〔南朝梁〕蕭統編，〔唐〕李善等注，中華書局，1987 年版。

133. 《全唐文》，〔清〕董浩等編，上海古籍出版社，1990 年版。

134. 《先秦漢魏晉南北朝詩》，逯欽立輯校，中華書局，1983 年版。

135. 《洛陽伽藍記校注》，〔北魏〕楊衒之著，范祥雍校注，上海古籍出版社，1958 年版。

136. 《顏氏家訓》，〔北齊〕顏之推著，上海古籍出版社，1992 年版。

137. 《管錐編》，錢鍾書著，中華書局，1986 年版。

138. 《南北朝文學》，曹道衡、沈玉成著，人民文學出版社，1991 年版。

139. 《南北朝文學》，駱玉明、張宗原著，安徽教育出版社，1991 年版。

140. 《北朝文學史》，周建江著，中國社會科學出版社，1997 年版。

141. 《北魏文學簡史》，李開元、管芙蓉著，山西人民出版社，1993 年版。

142. 《魏晉南北朝文學史論》，管雄著，南京大學出版社，1998 年版。

143. 《魏晉南北朝文學思想史》，羅宗強著，中華書局，1996 年版。

144. 《先秦兩漢魏晉南北朝文學史》，聶石樵著，北京師範大學出版社，1999 年版。

145. 《魏晉南北朝文學批評史》，王運熙、楊明著，上海古籍出版社，1987 年版。

146. 《南朝文學與北朝文學研究》，曹道衡著，江蘇古籍出版社，1998 年版。

147. 《漢唐文學的嬗變》，葛曉音著，北京大學出版社，1990 年版。

148. 《北朝文化特質與文學進程》，吳先寧著，東方出版社，1997 年版。

149. 《唐前生命觀和文學生命主題》，錢志熙著，東方出版社，1997 年版。

150. 《漢魏兩晉南北朝佛教史》，湯用彤著，北京大學出版社，1997 年版。

151. 《魏晉南北朝社會生活史》，朱大渭等著，中國社會科學出版社，1998 年版。

152. 《中古文學文獻學》，劉躍進著，江蘇古籍出版社，1997 年版。

153. 《士族與六朝文學》，程章燦著，黑龍江教育出版社，1998 年版。

154. 《魏晉南北朝史料述略》，穆克宏著，中華書局，1997 年版。

155. 《魏晉南北朝文學研究》，吳雲主編，北京出版社，2001 年版。

156. 《歷代詩話續編》，丁福保輯，中華書局，1983 年版。